Tina Caspari, d. i. Rosemarie von Schach
ist in Pommern und Ostpreußen aufgewachsen, war als Schauspielerin bei verschiedenen Theatern engagiert und arbeitete als Funk- und Fernsehsprecherin.
Sie ist Autorin von zahlreichen Romanen, Kinder- und Jugendbüchern und aktuellen Fernsehserien.
Heute lebt sie als freie Schriftstellerin in Steinebach am Wörthsee.

Tina Caspari

Die klügste Katze der Welt

Schneider Buch

Inhalt

Kleine Freundin Piri 7

Piri stellt alles auf den Kopf 67

Piri gewinnt alle Herzen 129

Piri geht auf Reisen 193

Piri und die alte Katze 255

Piri und die kleinen Wilden 319

Kleine Freundin Piri

Du lieber Himmel, bloß kein Tier!

Eigentlich hat es schon an dem Nachmittag begonnen, als ich mit Mutti und den Omas in der Stadt war. Mutti hatte sich einen Tag freigenommen, und wir bummelten zu viert durch die Läden, um Geburtstagsgeschenke für Vati und für mich einen neuen Mantel und Schuhe zu finden. Oma Lene suchte ein schwarzes Kleid fürs Theater, und Oma Mummi brauchte eine neue Strickjacke.

Unsere Laune war Spitze, denn Mutti hatte uns in ein italienisches Lokal geführt, in dem es die besten Spaghetti, die größten Eisportionen und den nettesten Kellner der Welt gab. Und wir alberten so herum, daß sich mal wieder alle Leute nach uns umdrehten.

Auf dem Weg zum Parkhaus kamen wir durch eine kleine Gasse, in der ich noch nie zuvor gewesen war. Und plötzlich standen wir vor dem Laden.

„Ach du lieber Himmel, eine Tierhandlung!" seufzte

Mutti. „Hier werden wir ja wohl die nächsten zwei Stunden nicht wegkommen!"

Ich hing bereits wie festgeklebt an der Schaufensterscheibe, hinter der sich zwischen Vogelkäfigen und Aquarien in einem mit Stroh ausgelegten Verschlag fast ein Dutzend junger Katzen tummelte, eine hübscher als die andere. Da gab es rauchgraue, leuchtend rote, silbergrau getigerte und ein schwarzes Kätzchen mit weißen Pfoten und weißen Schnurrbarthaaren. Die meisten schliefen oder dösten vor sich hin, eine schnupperte am Futternapf, zwei andere balgten sich und rollten im Stroh hin und her.

„Komm, Janni, wir sind spät dran!" mahnte Oma Lene.

Ich heiße Christiane, genannt werde ich Janni. Ich bin zwölf. Fast zwölf.

„Nur einen Augenblick bitte, sie sind so süß! Ich wünschte, ich könnte eine haben!"

„Du weißt, daß das nicht geht!" sagte Mutti schnell und sah die kleinen Katzen gar nicht richtig an. „Also komm jetzt!"

„Aber warum nicht?"

„Das hat dir deine Mutter doch schon oft genug erklärt", brummte Oma Mummi. „Weil sie keine Tiere mag. Und weil Oma Lene allergisch gegen Tierhaare ist. Sie kriegt Atembeschwerden und geschwollene Augen davon. Arme Kerlchen", murmelte sie. „Hier in dem engen Käfig auf Käufer warten zu müssen, bei denen sie in engen, dunklen Wohnungen wie im Gefängnis leben. Das ist doch kein Leben für eine Katze, Katzen brauchen Auslauf. Und wenn sie nicht verkauft werden … ach, lassen wir das."

„Was ist, wenn sie nicht verkauft werden?“ fragte ich Oma Mummi drängend.

„Dann erwartet sie ein noch schlimmeres Schicksal. Sie kommen als Versuchstiere in irgendein Labor und sterben einen elenden Tod. Aber das ist wirklich nichts für deine Ohren. Komm jetzt, wir müssen uns beeilen.“

Oma Mummi liebte Tiere, das wußte ich.

In diesem Augenblick erwachte so eine verzweifelte Sehnsucht in mir, eine Katze zu besitzen, sie zu lieben und zu verwöhnen, daß ich tagelang an nichts anderes denken konnte. Der Anblick der kleinen Katzen im Schaufenster verfolgte mich noch bis in meine Träume. Und immer wieder fragte ich mich, was wohl aus ihnen geworden war.

Ich hätte gern mit jemandem darüber gesprochen. Mit Vati oder Mutti hatte das keinen Sinn, das wußte ich, und Oma Lene konnte ich, was das Thema Tiere betraf, gleich vergessen. Aber auch Oma Mummi ließ mich im Stich, wann immer ich davon anfing, wimmelte sie mich ab. Wahrscheinlich bereute sie, mir von den Versuchstieren erzählt zu haben.

Weder Oma Mummi noch Oma Lene versuchen zu verbergen, daß sie mich am liebsten für sich allein haben, und manchmal sind sie ganz schön eifersüchtig aufeinander. Dann versuchen sie sich gegenseitig auszustechen. Bringt Oma Lene mir ein neues Buch mit, backt Oma Mummi sofort einen Kuchen. Führt Oma Lene mich ins Museum oder Theater, dann hat Oma Mummi bestimmt inzwischen Erdbeereis für mich gemacht. Oder heimlich meine Schürze fertiggenäht, mit der ich mich in Handarbeit so gräßlich quäle. Nur wenn Mutti und Vati zu

Hause sind, halten sich die beiden zurück. Aber das ist selten genug.

Vati gehört in seiner Firma zu den Leuten, ohne die der Laden zusammenbrechen würde, wie er sich ausdrückt. Ein Wunder, daß er noch nicht im Büro übernachtet. Bei Mutti bricht zwar nur der Chef zusammen, wenn sie nicht da ist, aber das ist ja schlimm genug. Jedenfalls ist sie auch den ganzen Tag im Büro. Kann natürlich sein, daß sie alle beide zusammenbrächen, wenn sie den ganzen Tag mit den Omas verbringen müßten, und daß sie deshalb lieber im Büro sind.

Ganz früher, als wir noch in der Stadt wohnten, lebten wir drei allein. Vati träumte von einer Großfamilie, und Mutti blieb zu Hause bei mir und wartete darauf, daß wir eine Großfamilie würden. Dann wollten sie ein Haus auf dem Lande bauen, mit einem großen Garten und Obstbäumen und vielen Blumen und Gemüse.

Irgendwann wurde es meinen Eltern klar, daß sie keine Großfamilie werden würden. Aber da sie sich so sehr auf das Haus gefreut hatten, bauten sie es trotzdem. Und damit sie genug Geld für den Bau zusammenkriegten, begann Mutti wieder zu arbeiten, und ich kam in einen Kindergarten.

Als das Haus fertig war, merkten sie, daß es für eine Großfamilie geplant war. Und da sie sowieso jemanden brauchten, der auf mich und auf das Haus aufpaßte, beschlossen sie, eine Oma zu uns zu holen.

Nur – welche? Holten sie Oma Lene, war Oma Mummi beleidigt. Baten sie Oma Mummi zu uns, war Oma Lene eingeschnappt. Vati war für Oma Lene, weil sie seine Mutter ist, und ich für Oma Mummi, weil sie so gut kochen kann. Mutti war nicht so sehr für Oma Lene, weil sie eine schrecklich ordentliche Hausfrau ist und immer alles besser weiß, und auch nicht für Oma Mummi, weil sie keine sehr ordentliche Hausfrau ist und geistig nicht besonders anspruchsvoll, wie sie das nennt.

Schließlich kamen sie auf die großartige Idee, alle beide zu holen. So war für einen gesunden Ausgleich gesorgt. Keine der Omas mußte sich langweilen, wenn wir drei ausgingen oder in die Ferien fuhren. Und wenn sie schlechte Laune hatten, konnten sie sich gegenseitig ärgern.

Die Omas bekamen jede ein großes Zimmer mit Bad im oberen Stockwerk, und für mich wurde der Hobbyraum im Keller eingerichtet. Der ist fast so groß wie das Wohnzimmer oben darüber, hat eine Schiebetür nach draußen, eine eigene Terrasse und daneben noch ein großes Fenster. Wenn man bedenkt, daß ich außer einem Badezimmer noch einen kleinen Schrankraum habe, ist es schon fast wie eine eigene Wohnung.

Die beiden Omas zogen also zu uns. Oma Mummi übernahm das Kochen und Oma Lene den Haushalt. Oma Mummi kann mir stundenlang zuhören, und Oma Lene überwacht meine Hausaufgaben. Sie war früher Lehrerin und ist sehr gebildet, wie Oma Mummi sagt. Die beiden sind übrigens ein Herz und eine Seele, auch wenn sie manchmal streiten, daß die Wände wackeln. Dann gehen Vati, Mutti und ich Pizza essen oder ins Kino, und wenn wir zurückkommen, sind die Omas wieder unzertrennlich.

So sind wir doch noch eine Großfamilie geworden. Andere Leute haben Kinder, wir haben Großmütter, und ich möchte wetten, daß in keiner anderen Familie so viel gelacht wird wie bei uns. Ich jedenfalls konnte mir kein schöneres Leben vorstellen, wenigstens nicht bis zu der Nacht vor einigen Wochen. Bis zu der Nacht, als Piri kam.

Nächtlicher Besuch

„Mummi – bitte nicht!"

Muttis Stimme hatte mindestens ein Dutzend drohender Zeigefinger. Oma Mummi ließ erschrocken mein T-Shirt fallen, das sie gerade in den Schrank hatte räumen wollen.

„Aber ich ..."

„Nein! Wie oft soll ich dir noch erklären, daß Janni für ihr Zimmer selbst verantwortlich ist! Sie wird niemals lernen, ordentlich zu sein, wenn du ständig alles hinter ihr herräumst! Wenn es ihr gefällt, in einer Müllgrube zu hausen, dann haust sie eben darin, bis ihr die eigene Unordnung so auf die Nerven geht, daß sie anfängt aufzuräumen."

„Mein Gott, das Kind ist doch zu müde! Stundenlang hat sie sich mit den Hausaufgaben herumgequält, da kann man nicht von ihr verlangen, daß sie noch ihr Zimmer in Ordnung bringt!" versuchte Oma Mummi aufzubegehren und hob unauffällig das T-Shirt wieder auf, um es zusammenzufalten und in den Schrank zu legen.

„Christiane ist nicht zu müde", sagte Mutti ärgerlich. „Und sie hat auch keineswegs so viel gearbeitet, daß sie nicht in der Lage wäre, die paar Sachen wegzuräumen. Sie war ja auch nicht zu müde, sich den Krimi im

Fernsehen anzuschauen. Außerdem geht es hier nicht darum, daß Janni jetzt aufräumen soll, sondern darum, daß sie für ihr Zimmer selbst verantwortlich ist und keine von euch beiden sich da einmischen soll. Genauso, wie ich mich nicht einmische. Wie soll sie denn jemals lernen ..."

„Ja, ja, das sagtest du schon!" Jetzt war auch Oma Mummi ärgerlich. „Ihr mit eurer modernen Erziehung! Und wenn Oma Lene dann hier reinschaut, werden wir wieder geschimpft, weil's aussieht, als hätte eine Bombe eingeschlagen!"

„Laß nur, Oma Mummi, ich mach das schon."

Ich legte genau die Prise tapferer Opferbereitschaft in meine Stimme, die nötig war, um Mutti zu beruhigen und Oma Mummi zu trösten. Dabei raffte ich vom Boden auf, was mir gerade in die Finger kam, und stopfte es in den Schrank.

„Mummi, bitte, versuch mich doch zu verstehen", predigte Mutti weiter. „Wie soll Janni je im Leben zurechtkommen, wenn du sie immer noch behandelst wie ein Baby! Sie ist fast zwölf! Versprich mir, daß du für eine Weile ihr Zimmer nicht mehr betrittst!"

„Und Oma Lene?" fragte Oma Mummi mißtrauisch.

„Die auch nicht. Ich werde ein Abkommen mit euch beiden treffen und erwarte, daß ihr euch daran haltet!"

Mutti ist sehr hübsch, wenn sie so in Fahrt ist. Sie ist überhaupt sehr hübsch, und ich habe sie nun mal ganz besonders lieb. Trotzdem war ich in diesem Augenblick wütend auf sie.

Sie gab mir einen Gutenachtkuß. Dann schob sie Oma Mummi einfach vor sich her nach draußen und schloß die Tür mit unüberhörbarem Nachdruck.

Ich ließ den Stapel Jeans und Pullis, den ich gerade aufgesammelt hatte, fallen und schob ihn mit dem Fuß zur Seite. Müllgrube hatte sie gesagt. Na schön, sie hatte selbst Schuld – es war mein Zimmer, und ich konnte damit machen, was ich wollte. Ich wollte eine Menge, nur eins nicht: aufräumen. Und das würde ich auch nicht tun, und wenn sie sich auf den Kopf stellte. Was war schließlich dabei, wenn Oma Mummi das für mich tat? Ihr machte es Spaß, aber für mich war es schlimmer als Zahnarzt und Friseur zusammen, ich haßte es aus tiefster Seele! Ich tat mir selbst unheimlich leid, und hätte mir in diesem Augenblick jemand gesagt, daß ich mich binnen zwölf Stunden in ein Muster von Ordnungsliebe verwandeln würde, ich glaube, ich hätte ihm eine runtergehauen.

Auf dem Weg ins Badezimmer zog ich mich aus und ließ die Kleidungsstücke fallen, wo ich gerade stand, so daß sie eine Straße bis zum Waschbecken bildeten. Das würde morgen früh das Verfahren vereinfachen: Ich brauchte die Sachen in der richtigen Reihenfolge nur wieder aufzuheben. Zur Strafe für Mutti würde ich dann eben keine frische Wäsche anziehen. Und auch nicht duschen. Wer in einer Müllgrube hausen muß, hat das Recht zu müffeln, basta.

Beim Zähneputzen stellte ich die üblichen traurigen Betrachtungen über mein Aussehen an. Marke „Alles oder Nichts“: Haarfarbe hellbraun oder dunkelblond, nicht genau zu bezeichnen. Augenfarbe: keine oder graugrünbraunbläulich. Nase: ein bißchen zu groß, aber auch zu schmal, oben zu gerade und unten zu gebogen. Mit dem Mund ist es ähnlich. Und das muß man sich mehrmals täglich im Spiegel ansehen!

Ich wusch mir das Gesicht, bohrte eine Weile an einem Pickel herum, der noch keiner war, aber nun sicher einer werden würde, betupfte ihn mit Mundwasser, weil das brennt und deshalb sicher desinfiziert, dann ging ich ins Bett. Ich konnte mich nicht entscheiden, welches von den angefangenen fünf Büchern ich weiterlesen sollte, also stand ich wieder auf, ging zur Terrassentür und zog die Jalousie ein Stückchen hoch. Oma Mummi läßt sie immer ganz runter, damit kein Einbrecher reinkommt. Und ich ziehe sie wieder hoch, weil ich nicht an Einbrecher glaube. Außerdem brauche ich frische Luft.

Mit einem Sprung war ich im Bett, rollte mich in meine Decke ein und löschte das Licht. Eine Weile stellte ich mir noch vor, Winnetous Braut zu sein, aber noch bevor er mich in die Arme genommen und geküßt hatte, war ich eingeschlafen.

Mitten in der Nacht wurde ich wach.

Ich weiß nicht, was mich eigentlich geweckt hatte. War es der zarte Atemhauch in meinem Gesicht gewesen oder der leise Druck auf meiner Schulter, so, als hätte mich jemand sanft mit dem Finger angestoßen. Jedenfalls war ich plötzlich hellwach. Trotzdem rührte ich mich nicht; ich öffnete nur die Augen, als könnte ich mit offenen Augen besser hören, und lauschte ins Dunkel.

Neben mir gab es ein Geräusch, als tippe ein Ball auf dem Boden auf. Aber nur einmal, dann war es still. Nach einer Weile raschelte es, als habe jemand die Seiten eines Buches umgeblättert. Wieder war es still, und dann raschelte es noch einmal, ein bißchen weiter weg. Nun fiel etwas vom Schreibtisch und wurde sacht auf dem Teppich hin und her gerollt.

Überrascht richtete ich mich auf. „He, wer bist du denn?“

Atemlos lauschte ich auf diese eigenartigen Geräusche und versuchte herauszubekommen, was es war. Ein Igel? Aber der konnte unmöglich auf den Schreibtisch hüpfen. Eine Maus? Mäuse können großen Lärm verursachen, das wußte ich aus Erfahrung. Vorsichtig tastete ich nach dem Knopf der Nachttischlampe und machte Licht.

Im ersten Augenblick sah ich überhaupt nichts. Ich war geblendet von der plötzlichen Helligkeit, und im Zimmer schien sich nicht das geringste zu rühren. Komisch, dachte ich und wollte das Licht wieder löschen. Da begann mein dunkelblaues Sweatshirt, das vor dem Schreibtisch am Boden lag, leise zu schnurren. Wie mein Wecker hörte sich das an, wenn ich ihn ganz tief unters Kopfkissen schiebe.

Ich sah genauer hin. Dann rieb ich mir die Augen und starrte noch einmal in die Richtung. Mein Sweatshirt hatte zwei spitze Öhrchen und zwei große, dunkelglänzende Augen. Und es schnurrte immer noch. Überrascht richtete ich mich auf.

„He! Wer bist du denn?"

Das Schnurren wurde stärker.

„Na komm her! Komm her, damit ich dich anschauen kann!"

Ich streckte meine Hand aus und lehnte mich weit aus dem Bett. Aus dem Sweatshirt schob sich ein samtschwarzer Kopf mit einer wie Seide glänzenden winzigen Nase, zwei Pfoten rutschten über den Teppich, bis aufs äußerste gestreckt, und gestreckt wurde auch der nachfolgende schmale Körper, bis auf das Hinterteil, das steil in die Luft ragte, und den buschigen Schwanz. Jetzt wurde das Gewicht nach vorn verlagert, die kleine Brust wölbte sich, die Hinterpfoten reckten sich einzeln, der

Schwanz bildete eine Waagerechte, um sich gleich darauf zu biegen, als der Körper nun einen hufeisenförmigen Buckel bildete. Das Schnäuzchen öffnete sich zu einem herzhaften Gähnen und ließ ein weißblitzendes zierliches Raubtiergebiß und einen zartrosa Rachen sehen.

Eine Katze! Eine junge Katze, schwarz-gold-rot-gelb gestromt, so, als hätte sie sich einzelne Strähnen blond färben lassen, wie Mutti das immer tat. Auf der Stirn, genau zwischen den Augen, hatte sie eine kleine gelbe Flamme und über dem rechten Auge einen gelben Punkt. Auch die Brust war hell, während Pfoten und Schnurrbarthaare fast blauschwarz schimmerten. Es war die aufregendste, schönste Katze, die ich je in meinem Leben gesehen hatte, und ich war hingerissen von ihr.

„Komm, meine Kleine! Komm her und laß dich streicheln!" flüsterte ich und kroch aus dem Bett.

Die Augen meines nächtlichen Besuchs wurden starr.

„Nicht weglaufen! Komm, ich tue dir nichts!"

Trotzdem wich das Kätzchen mißtrauisch ein paar Schritte zurück und beobachtete mich ängstlich.

Ich kauerte mich vor meinem Bett auf den Teppich und machte mich so klein wie möglich. Die junge Katze rührte sich nicht, sie starrte mich nur an. Allmählich wurde mir kalt, und ich dachte schon daran, wieder unter die warme Bettdecke zu kriechen, da sprang sie plötzlich auf und lief ein paar Schritte auf mich zu. Neben dem Sessel blieb sie stehen und rieb ihren Kopf an dem rauhen Stoffbezug, dabei schaute sie mich an, als wolle sie sagen: Entschuldige, ich habe noch ein bißchen Angst vor dir! Laß mir Zeit!

Leise begann ich, in einem zärtlichen Singsang mit ihr zu sprechen, und nach einer Weile versuchte ich noch einmal, die Hand nach ihr auszustrecken. Diesmal wich sie nur ganz wenig zurück, sie legte sich auf den Teppich, rollte sich auf dem Rücken hin und her, rieb das Köpfchen genießerisch an der wolligen Fläche und ließ mich dabei keinen Augenblick aus den Augen.

„Vielleicht hast du Hunger?“ flüsterte ich. „Du siehst nicht gerade wohlgenährt aus. Genau wie ich, siehst du.“

Die kleine Katze sprang auf und lief zum Schreibtisch zurück. Als sei ich gar nicht vorhanden, begann sie, den Bleistift, den sie vorhin hinuntergeworfen hatte, wieder auf dem Teppich hin und her zu rollen.

Das war die Gelegenheit! Ich stand vorsichtig auf und schob mich zur Tür hinüber. Die kleine Katze schaute kaum auf.

„Lauf nicht weg, hörst du? Ich hole dir was zu essen!“

Im Dunkeln tastete ich mich die Treppe hinauf bis in die Küche. Es dauerte eine Ewigkeit, bis ich ohne Klirren und Klappern ein Kompottschälchen aus dem Geschirrschrank gehoben hatte, aber ich durfte kein Risiko eingehen. Von den Omas hatte ich nichts zu befürchten, die schnarchten oben im ersten Stock um die Wette. Aber Vati konnte man nicht trauen, der erwachte schon, wenn eine Maus nieste.

Mit dem Kühlschrank war es leichter, der hatte innen Licht. Ich goß etwas Kaffeesahne in das Schälchen, die konnte ich im Badezimmer mit heißem Wasser verdünnen, damit sich mein kleiner Gast nicht den Magen verdarb. Aber was sollte ich ihr noch geben? Ratlos starrte ich auf die Schüsselchen mit Resten. Kalbsleberwurst! Die war nicht scharf, ich aß sie selber gern.

Ich nahm die Leberwurst an mich und schloß vorsichtig die Kühlschranktür. Der Rückzug dauerte noch ein bißchen länger, da ich keine Hand mehr frei hatte und mit den Füßen meinen Weg erkunden mußte. Ich schaffte es, ohne an den Schirmständer zu stoßen oder mir die Sahne übers Nachthemd zu gießen, bis in mein Badezimmer hinunterzutappen. Dort mischte ich die Sahne sorgsam mit warmem Wasser.

„Hier, mein Schätzchen, jetzt gibt es was Gutes!"

Die kleine Katze kämpfte gerade mit meinen Jeans. Ich stellte das Schälchen auf den Boden und zog mich in mein Bett zurück. Die Leberwurst wollte ich ihr als zweiten Gang servieren. Wer weiß, ob sie überhaupt etwas annahm?

Mein Besuch wartete, bis ich auf meinem Bett hockte. Sie beobachtete mich noch einen Augenblick, um sicher zu sein, daß ich mich ruhig verhielt, dann war sie mit einem Satz an der Schüssel, als hätte sie die ganze Zeit nur darauf gewartet. Die winzige Zunge tauchte so schnell und hart in die weiße Flüssigkeit, daß es klang, als rattere eine Schreibmaschine. Die Augen hielt sie halb geschlossen, als müsse sie sich ganz und gar aufs Trinken konzentrieren.

„Meine arme Kleine, du bist ja völlig ausgehungert. Warte, gleich gibt es noch etwas besondes Gutes."

Die Leberwurst begann in meinen Fingern weich zu werden. Aber wie sollte ich sie ihr geben? Das Stück war zu groß, ich mußte es zerpflücken, doch wohin damit? Ich konnte ihr die weichen Brocken unmöglich auf den Teppich werfen. Am besten, ich legte ein dickes Blatt Zeichenpapier darunter.

Ich stand langsam auf und ging zum Schreibtisch hinüber. Meine kleine Freundin ließ sich nicht stören. Zum Glück lag der Zeichenblock griffbereit, ich brauchte nicht lange zu suchen. Ich schlug das Deckelblatt zurück und riß mit einem Ruck eine Seite heraus.

Das hätte ich nicht tun sollen. Die kleine Katze zuckte bei dem harten Ratschen des Papiers entsetzt zusammen und raste davon.

„Mist!"

Da stand ich, in der einen Hand das Blatt Zeichenpapier, in der anderen die Leberwurst, und starrte auf den Spalt unter der Jalousie, durch den sie geflüchtet war. Ich war todunglücklich. Noch vor einer Stunde hatte ich von der Existenz einer kleinen schwarz-gold gestromten Katze nichts gewußt, und jetzt fühlte ich mich, als hätte man mich auf einer einsamen Insel ausgesetzt.

Da ich nicht die ganze Nacht so im Nachthemd herumstehen und warten konnte, zerpflückte ich die Leberwurst, verteilte sie auf dem Blatt Papier und legte es mitten ins Zimmer. Vermutlich würde ich morgen früh, verschlafen wie ich war, auf dem Weg ins Badezimmer hineintreten. Aber das wäre dann auch egal.

Piri

Ich mußte sehr fest geschlafen haben.

Noch hatte ich die Augen geschlossen. Ich stellte fest, daß ich wach war – und daß ich mich ganz ungewöhnlich zufrieden und wohl fühlte. Woher kam dieses Gefühl, als hätte ich eine kleine Sonne im Bauch? Ich blinzelte. Auf dem Teppich überraschte mich der Anblick eines großen, weißen, leeren Papierbogens. Die Leberwurst war verschwunden. Und jetzt fing es in der Mulde zwischen meinen Armen, dem Bauch und den angezogenen Knien an zu schnurren. Da lag ein dunkles, eng zusammengerolltes Fellbündel.

Mir wurde ganz heiß vor Glück. Ich wagte mich nicht zu rühren. Die kleine Katze blinzelte zu mir herauf, dann rollte sie sich noch ein bißchen mehr zusammen und versteckte den Kopf zwischen den Vorderpfoten, als wollte sie sagen: Laß mich schlafen, ich bin müde.

Ganz sanft begann ich sie zu streicheln. Ich strich über das Köpfchen, folgte mit der Hand dem Rund des Rükkens bis hin zu dem wuscheligen Schwanz. Wie abgemagert sie unter dem seidig-feinen Fell war! Hatte sie sich verlaufen? Hatte jemand sie ausgesetzt?

„Meine kleine Prinzessin, wer bist du? Woher kommst du?“ wisperte ich. „Ob du einen Namen hast? Ich will dir einen Namen geben. Für mich bist du … bist du …“

„Piri!“ sagte ich leise. „Piri!“

Die kleine Katze richtete den Kopf auf, die Vorderpfoten schoben sich über die Decke, langsam stand sie auf und reckte sich genüßlich. Sie gähnte herzhaft, dann kam sie ganz nah zu meinem Gesicht und rieb ihren Kopf zärtlich an meinem.

In diesem Augenblick rasselte der Wecker. Piri sauste vom Bett und hinaus in den Garten. Den Wecker nahm sie ein Stück mit, er flog zwei Meter durch die Luft, knallte gegen den Schrank und verröchelte auf dem Teppich sein ungeliebtes Leben. Eine schöne Bescherung, ich würde mich wieder hinter Oma Mummi stecken müssen.

Schlagartig wurde mir klar, was auf mich zukam, wenn ich versuchte, Piri an mich zu binden und zu behalten. Vor allem mußte ich ihre Existenz vor den Erwachsenen geheimhalten.

Sollte sich herausstellen, daß Piri irgendwo entlaufen war, mußte ich sie natürlich hergeben. Ich würde mich in den nächsten Tagen vorsichtig danach erkundigen. Fand sich kein Besitzer, dann war und blieb sie meine Katze. Ich mußte ihr also Futter besorgen, einen Schlafplatz einrichten, der von den Erwachsenen nicht so leicht entdeckt wurde, ein Katzenkistchen aufstellen, falls sie mal mußte, wenn sie sich im Zimmer aufhielt und Fenster und Tür geschlossen waren; und alle Ausgaben mußte ich von meinem Taschengeld bestreiten.

Während ich mir die Zähne putzte, kreisten tausend Gedanken durch meinen Kopf. Mußte ich Piri impfen lassen? Was sollte im Winter werden, wenn ich die Terrassentür nicht offenlassen konnte? Und was sollte werden, wenn Piri eines Tages Junge bekam?

Der Reihe nach dankte ich dem lieben Gott, Vati und den Omas, daß glückliche Umstände mir diese behagliche Behausung im Keller beschert hatten. Und dann dankte ich Mutti für das strenge Verbot für die beiden Omas, mein Zimmer zu betreten.

„Ich werde aufräumen und saubermachen, daß Oma Lene noch in hundert Jahren kein Stäubchen bei mir findet!“ murmelte ich grimmig. „Und wehe, eine von ihnen setzt einen Fuß über meine Schwelle!“

Und während ich über meine Zukunft mit Piri nachdachte, rannte ich ein dutzendmal zur Terrassentür, um zu sehen, ob sie noch nicht zurückkam.

„Janni! Wo bleibst du denn! Viertel nach sieben!“

kam Oma Mummis klagende Stimme aus dem Treppenhaus.

„Bin schon auf dem Weg!“ Das war glatt gelogen. Bis jetzt hatte ich nur einen Kniestrumpf an. Ich schaffte den Rest in knapp zwei Minuten und kämmte mich auf dem Weg nach oben. Sie saßen schon alle am Tisch.

„Morgen!“ murmelte ich lächelnd, aber nicht zu munter, um sie nicht mißtrauisch zu machen.

Jeder bekam seinen Gutenmorgenkuß in der üblichen Reihenfolge: Mutti, Vati, Oma Lene und Oma Mummi, dann rutschte ich auf meinen Platz.

„Hat einer von euch gestern abend noch Hunger bekommen?“ erkundigte sich Oma Mummi und sah verschmitzt zu Vati und Mutti hinüber, die ständig davon reden, sie müßten abnehmen und dürften abends nicht mehr essen. So lange, bis es sie vor Hunger an den Kühlschrank treibt.

„Ich nicht!“ beteuerte Vati. „Mein Gewissen ist rein wie das Sonntagshemd eines Engels. Du vielleicht?“

„Ich auch nicht!“ sagte Mutti entschieden. „Wieso glaubst du das?“

„Die Kalbsleberwurst ist weg. Jetzt weiß ich nicht, was ich Janni aufs Schulbrot geben soll.“

Ich grinste. Mein Appetit und die Tatsache, daß ich trotzdem so dünn bleibe, ist eines der Lieblingsthemen der Familie. In der Hinsicht kann ich mir also einiges leisten.

„Ich habe sie gegessen“, sagte ich beiläufig und häufte einen großen Löffel Schnittlauchquark auf das letzte Eckchen meines Butterbrots. „Ich kriegte so irren Hunger heute nacht. Da bin ich in die Küche gegangen und hab die Wurst gegessen.“

„Ohne Brot?“ Oma Lene runzelte die Stirn. Aufschnitt ohne Brot zu essen ist in ihren Augen unmoralisch.

„Ich war zu müde, mir extra ein Brot zu machen.“

„Hast du dir wenigstens hinterher die Zähne geputzt?“

„Logisch.“ Nun war schon alles egal.

„Und was willst du aufs Schulbrot?“ fragte Oma Mummi.

Blitzschnell überlegte ich, was für Piri am bekömmlichsten war. Käse war sicher zu fett. Und Gurkenscheiben oder Tomaten, beides schätzte ich sehr, konnte ich ihr wirklich nicht anbieten.

„Ist gekochter Schinken oder Hühnchen da?“

„Bist du übergeschnappt?“ mischte sich Vati ein. „Man kann's auch übertreiben. Hühnchen!“

„Gestern in dem Krimi hatten sie Sandwiches mit Hühnchen!“ verteidigte ich mich. „Sandwiches mit Leberwurst und Sandwiches mit Hühnchen.“

„Da sieht man mal wieder, wie schädlich das Fernsehen ist“, sagte Oma Lene und strich ganz dünn Marmelade auf ihr Brot, damit wir sahen, was wir für Verschwender sind im Vergleich zu ihr.

„Ich nehme Kalbfleischwurst“, sagte ich schnell.

„Kalbfleischwurst? Ich denke, die kannst du nicht ausstehen?“ erkundigte sich Mutti verblüfft.

„Heute habe ich Appetit drauf“, verkündete ich mit Nachdruck. „Man ändert eben seinen Geschmack von Zeit zu Zeit. Kalbfleischwurst ist mild und mager und sehr bekömmlich.“

„So so.“

„Sonst war sie dir immer zu labberig“, bemerkte nun

„Ist gekochter Schinken oder Hühnchen da?" fragte ich schnell

auch Oma Mummi erstaunt. „Am besten lege ich dir ein paar Scheiben saure Gurke drauf."

„Nein, nein, bloß nicht!" stotterte ich hastig. „Ich meine, sie werden dann so rutschig, und alles fällt in den Dreck. Darf ich mir heute in der Schule zwei Tüten Milch kaufen, Mutti? Ich hab jetzt immer solchen Durst!"

Mutti schaute ungläubig über den Rand ihrer Kaffeetasse. Aber dann schob sie mir seufzend das Geld für die Milch hin.

„Wenn ich bloß wüßte, wo du das alles läßt! Ißt und

trinkt wie ein Holzhacker und kriegt trotzdem kein Fleisch auf die Rippen."

„Vielleicht sollten wir's mal wieder mit Lebertran versuchen?" schlug Oma Lene vor.

Ich machte, daß ich in die Schule kam.

Auf dem Schulweg inspizierte ich Bäume, Zäune und Anschlagbretter, ob irgendwo Zettel aushingen, daß jemandem eine Katze entlaufen war. Zum Glück entdeckte ich nichts.

Im Unterricht waren meine Gedanken nur bei Piri. Und nach der Schule rannte ich allen anderen davon, um in Ruhe einkaufen zu könen. Atemlos landete ich im Supermarkt vor dem Regal mit dem Tierfutter.

Was sollte ich nehmen? Trockenfutter wäre praktisch, ich brauchte keinen Dosenöffner, und es konnte nicht schlecht werden. Außerdem war es sehr nahrhaft und vitaminreich, las ich auf der Packung, man brauchte kaum anderes Futter, nur etwas zu trinken. Aber wäre Piri Dosenfutter vielleicht lieber? Da gab es so viele Sorten! Mochte sie Fisch? Oder bevorzugte sie Leber und Fleisch? Vielleicht schmeckte ihr Wild am besten oder Geflügel?

Ich beschloß, nacheinander alles auszuprobieren, und nahm fürs erste eine Dose Geflügelragout und eine Packung Trockenfutter mit. Ich verstaute beides so gut es ging neben der Tüte Milch in meinem Turnbeutel und betrat das Haus so leise wie möglich, um ungesehen in mein Zimmer zu kommen. Bevor ich heute morgen das Haus verließ, hatte ich in aller Eile mein Bett gemacht und alles, was im Zimmer herumlag, in den Schrank gestopft. Die Terrassentür hatte ich einen Spaltbreit offengelassen. Als ich jetzt mein Zimmer betrat, war die Terrassentür geschlossen. Und von Piri keine Spur. Also war eine der Omas doch in meinem Zimmer gewesen! Sie hat zwar nicht saubergemacht, aber das Kontrollieren hat sie sich nicht verkneifen können! dachte ich wütend.

Die Tür zum Bad stand offen. Warum roch es hier so merkwürdig? Nein, es roch nicht, es stank wie die Pest! Ich knipste das Licht an und sah mich um. Vor Staunen verschluckte ich fast meinen Kaugummi. Piri, meine vornehme kleine Prinzessin, hatte das Kistchen gesucht. Da es noch keins gab, hatte sie die Abflußecke der Duschwanne für ihr Geschäftchen gewählt, als wüßte sie genau, daß sie hier am wenigsten Schaden anrichtete. Ich spülte die Reste schnell mit der Handbrause hinunter und war tief beeindruckt von der Klugheit und den guten Manieren meiner Katze.

Oma mußte sie wohl, ohne sie zu bemerken, eingesperrt haben. Aber dann mußte Piri doch noch hier sein?

„Piri? Piri, meine Kleine, wo steckst du?"

Ich lief ins Zimmer zurück und sah mich um. Nichts. Ich schaute unter das Bett, unter den Schreibtisch, ins Regal. Ich schlug die Bettdecke zurück, hob das Kissen hoch, zerrte die Gardinen zur Seite, sogar in den Schrank warf ich einen Blick, obgleich der ja abgeschlossen gewesen war.

„Aber du kannst dich doch nicht in Luft aufgelöst haben, Piri, Kleine, wo steckst du?" flötete ich lockend.

„Grrrrrrr ..."

Bei dem leisen Schnurren machte mein Herz einen Freudenhüpfer. Woher kam es? Dort – aus der Ecke hinter dem Schrank! Dort stand mein Puppenwagen mit den Puppen und Stofftieren. Seit Monaten hatte ich ihn nicht mehr hervorgeholt. Und zwischen dem Teddybären und dem großen Plüschaffen leuchteten zwei meergrüne Augen auf, ein kleiner rosa Rachen öffnete sich zu einem herzhaften Gähnen. Dann schlossen sich die Augen träge, das Köpfchen verschwand in der Mulde zwischen Bauch und Hinterpfoten, der Schwanz kringelte sich über Nase, Stirn und Ohren. Wie eine Schnecke aus Samt lag Piri zwischen den Stofftieren und war schon wieder eingeschlafen.

Mutter sein ist mühevoll

„Janni, wo bleibst du denn, das Essen steht auf dem Tisch!“

„Ich …“ …komme ja schon! hatte ich brüllen wollen, brach aber erschrocken ab, um Piri nicht zu wecken. Die Vorsicht war überflüssig, Piri schlief weiter, als wäre sie auf beiden Ohren taub.

Auf der Treppe schnupperte ich hoffnungsvoll in Richtung Küche.

„Was gibt’s denn Gutes?“

„Setz dich hin, dann siehst du es“, sagte Oma Lene, Mißbilligung im Blick, weil sie als einzige pünktlich am Tisch saß. Oma Mummi hatte wie immer „schnell noch mal wohin gemußt“, was nach Oma Lenes Meinung höchstens Kindern unter sechs Jahren zustand. Auch wenn Oma Mummi wegen der Kocherei vorher keine Zeit gehabt hatte, was sie ihr immer wieder geduldig erklärte. So auch heute.

„Hm, Leber mit Kartoffelbrei!“ seufzte ich glücklich

und flitzte auf meinen Stuhl. „Was Besseres kann mir heute gar nicht passieren!"

„Entschuldigt bitte", Oma Mummi schob sich verlegen wie ein kleines Mädchen auf ihren Platz, „aber ich mußte dringend noch mal wohin."

„Ich werde nie begreifen, warum du diese Dinge nicht erst erledigst und danach das Essen aufträgst!" rügte Oma Lene.

„Dann wäre die Leber hart geworden."

„Und so ist sie kalt."

„Gesegnete Mahlzeit", sagte ich schnell, um die Diskussion zu beenden. Jetzt mußte ich unauffällig eine Portion Leber für Piri verschwinden lassen.

Zum Glück lieben beide Omas Leber mit Kartoffelpüree über alles und waren so mit ihren Tellern beschäftigt, daß sie nicht bemerkten, wie ich eine Scheibe Leber auf den Schoß fallen ließ, sie in die Papierserviette wickelte und in meine Hosentasche stopfte. Es wurde zwar etwas warm und fettig auf meinem Oberschenkel, aber das konnte ja niemand sehen.

Nach dem Essen ziehen sich die Omas gewöhnlich zu einem Mittagsschläfchen zurück. Das heißt, nur Oma Mummi schläft, Oma Lene nennt dies ihr Studierstündchen, in dem sie sich in Ruhe ihren Büchern widmen kann. Schaut man zufällig zu ihr hinein, schläft sie auch, aber mit einem Buch in der Hand.

Ich hatte also Zeit und Ruhe, aus dem hintersten Winkel des Küchenschranks zwei Schälchen zu suchen, die Oma Mummi ganz sicher nicht vermissen würde, und den alten Dosenöffner, den niemand mehr benutzt, seit Vati den automatischen an der Wand installiert hat.

Unten im Badezimmer zog ich die Leber aus der Hosentasche, und dann zog ich auch gleich die Jeans aus und wusch die Hosentasche und mein Bein. Schließlich entfernte ich die Papierfetzen von dem Leberstückchen, spülte es sorgfältig ab und riß es in kleine Brocken.

Piri wachte auf, sprang aus dem Puppenwagen, gähnte und streckte sich ausgiebig. Dann schritt sie hoheitsvoll näher, hob schnuppernd das Näschen und strich mir um die Beine.

Ich mischte den Doseninhalt mit der zerbrockten Leber und füllte die Masse in das eine Schälchen. Das andere nahm ich für Trinkwasser. Piri stürzte sich mit Heißhunger auf das Futter, mein Menü schien ihr ausgezeichnet zu schmecken. Ihr Bäuchlein rundete sich zusehends, und schließlich sah sie aus, als hätte sie einen Tennisball verschlungen.

Ich hatte mich auf dem Boden neben ihr niedergelassen und sah ihr hingerissen zu. Als das Schälchen so blankgeleckt war, als hätte ich es bereits abgewaschen, drehte sie sich um, rülpste dezent und begann sich ausgiebig zu putzen.

Zuerst wurde die Pfote mit der Zunge befeuchtet und damit das Schnäuzchen gereinigt. Dann kamen auf die gleiche Weise die Ohren dran. Immer wieder leckte sie die Pfoten, setzte sie mal auf der einen, mal auf der anderen Seite hinter dem Ohr an und zog sie über den Kopf bis zum Schnurrbart vor.

Jetzt kam der Hals. Piris Zunge wurde lang und spitz wie eine kleine Schlange, den Kopf bis aufs äußerste gebogen und dicht an den Hals gepreßt, bearbeitete sie Kehle und Brust, dann die Innenseite der Vorderpfoten und schließlich die Schultern.

Um sich den Bauch zu waschen, legte sie sich auf die

Seite, und um bequem die Hinterpartie zu erreichen, wurde eine Hinterpfote neben dem Hals steil in die Höhe gereckt. Ich vergaß vor Staunen fast zu atmen. Wie gelenkig das kleine Geschöpf war, und mit welchem Ernst und welcher Ausdauer sie ihre Säuberung betrieb!

Schließlich seufzte Piri tief und zufrieden auf. Sie blinzelte zu mir hinüber, überlegte einen Augenblick, dann sprang sie mir auf den Schoß, rollte sich zusammen und schlief ein. Ich streichelte sie ganz zart, und sie schnurrte noch im Schlaf.

Ich saß immer noch am Boden, mein Rücken verkrampfte sich, und meine Beine begannen einzuschlafen. Lange konnte ich es in dieser Stellung nicht aushalten. Was sollte ich tun? Einerseits wollte ich Piri um keinen Preis stören, andererseits mußte ich die Zeit der Mittagsruhe ausnützen, um die noch fehlenden Dinge für Piris Ausstattung zu besorgen. Ein Katzenkistchen und Streu vor allem.

Schweren Herzens richtete ich mich auf und trug Piri zum Puppenwagen hinüber. Zum Glück schaute sie nur einmal kurz auf, rollte sich neben dem Teddybären zusammen und schlief sofort weiter. Ich bohrte mit der Papierschere das Schloß meines Sparschweins auf, nahm einen Zwanzigmarkschein heraus und schlich über die Terrasse davon.

Ein Katzenklo und Streu bekam ich im Supermarkt. Ich stopfte beides in eine große Plastiktüte und lief damit nach Hause, um die Katzentoilette für Piri sofort aufzustellen. Dann ging ich noch einmal fort, warf einen Blick in die Auslage des Spielwarenladens an der Hauptstraße, verzichtete fürs erste auf den Kauf einer piepsenden Gummimaus und lief hinüber zur Buchhandlung.

Hier war ich ein gern gesehener Gast, da ich die beiden Omas immer wieder zu Buchkäufen für mich überredete. Ich konnte mich also ungestört in die Ecke mit den Tierbüchern verziehen und mir ein Katzenlexikon herausangeln.

Da ich mein Geld jetzt vor allem für Katzenfutter benötigte, beschränkte ich mich darauf, mir die wichtigsten Punkte zu merken. Was gab es da alles zu beachten! Ernährung, Impfen, Krankheiten, Sauberkeit. Brauchte ich ein Kratzbrett, damit Piri ihre Krallen nicht an meinem Sessel wetzte? Ich beschloß, vorerst darauf zu verzichten, schließlich hatten wir genug Bäume im Garten. Aber eine Wurmkur mußte ich machen – so schnell wie möglich!

Ich lernte eine Menge über die richtige Ernährung einer Katze. Was ich bisher geglaubt hatte, war völlig falsch. Kuhmilch brauchte meine kleine Freundin überhaupt nicht, die konnte höchstens Durchfall verursachen. Statt dessen mußte ich ihr immer frisches Wasser in Reichweite stellen, denn eine Katze kann wohl tagelang ohne Futter auskommen, aber nicht ohne Wasser. Zweimal am Tag mußte ich Piri füttern, einmal morgens und einmal abends. Sie nur von Leber oder Fleisch zu ernähren war ungesund, ja sogar gefährlich, am sichersten konnte ich sein, daß ihr nichts fehlte und sie gesund blieb, wenn ich mich an Dosenfutter und Trockenfutter hielt. Außerdem war es das Billigste …

Ich verabschiedete mich freundlich, versprach, bald wiederzukommen und trabte in die Apotheke, um eine Paste zum Entwurmen und eine kleine Dose Puder gegen Ungeziefer zu besorgen. Gerade rechtzeitig – Oma Mummi ließ in der Küche schon das Kaffeewasser in den

Kessel – schlüpfte ich durch die Terrassentür in mein Zimmer zurück.

Um sicher zu sein, daß ich in den nächsten Stunden meine Ruhe hatte, schaute ich kurz in die Küche hinauf, behauptete, ich sei mitten in den Hausaufgaben und habe schrecklich viel zu lernen, nahm mir ein großes Glas Saft und zwei Stück Kuchen als Wegzehrung mit und sagte, ich wollte nicht gestört werden, und wenn jemand anriefe, wäre ich gerade spazierengegangen. Oma Mummi war es recht, sie wollte sowieso Birnen einkochen, und Oma Lene hatte einen Termin beim Zahnarzt. Besser hätte ich es mir gar nicht wünschen können.

Ich schloß mich in meinem Zimmer ein, vergewisserte mich, daß Piri noch im Puppenwagen schlief, machte leise die Terrassentür zu und studierte, während ich den Kuchen in mich hineinstopfte, die Gebrauchsanweisung der Wurmpaste.

Das Ding sah aus wie eine Spritze, ähnlich der, mit der Oma Mummi die Sahneschnörkel auf ihre Torten malt. Es schien ganz einfach zu sein, man brauchte das Ende der Spritze nur seitlich ins Katzenmäulchen zu schieben und auf die Tube zu drücken, schon war alles erledigt.

Ich wischte mir also die Kuchenkrümel von den Fingern, schnitt mit der Papierschere die Kappe von der Wurmspritze ab und holte Piri auf meinen Schoß. Eine Weile streichelte ich sie und redete vernünftig mit ihr, daß ja alles gar nicht so schlimm sei, dann nahm ich die Spritze vom Schreibtisch und setzte ihr das Ende zwischen die Backenzähne.

Ich hatte noch gar nicht richtig zugedrückt, da bog sie den Kopf zur Seite, stemmte sich mit allen vier Pfoten zugleich von mir weg, wobei sie vorsichtshalber auch die

Krallen zu Hilfe nahm, und wand sich aus meiner Umklammerung. Sie flitzte quer durchs Zimmer, ließ sich unter meinem Bett nieder und begann sich inbrünstig die Pfoten zu putzen.

„Schätzchen, sei nicht albern!“ mahnte ich. „In der Beschreibung steht, das Zeug schmeckt ganz angenehm. Na, jedenfalls ziemlich nach Nichts. Also komm, es ist gleich vorbei.“

Sie glaubte mir nicht. Ich ging zu ihr hinüber, sie wartete, bis ich fast bei ihr war, dann machte sie einen neuen Blitzstart, diesmal zur Terrassentür. Ich beglückwünschte mich für meine Intelligenz, die Tür rechtzeitig geschlossen zu haben.

Piri war sauer. Panik malte sich auf ihrem kleinen Gesicht. Jetzt beobachtete sie mich wie einen Feind, der ihr nach dem Leben trachtete. Als ich auf sie zukam, flitzte sie unter den Schrank und zog sich in den hintersten Winkel zurück.

Aber so schnell wollte ich nicht aufgeben. Ich legte mich auf den Bauch und schob meinen Arm in die Richtung, in der ich sie vermutete. Das war keine besonders gute Idee, denn sofort bekam ich einen Krallenhieb auf die Finger.

„Au! Du verdammtes kleines Biest! Na warte, du kommst nicht eher aus diesem Zimmer, bevor du nicht deine Paste geschluckt hast!“ knurrte ich. „Komm da raus, aber sofort!“

Piri dachte nicht daran. Ich griff meinen Pantoffel und langte in ihre Richtung. Der Pantoffel wurde ein paarmal tüchtig geohrfeigt, dann schien ihr dieses Versteck offenbar nicht mehr sicher genug; sie raste ins Bad hinüber und verschwand in der Duschecke.

Ratsch! machte es, und der Duschvorhang hatte ein großes Loch

Jetzt hatte ich sie in der Falle. Ich schloß leise die Tür hinter mir und sprach beruhigend auf sie ein.

„Komm, Schätzchen! Komm, Piri, ich tu dir doch nichts! Ich will dich nicht quälen, meine Süße, aber diese dumme Wurmpaste mußt du nun mal nehmen, sonst kannst du krank werden! Und das willst du doch nicht, oder? Na komm, meine Kleine, sei lieb!"

Piri schien mir beeindruckt zuzuhören, jedenfalls saß sie jetzt ganz entspannt in der Duschwanne und schaute zu mir hinauf. Aber als ich mich bückte, um sie hochzuheben, wischte sie unter mir durch und wollte zur Tür hinaus. Und da sie die verschlossen fand, sah sie nur einen Ausweg: Wie ein Gummiball sprang sie an dem Duschvorhang hoch, klammerte sich mit den Krallen in den groben Frotteestoff und hangelte sich in die Höhe. Ratsch! machte es, und mein Duschvorhang hatte ein Fenster.

Jetzt hatte ich gewonnen. Ich pflückte sie wie eine reife Frucht vom Vorhang, wobei der Stoff noch einmal ein paar Löcher bekam, und trug sie zum Schreibtisch zurück. Mit der freien Hand griff ich mir meine Wolldecke vom Bett und wickelte sie so fest hinein, daß nur noch das Köpfchen herausschaute und mir die Krallen nichts mehr antun konnten.

Piri stieß einen so markerschütternden Klagelaut aus, daß ich sie vor Schreck fast hätte fallen lassen. Ein Glück, daß Oma Lene schon aus dem Haus gegangen war! Oma Mummi klapperte in der Küche so laut mit ihren Töpfen, daß sie bestimmt nichts gehört hatte.

Ich griff die Spritze mit der Wurmpaste und versuchte sie Piri zwischen die Zähne zu schieben. Ich glaube, es wäre leichter gewesen, mit verbundenen Augen auf ein rotierendes Kettenkarussell aufzuspringen! Die kleine Katze wand ihren Kopf so blitzschnell von einer Seite zur anderen, daß die Spritze überall landete, nur nicht da, wo sie hinsollte: zwischen ihren Zähnen. Und als sie zufällig doch für eine Sekunde dort steckte, schob Piri sie mit einem so angewiderten Ausdruck von sich, daß ich seufzend und völlig entnervt aufgab. Ich ließ die Dekke samt Katze los, und Piri sauste erleichtert davon, sprang auf mein Bett und begann sich ausgiebig zu putzen.

Ich starrte vor mich hin. Sollte ich wirklich aufgeben? Aber die Wurmkur war wichtig für sie, mit Schaudern dachte ich an die Beschreibung der Krankheiten, die von Würmern verursacht werden konnten. Ich mußte diese Wurmpaste in die Katze hineinkriegen, egal wie!

Sollte ich es mit einem Leckerbissen versuchen? Klar, warum hatte ich nicht gleich daran gedacht! Ich schnürte also in die Küche hinauf und fragte Oma Mummi beiläufig, ob sie schon frische Kalbsleberwurst gekauft habe. Natürlich hatte sie. Ich stöhnte ein bißchen rum, wie anstrengend meine Arbeit sei, und daß ich dringend eine kleine Aufmunterung brauchte, und ehe sie protestieren konnte, hatte ich mir eine dicke Scheibe Leberwurst abgeschnitten und flitzte aus der Küche.

In meinem Zimmer teilte ich die Wurstscheibe in vier gleiche Teile, drückte in jedes eine Mulde, preßte ein Viertel der Paste drauf und verschloß die Füllung sorgfältig von allen Seiten.

„Ei, mein Schätzchen, schau mal, was ich hier Feines habe!"

Piri tat nicht sonderlich interessiert. Sie schnupperte umständlich an dem ersten Stück, leckte ein wenig daran, nahm es zwischen die Zähne, rollte es im Mäulchen ein paarmal hin und her und – spuckte es wieder aus! Eine schöne Bescherung. Ich wurde allmählich stocksauer.

„Du kleines Mistvieh! Jetzt frißt du das Zeug, verdammt noch mal!"

Wütend versuchte ich, ihr die Brocken zwischen die Zähne zu schieben. Piri wand sich wie ein Aal, und der graubraune Brei landete auf ihrer Brust. Empört begann sie sich zu putzen. Das war die Erleuchtung! Ich schmierte die vier Leberwurstkügelchen samt Inhalt auf ihre Vorderpfoten und die Brust, und für die nächste halbe Stunde war meine kleine Katze beschäftigt. Ärgerlich und mit energisch langen Strichen der zierlichen rosa Zunge leckte sie auch noch den letzten Rest der scheußlichen Paste aus ihrem Fell. Für diesmal hatte ich sie überlistet.

Eine Puppe schnurrt nicht

In den nächsten Tagen hatte ich oft Gelegenheit, die Intelligenz und Anmut meiner kleinen Katze zu bewundern. Ihr Leben verlief nach einer bestimmten Ordnung, und sie selbst war es, die diese Ordnung vorschrieb, nicht ich. Selbst wenn ich versuchte, ihr etwas beizubringen oder etwas abzugewöhnen, war sie es, die mir mit sanfter Beharrlichkeit bewies, daß sie es besser wußte.

Daß zum Beispiel der Bezug meines Sessels zum Krallenwetzen geeigneter war als die harten Baumrinden draußen. Daß nach einem Gewitterregen, aus dem man klitschnaß und schmutzig hereinkommt, das Fell im frisch bezogenen Bett schneller sauber und trocken wird als auf dem nicht so sauberen Teppich. Und daß sich Fleischbrocken im Futternapf nicht halb so gut zerlegen lassen wie auf dem Boden daneben. Vor allem aber, daß die schönste Zeit zum Spielen und Toben die Stunde vor Sonnenaufgang ist.

Ich mußte lernen, daß eine Prinzessin nicht gleich herbeigestürzt kommt, nur weil man sie gerufen hat. Und daß sie nicht gern tagelang das gleiche Menü serviert bekommt. Wollte sie gebürstet werden, lief sie so lange zwischen mir und der Badezimmertür hin und her, bis ich ihr folgte. Dann legte sie sich genießerisch auf die Duschvorlage und ließ sich von allen Seiten mit der Bürste bearbeiten. Haarballen aus ihrem wuschligen Schwanz entfernen und das Bäuchlein massieren.

Besonderen Wert legte sie auf eine saubere Katzentoilette. Ich hatte für ihr Kistchen einen Platz hinter dem Schrank gefunden, in den man nur Einblick hatte, wenn man den großen Sessel zur Seite schob. Natürlich wäre es mir lieber gewesen, wenn Piri ihr Geschäft draußen im Freien erledigt hätte. Sie aber zog die saubere, gut duftende Katzenstreu vor. Und wehe, ich reinigte das Kistchen nicht rechtzeitig. Dann kratzte und scharrte sie so lange ärgerlich darin herum, bis ich alles stehen und liegen ließ, mit dem Kistchen im Bad verschwand, es ausleerte, spülte und neu füllte.

Am meisten überraschte mich ihre Sprache. Ich hatte nie gewußt, in wie vielen verschiedenen Lauten eine Katze sich ausdrücken kann! Vom Schnurren über ein zufriedenes Maunzen bis hin zum Knurren, Schnattern, einem ganzen Dutzend verschiedener Klagelaute, wildem

Raubtierfauchen und Keckern. Ja, sogar gurren wie ein Täubchen konnte sie.

Piri verbrachte nun den größten Teil ihrer Zeit bei mir. Ihre kleinen Ausflüge fanden vor allem nachts statt, am Tage schlief sie viel, und zwischendurch spielten wir miteinander. Fast täglich brachte sie von ihren nächtlichen Raubzügen eine Maus mit, die sie mir als Geschenk vors Bett legte. Dann lobte ich sie sehr, bewunderte die Beute und ließ sie später, wenn Piri schlief, unauffällig verschwinden.

Einmal allerdings hatte ihr morgendliches Geschenk buchstäblich einen Haken. Es war noch dämmerig, als sie mit der schweren Beute angeschleppt kam und sie stolz maunzend und gurrend vor meinem Bett ablegte. So etwas Großes, das kann doch nur eine Ratte sein! dachte ich erschrocken. Bei allem Verständnis für Piris Raubtiergemüt, Ratten liebte ich nun wirklich nicht besonders. Ich knipste das Licht an. Piri schien verlegen zur Seite zu schauen. Es war eine Maus, wie ich zu meiner Beruhigung feststellte. Doch diese Maus hatte einen kleinen Schönheitsfehler: Sie steckte in einer Mausefalle!

Ich lachte laut. Piri war beleidigt. Da beeilte ich mich, meine Unhöflichkeit wiedergutzumachen.

„Was für ein schönes Geschenk, meine Süße!“ lobte ich sie. „Du bist doch die klügste Katze von allen!“

Piri schnurrte zufrieden.

Ich glaube, dies war die glücklichste Zeit meines Lebens. Die beiden Omas hielten sich an Muttis Verbot, nachdem sie gesehen hatten, daß die Maßnahme offensichtlich Erfolg hatte. Denn mein Zimmer war – wann sie auch hereinschauten – ein Musterbeispiel an Ordnung und Sauberkeit.

Zur Vorsicht hatte ich noch ein großes Plakat an die Tür gehängt mit der Aufschrift:

Privat! Eintritt nur mit Genehmigung des Besitzers
und nach vorheriger Anmeldung!
Besichtigung: Eintritt eine D-Mark

Die Omas bewiesen Humor und entrichteten willig das Eintrittsgeld. Vermutlich hielten sie die Aktion für eine Art Racheakt wegen Muttis Verbot.

Im übrigen sorgte ich dafür, daß sie kaum Gelegenheit fanden, zu mir in den Keller zu kommen. Meine schmutzige Wäsche lieferte ich persönlich in der Waschküche ab und holte mir, was Oma Lene gewaschen und gebügelt hatte, ehe sie Zeit fand, es in meinen Schrank zu räumen. Ich bezog mein Bett selber und putzte sogar meine Fenster, als Oma Lene erwähnte, dies müsse sie demnächst tun. Daß es hin und wieder trotzdem kritische Situationen gab, war nicht zu vermeiden.

Einmal hörte ich Oma Lene die Treppe hinunterkommen, als ich mit Piri Papierbällchen auf dem Teppich hin und her rollte. Ich hatte gerade noch Zeit, meine kleine Freundin zu packen und unter meiner Bettdecke zu verstecken.

Oma Lene klopfte an und kam gleich darauf herein. Mir blieb fast das Herz stehen, vor Angst, sie könne meinen Liebling entdecken. Aber Piri war so verblüfft über die Behandlung, daß sie sich mucksmäuschenstill verhielt.

Oma Lene sah sich wohlwollend in dem tadellos aufgeräumten Zimmer um, dann machte sie Anstalten, sich aufs Bett zu setzen. Ich hechtete zu ihr hinüber, nahm sie am Arm und schob sie zum Sessel.

„Setz dich doch hierher, Omi, das ist viel gemütlicher. Außerdem machst du dann das Bett nicht unordentlich."

Oma Lene warf mir einen prüfenden Blick zu.

„Übertreibst du's nicht ein bißchen? Warum bist du so zappelig, Kind?"

„Ach, ich war gerade auf dem Sprung, zu dir raufzukommen, weißt du, ich ... ich dachte, wir könnten ein bißchen spazierengehen!"

„Bei dem Wetter?"

„Das bißchen Regen! Die Luft ist herrlich, so ... so erfrischend! Und ..." Unruhig wanderten meine Augen zwischen Oma Lene und dem Bett hin und her, aber noch rührte sich nichts. „Und wir könnten mal wieder bei der Buchhandlung vorbeischauen ..."

Die Bettdecke erschauerte. Oma Lene drehte ihr zum Glück den Rücken zu und sah es nicht.

„Aha, du hast mal wieder nichts mehr zum Lesen", sagte sie verständnisvoll und lehnte sich behaglich zurück. „Nun ja, ich werde mich darum kümmern. Was nehmt ihr eigentlich zur Zeit in Deutsch durch? Wolltest du nicht ein Referat halten?"

Die Bettdecke machte einen Buckel. Oma Lene rührte sich nicht von der Stelle.

„Ich hab mich noch nicht entschlossen, über welches Buch ich sprechen soll. Wollen wir nicht zu dir hinaufgehen und etwas heraussuchen?"

Die Bettdecke zog sich in Wellenlinien zusammen.

„Später", sagte Oma Lene und fand es hier offensichtlich gemütlich.

Ich stöhnte.

„Was hast du?"

„Bauchweh. Ich glaube, ich hab heute mittag zu viel

„Was um Himmels willen war das?" fragte Oma Lene erschrocken

gegessen. Ich werde Oma Mummi bitten, mir einen Kamillentee zu kochen." Ich hasse Kamillentee, das wußte auch Oma Lene, aber für Piri war mir kein Opfer zu groß.

„Du wirst wirklich erwachsen", sagte Oma Lene verblüfft. „Was um Himmels willen war das?" fragte sie dann erschrocken.

Unter der Decke war ein dumpfer Klagelaut erschollen.

„Es kam von draußen", sagte ich schnell. „Die Jungen drüben spielen Gespenst." Auf meiner Stirn bildeten sich Schweißtropfen.

„Ich bin eigentlich gekommen, um dir etwas sehr Trauriges zu erzählen", sagte Oma Lene ernst und faltete unwillkürlich die Hände. „Eben kam ein Telegramm, daß dein Onkel Adalbert gestorben ist. Ganz unerwartet, an einem Herzschlag."

Die Bettdecke hob sich ein wenig. Ein rundes Gesichtchen kam zum Vorschein, die Ohren seitlich hinuntergeklappt, die runden Augen erstaunt auf Oma Lene gerichtet. Der Anblick war so komisch, daß mich meine bisher so eisern bewahrte Beherrschung im Stich ließ. Ich prustete los.

„Ich weiß eigentlich nicht, was es da zu lachen gibt", sagte Oma Lene pikiert.

Der Kopf zog sich unter die Decke zurück.

„Entschuldige", stöhnte ich und verbarg das Gesicht in den Händen, verzweifelt um Fassung bemüht. „Aber als du das eben sagtest, fiel mir was ganz Blödes ein, ein Witz, den sie in der Schule erzählt haben und ... und dessen Pointe das Wort *gestorben* war. Und ... ach, Omi, laß uns raufgehen, dann kannst du mir alles in Ruhe erzählen."

Ich stellte mich so, daß Oma Lene das Bett nicht sehen konnte.

„Du bist in letzter Zeit reichlich überdreht, mein liebes Kind!" Oma Lene stand endlich auf und ließ sich vor mir her durch die Tür schieben. „Die Pubertät treibt seltsame Blüten! Nicht so stürmisch ..."

Hinter uns sprang Piri maunzend vom Bett.

„Ich werde mir ein paar Brote machen!" verkündete ich überlaut. „Ich hab schon wieder Hunger!"

„Ich denke, du hast Bauchweh", sagte Oma Lene kopfschüttelnd. „Aber deshalb brauchst du nicht so zu brüllen, ich bin nicht schwerhörig!"

Schwerhörig war leider auch Oma Mummi nicht, die mich zwei Tage später besuchte. Sie vergaß sogar anzuklopfen und stand plötzlich mitten im Zimmer. Ich erschrak so, daß ich einen dicken Tintenklecks in mein

Matheheft machte. Piri schlief zum Glück fest, sie hatte sich auf ihren Lieblingsplatz verkrochen.

„Schon wieder so fleißig, meine Kleine", sagte Oma Mummi und legte augenzwinkernd das doppelte Eintrittsgeld neben das Matheheft. Dann zauberte sie eine Tüte hinter ihrem Rücken hervor. „Hier, eine kleine Stärkung. Hab ich dir mitgebracht. Zwei frische Krapfen."

„Rrrrrrrrrrrr ..." machte es im Hintergrund.

„Was ist denn das für ein Geräusch?"

„Ein Geräusch?" fragte ich schwach und hatte mindestens ein paar hundert Ameisen im Bauch.

„Ja, so ein komisches Schnurren ..."

„Ein ... äh, ja, ein Schnurren, ach ..., ich weiß, das ist die alte Puppe, die mit der kaputten Automatik. Ich hab sie vorhin aufgezogen, da gab sie keinen Ton von sich, und jetzt rattert sie plötzlich los."

„Eine Puppe schnurrt doch nicht", sagte Oma Mummi kopfschüttelnd und sah sich um. „Sie sagt höchstens *Mama.*"

Das Schnurren endete in einem kleinen Seufzer und verstummte.

„Ist es die?" fragte Oma Mummi, rückte an ihrer Brille, schaute in den Puppenwagen und wies auf meine Puppe Angela.

„Pst, stör sie nicht, sie schläft!" sagte ich halb gespielt, halb im Ernst, und es klang so flehend, daß Oma Mummi sofort zurückwich.

Forschend sah sie in den Puppenwagen.

„Niedlich, der kleine Plüschtiger", bemerkte sie im Gehen, „den hab ich noch nie bei dir gesehen. Na ja, ich will dich nicht länger stören. Sei schön fleißig."

„Danke, Oma Mummi“, seufzte ich erleichtert. „Und auch vielen Dank für die tollen Krapfen und das Geld!“

Als sie die Tür hinter sich geschlossen hatte, stand ich auf und ging auf Zehenspitzen zum Puppenwagen. Ja, da lag Piri bewegungslos wie ein Stofftier, man sah sie kaum atmen. Nur die Schnurrbarthaare zuckten ein wenig, als lachte sie im Traum.

Piri ist verschwunden

Wir hatten einen wundervollen Herbst. Nachts wurde es jetzt kalt, und morgens war alles von Nebel eingehüllt, aber bald darauf strahlte der Himmel in tiefem Blau, und die Sonne schien sommerlich warm. Oma Mummi arbeitete viel im Garten, und jeden Morgen, wenn ich in der Schule saß, zitterte ich davor, daß sie mein Geheimnis entdecken könnte. Aber nichts dergleichen geschah.

Um Piris Herein- und Hinausschlüpfen vor den Augen der beiden Omas zu verbergen, hatte ich aus dem Sprossenfenster neben meiner Terrassentür eine der untersten Scheiben herausgeschlagen, so daß Piri ihren eigenen Eingang hatte. Zum Schutz gegen Zugluft und Kälte hatte ich einen Vorhang aus einem alten Wollpulli darübergenagelt, den Mutti aus Versehen mit der Kochwäsche in die Waschmaschine gestopft hatte und der zu einem undurchlässigen Filz geworden war. Von innen war Piris Eingang nicht zu sehen, da der Vorhang ihn verdeckte. Und von außen hatte ich ihn abgedeckt, indem ich die Kiste mit den Gartenspielen, den Boccia-Kugeln, dem Krocket und was ich sonst besaß, so vor das Loch gezogen hatte, daß Piri genug Platz fand, um sich hindurchzuschlängeln.

Ich hoffte inständig, Oma Mummi würde Piri, wenn sie sie im Garten herumspringen sah, für eine Katze aus der Nachbarschaft halten und sie allenfalls wegscheuchen. Das würde Piri nur so weit beeindrucken, daß sie in Zukunft einen Bogen um Omi Mummi machte.

Oma Lene hielt sich selten im Garten auf, und von meinen Eltern hatte ich nichts zu befürchten. Saßen sie am Wochenende wirklich einmal im Garten, waren sie meistens in Bücher oder Zeitschriften vertieft, und wenn Piri es sich nicht gerade einfallen ließ, ihnen direkt auf den Bauch zu springen, würden sie ihre Gegenwart gar nicht bemerken.

Daß meine Eltern mein Zimmer nicht betraten, dafür sorgte ich, indem ich mich – waren sie zu Hause – ständig in ihrer Nähe aufhielt. Meine Eltern freuten sich über meine Anhänglichkeit, und ich lebte in wunschloser Glückseligkeit mein heimliches Doppelleben – einmal mit der Familie oben im Haus, dann wieder mit Piri in unserem gemeinsamen Reich. Ich war mir meiner Sache so sicher, daß ich ganz aufhörte, mir Sorgen zu machen, Piri könne entdeckt werden, oder sonst etwas könne diesen herrlichen Zustand beenden.

Eines Abends schnupperte Piri lustlos an ihrem Futter, ohne einen Bissen zu essen. Sie wandte sich ab und verkroch sich ans Fußende meines Bettes, wo sie sich auf der Wolldecke zusammenrollte und mit halbgeöffneten Augen vor sich hin starrte. War das Futter nicht in Ordnung? Ich hatte es doch gerade erst frisch zubereitet? Ich roch daran, konnte aber nichts Ungewöhnliches feststellen. Auch die Milch hatte sie nicht angerührt. Ich lief in die Küche hinauf, stibitzte ein bißchen von dem Tartar, das Oma Mummi fürs Abendessen besorgt hatte, und hielt es Piri unter die Nase – sie hob kaum den Kopf. Apathisch lag sie da und schien mich kaum wahrzunehmen.

Ich spürte, wie ein dicker Kloß Angst in mir wuchs und sich breitmachte, daß ich glaubte, ersticken zu müssen. Ich befühlte Näschen und Ohren meiner kleinen Freundin, sie schienen mir glühend heiß, und das Fell sah auf einmal ganz stumpf aus. Ihr Maunzen klang so kläglich, als ich sie auf meinen Schoß hob, daß ich am liebsten laut losgeheult hätte. Sie ist nicht geimpft! schoß es mir durch den Kopf. Jetzt bekommt sie die Katzenseuche und wird daran sterben!

Eine ganze Weile saß ich nur so da, hielt sie auf meinem Schoß und streichelte sie, als könne ich sie dadurch gesund machen. Dann legte ich sie auf ihren Lieblingsplatz im Puppenwagen, räumte alles andere heraus, damit sie sich bequem ausstrecken konnte, löschte das Licht und ging nach oben.

Wie ich das Abendessen überstand, weiß ich nicht. Als ich wieder in mein Zimmer kam, lag Piri noch genauso da, wie ich sie verlassen hatte, aber jetzt zitterte der kleine Körper unter Fieberschauern. Ich bot ihr erst Milch, dann frisches Wasser an, sie tauchte nur einmal schwach die Zunge hinein.

Noch nie in meinem Leben hatte ich mich so elend und hilflos gefühlt. Ich kniete neben ihr nieder, und die Tränen liefen mir übers Gesicht. Ich betete inständig, Piri möge wieder gesund werden. Ich blieb da sitzen, bis ich vor Müdigkeit fast umfiel, dann kroch ich angezogen, wie ich war, ins Bett und schlief ein.

In der Nacht erwachte ich von einem seltsamen Geräusch. Ein klagender Heulton, gefolgt von einem abgehackten, stoßenden Keuchen. Erschrocken machte ich Licht. Piri saß auf dem Teppich und würgte, daß der ganze kleine Körper sich vor Anstrengung umzustülpen schien. Schließlich brachte sie ein wenig gelblichen Schaum heraus.

Ich stürzte zu ihr, streichelte sie, hob sie vorsichtig hoch und trug sie in mein Bett. Vielleicht tat ihr meine Wärme gut? Ich nahm sie unter meine Bettdecke und streichelte unermüdlich den kleinen zitternden Körper.

„Morgen, gleich nach dem Mittagessen bringe ich dich zum Tierarzt! Der wird dich wieder gesund machen!“ tröstete ich mehr mich selbst als sie. „Du mußt gesund werden, meine Kleine, hörst du? Du mußt!“

Mit diesem Gedanken schlief ich ein. Als ich Stunden später aufwachte, war Piri verschwunden.

Ich durchsuchte jeden Winkel des Zimmers, rannte in den Garten hinaus, schaute in den Schuppen und unter alle Sträucher. Von Piri war keine Spur zu sehen.

Wie betäubt saß ich etwas später am Frühstückstisch. Das Brot in meinem Mund schien aufzuquellen wie ein Hefeteig und wollte einfach nicht hinunter. Der Kloß aus Trauer und Angst in meiner Kehle versperrte ihm den Weg. Schließlich sprang ich auf, rannte aufs Klo und spuckte alles wieder aus.

Ich ging gar nicht erst an den Tisch zurück. Im Flur schnappte ich mir meine Schultasche, rief laut: „Tschüs, ich muß los!“, knallte die Haustür zu und lief davon.

In der Schule hockte ich wie eine flügellahme Krähe

auf meinem Platz und war nicht in der Lage, etwas von dem in mich aufzunehmen, was die Rammser in Englisch da vorn erklärte. Dabei lag längst wieder eine Schularbeit in der Luft, und ich hätte allen Grund gehabt aufzupassen.

Helga, die bildhübsch ist und erst seit kurzem in unsere Klasse geht, schaute mich immer wieder prüfend von der Seite an.

„Ist dir schlecht?“ flüsterte sie schließlich. „Du siehst so verzweifelt aus. Kann ich etwas für dich tun?“

Daß sie das sagte, haute mich echt um. Als sie jetzt ihre Hand zu mir herüberschob und beruhigend auf meinen Arm legte, war ich so fertig, daß ich sofort zu heulen anfing.

Helga stand auf und sagte zur Rammser, sie müsse mich rausbringen, mir sei nicht gut. Die anderen starrten uns an, und die Rammser half uns beim Hinausgehen.

Ich ließ mich von Helga in den Toilettenvorraum führen, stellte mich ans offene Fenster und heulte mich erst mal richtig aus. Helga stand halb hinter mir und streichelte mir über den Kopf und sagte gar nichts. Das fand ich super von ihr.

„Es ist nicht, was du denkst“, schniefte ich schließlich. „Ich bin nur furchtbar verzweifelt, weißt du. Meine Katze ist gestern abend schwer krank geworden, ich wollte heute mit ihr zum Tierarzt, aber dann ... sie ... sie ist mir heute nacht weggelaufen. Ich kann sie nirgends finden und ... und ich hab solche Angst, daß sie ...“ Ich konnte nicht weitersprechen.

Helgas Hand erstarrte auf meiner Schulter. Es war, als sei sie plötzlich gar nicht mehr da. Verstand sie überhaupt, was das für mich bedeutete? Vielleicht mochte sie keine Tiere und fand mich furchtbar albern? Unsicher drehte ich mich zu ihr um.

Was ich sah, überraschte mich noch mehr als ihre plötzliche Anteilnahme vorher. Helga war ganz weiß geworden, dicke Tränen rollten über ihr Gesicht. Als sie meinen Blick spürte, wischte sie sich schnell mit dem Handrücken über die Augen und versuchte zu lächeln.

„Das ist so ziemlich das Beschissenste, was einem passieren kann", sagte sie rauh. „Ich weiß, wie dir zumute ist, ich habe selber zwei Katzen. Und wir haben davor viele andre gehabt. Frag mich nicht, was ich schon alles durchgemacht habe."

Von nun an liebte ich sie mehr als eine Schwester.

„War deine Katze geimpft? Konnte sie draußen frei herumlaufen? Ist es möglich, daß irgendwo Rattengift ausgelegt ist?" fragte Helga.

„Sie hat einen eigenen Eingang in den Garten. Ob sie geimpft ist, weiß ich nicht, das ist ja das Schlimme!" Und dann erzählte ich Helga die ganze Geschichte.

„Das ist eine echt bescheuerte Situation", stöhnte Helga. „Komm, wir müssen sie suchen. Sofort! Ich sage der Rammser, ich müsse dich nach Hause bringen, warte hier auf mich."

Fünf Minuten später standen wir auf der Straße.

Ein gefährliches Abenteuer

Als wir nach Hause kamen, war Oma Mummi überraschend in die Stadt gefahren. Oma Lene kämpfte in der Küche mit der ungewohnten Kocherei und hörte gar nicht richtig hin, als wir etwas von ausgefallenen Stunden erzählten. Sie war froh, als wir wieder draußen waren.

Wir fingen mit meinem Zimmer an, aber Piri war nicht zurückgekommen. Also nahmen wir uns den Garten vor und durchsuchten jeden Winkel. Vergeblich. Meine Stimmung sank unter den Nullpunkt.

„Nicht verzweifeln!" mahnte Helga. „Heulen kannst du später. Jetzt suchen wir in den Nachbargärten."

Zum Glück schlug uns niemand die Tür vor der Nase zu. Die Leute waren nett und hilfsbereit, aber es nützte alles nichts. Wir fragten, forschten, suchten, riefen – von Piri war nirgends eine Spur zu entdecken. Jetzt wurde auch Helga mutlos.

„Ich muß nach Hause zum Essen", sagte sie. „Vielleicht kannst du inzwischen schon mal bei der Polizei nachfragen. Und im Tierheim. Und ruf auch die Tierklinik an, man kann ja nie wissen. Heute nachmittag werden wir Suchanzeigen an die Zäune hängen. Am besten mit Belohnung."

„Aber ich bin fast pleite!"

„Macht nichts, ich helf dir aus. Hauptsache, Piri kommt zurück."

„Danke", murmelte ich schwach. „Danke, daß du mir hilfst. Bis später dann."

Am liebsten hätte ich mich in mein Bett verkrochen und mir die Decke über den Kopf gezogen. Aber ich durfte jetzt nicht schlappmachen! Also ... erst mal telefonieren.

Ich suchte gerade die Nummer unserer Polizeiwache heraus, als Oma Lene in der Wohnzimmertür erschien, Einkaufstasche und Portemonnaie in der Hand.

„Janni, Liebes, tu mir einen Gefallen. Wir haben nicht eine einzige Zwiebel mehr im Haus, und die Kartoffeln sind auch fast alle. Lauf schnell für mich zum Supermarkt."

Oma Lene verschwand sofort wieder in der Küche. Widerwillig schnappte ich mir Oma Mummis „Monstrum", eine uralte ausgeleierte Einkaufstasche, griff meinen Anorak vom Haken und rannte los.

Wie immer um diese Zeit herrschte im Supermarkt Hochbetrieb. Ich angelte mir gerade ein Netz Zwiebeln aus dem Gemüsefach, als ich drüben an der Kasse eine Frau mit einem Korb voller Katzenfutter entdeckte. Ob die etwas wußte?

Ich ließ die Zwiebeln liegen und drängelte mich an der Schlange vor der Kasse vorbei.

„He, nicht so stürmisch!"

Der Typ, der gerade an der Kasse stand und seine Zigaretten bezahlte, versperrte mit scherzhaft den Weg. Der hatte Nerven!

„Entschuldigen Sie bitte, ich hab's eilig!" flehte ich und kroch unter seinem Arm durch. Dann stürzte ich mich auf die Katzenfutterdame.

„Ach bitte, darf ich Sie etwas fragen? Meine Katze ist mir entlaufen, haben Sie sie zufällig gesehen? Schwarzgelb gestromt, etwa sieben, acht Monate alt und ... und sie war krank ..."

Die Frau schaute mich mitleidig an. Und natürlich hatte sie Piri nicht gesehen. Sie besaß zwei Siamesen, und die durften nicht ins Freie. Sie hielt mir einen langen Vortrag über richtige Katzenhaltung, aber ich hörte schon nicht mehr zu. Ich dachte nur an Piri.

„Schwarz sagtest du? Schwarz mit gelben Flecken?"

Ich ließ die Zwiebeln liegen und drängelte mich zur Kasse vor

Ich fuhr herum. Hinter mir stand der Typ, der sich mir eben in den Weg gestellt hatte, und zündete sich eine Zigarette an. Die Frau mit dem Katzenfutter ging. Der Mann nahm mich am Arm und zog mich auf die Straße hinaus. Ich musterte ihn mißtrauisch. Ein älterer Mann mit Brille und dünnen Haaren, die er mit Pomade und Wasser so über den Schädel geklebt hatte, daß sie die Halbglatze verdeckten.

„Ich glaube, ich kann dir helfen", sagte er und lächelte mich an. „Vorhin im Zeitungsladen ... oder war's der Bäcker? Na, jedenfalls kam einer mit einer kleinen Katze in der Tasche, so wie du sie beschreibst, und fragte, ob jemand wüßte, wem sie gehört. Da keiner die Katze kannte, sagte er, er wolle sie ins Tierheim bringen. Wenn du willst, kann ich dich mitnehmen, ich wohne ganz in der Nähe."

Ich bin kein leichtgläubiger Typ, im Gegenteil. Aber als ich hörte, daß er Piri gesehen hatte, war jedes bißchen Vernunft in meinem Hirn wie weggeblasen. Ich wollte nur eins: Piri so schnell wie möglich zurückholen!

„Ist es weit?" fragte ich.

„Ach was, im nächsten Ort, höchstens eine Viertelstunde. Wenn du willst, bringe ich dich mit deiner Katze wieder zurück. Ich weiß doch, wie man an so einem Tier hängt."

„Das ist sehr nett von Ihnen, vielen herzlichen Dank! Wo steht Ihr Auto?"

„Gleich hier um die Ecke, komm."

Es war ein grauer Opel, ein ziemlich schäbiger alter Kasten. Der Mann ließ mich einsteigen und fuhr mit mir davon. Auf dem Weg fragte er mich alles mögliche über die Schule, wie alt ich sei und in welcher Klasse. Dann behauptete er, er wäre früher Lehrer gewesen, ziemlich weit weg von hier, und jetzt arbeite er wissenschaftlich.

Ich hörte gar nicht richtig zu, ich dachte nur an Piri. Hoffentlich glaubten sie mir im Tierheim, daß es meine Katze war, wie sollte ich es ihnen schließlich beweisen?

Jetzt fing der Mann an, mich über mein Privatleben auszufragen. Ob ich schon einen Freund hätte. Und ob mich meine Eltern schon aufgeklärt hätten und so. Ich wurde ziemlich mufflig, aber er hörte mit dem blöden Gerede nicht auf. Er mache Studien über das Sexualverhalten von Mädchen zwischen sechs und zwölf, und ich hätte doch sicher nichts dagegen, wenn er mich ein bißchen untersuche, das sei alles für die Wissenschaft.

In diesem Augenblick klinkte sich mein Verstand ruckartig wieder ein. Ich bekam furchtbare Angst. Wie hatte ich nur in den Wagen einsteigen können. Ich wußte doch genau, daß man so etwas nie, nie tun darf! Aber nun mußte ich ganz ruhig überlegen, was ich tun konnte. Ich mußte den Mann so besonnen wie möglich ablenken, hinhalten – um bei der nächsten Gelegenheit zu entkommen und mich in Sicherheit bringen zu können.

Während ich den Mann so naiv wie möglich anlächelte, dachte ich fieberhaft nach. Wenn ich aus diesem Wagen herauskam, hatte ich gegen den Typ eine echte Chance. Leider hatte ich überhaupt nicht darauf geachtet, wo wir hinfuhren, und ich hatte keine Ahnung, wo wir uns jetzt befanden. Vermutlich gab es hier gar kein Tierheim.

Schreien durfte ich vorerst nicht, das wußte ich. Das konnte ihn nur reizen und zur Panik treiben. Schreien hatte nur Sinn, wenn einen jemand hörte; hier war aber weit und breit kein Mensch zu sehen. Ich mußte aus dem

Wagen raus, ohne seinen Verdacht zu erregen. Mein Verstand war jetzt hellwach.

„Könnten Sie bitte bei dem Wald dort drüben halten?“ sagte ich verschämt. „Ich muß mal raus.“

Der Mann wurde ganz aufgeregt. Als wir an den Waldrand kamen, steuerte er den nächsten Weg an und fuhr schnell weiter.

„Halten Sie doch bitte hier!“ bat ich höflich, aber der Mann dachte nicht daran. Er trat aufs Gaspedal, und wir kamen immer tiefer in den Wald hinein. Nach einer halben Ewigkeit stoppte er schließlich. Ich hatte die Türklinke schon in der Hand und stieß die Tür weit auf.

„Ich bin gleich wieder da“, murmelte ich und wollte hinausspringen, da griff er nach mir und hielt mich an meinem Anorak fest.

Blitzschnell schlug ich ihm meine Einkaufstasche an den Kopf. Für einen Moment ließ er mich los. Ich sprang und fiel gleichzeitig aus dem Wagen, rappelte mich auf und hetzte dann, so schnell ich konnte, davon. Der „Mädchenerforscher“ rief etwas Unverständliches hinter mir her. Aber ich rannte, bis ich das Gefühl hatte, meine Brust müsse jeden Augenblick mit einem großen Knall zerspringen. Meine Beine wurden zu federnden Automaten, mein ganzer Körper schien nur aus einem Gedanken zu bestehen: laufen – laufen – laufen.

Irgendwann fiel ich zu Boden. Ich drückte mein schweißnasses Gesicht erschöpft in das feuchte, kalte Moos und wand mich vor Keuchen und Husten, bis ich einigermaßen wieder zu Atem kam. Dann sah ich mich um – von dem Mann war keine Spur mehr zu sehen.

Aber wo war ich jetzt? Die Wolken hingen schwer

und grau über den Baumwipfeln, es war unmöglich festzustellen, wo die Sonne stand, und in welche Richtung ich mich wenden mußte. Aber so groß konnte der Wald ja nicht sein, irgendwann mußte ich auf menschliche Behausungen treffen. Dann würde ich Oma Mummi anrufen und alles beichten, und Vati konnte mich abholen.

Als ich mich ein bißchen erholt hatte, verdrängte der Kummer um Piri wieder alle anderen Gedanken, und fast auch meine schreckliche Angst vor dem Mann. Sobald ich zu Hause war, mußte ich weiter nach Piri suchen! Vielleicht hatte Helga inzwischen etwas erreicht? Der Gedanke beflügelte mich. Ich marschierte los.

Der Weg, auf dem ich mich befand, mündete bald in ein halbes Dutzend Pfade und Waldstraßen, die in alle Richtungen auseinanderliefen. Ich wählte die breiteste und landete nach zwanzig Minuten an einer Kiesgrube mitten in einer Kiefernschonung. Also wieder zurück.

Aber auch in der anderen Richtung hatte ich kein Glück. Anstatt in einem Dorf stand ich nach einer halben Stunde vor einer Jagdhütte, und der Wald um mich schien dichter als je zuvor zu sein. Ich schluckte meine Verzweiflung energisch hinunter. Lächerlich, ich war doch hier nicht auf dem Mond! Einer der Wege mußte schließlich aus dem Wald hinausführen! Ganz sacht begann es zu regnen, zuerst in feinen Schleiern, bald in dikken Strähnen. Um mich wurde es immer dunkler. Um nicht zu heulen vor Angst über mein Mißgeschick und aus Trauer um Piri, sang ich laut, was mir gerade einfiel. Aber dann waren es lauter melancholische Lieder, und ich hörte wieder auf.

Irgendwann setzte ich mich auf einen Baumstumpf, um mich auszuruhen, aber das war bei der Nässe auch nicht das Richtige, denn sofort war ich völlig durchnäßt und schlotterte vor Kälte. Also trottete ich weiter. Meine Füße brannten wie Feuer, auf dem linken großen Zeh hatte ich eine Blase, und meine Stiefel mußte ich heute abend sicher mit der Schere von den Beinen schneiden, so geschwollen waren sie.

Mit der Zeit wurde ich vor Müdigkeit ganz stumpf und leer. Ich stapfte wie ein Roboter immer geradeaus, sogar dann noch, als der Weg aus dem Wald hinausführte und ich auf der Landstraße stand. Da weit und breit kein Haus zu sehen war, wandte ich mich nach links und stolperte weiter wie im Traum. Ich erschrak nicht einmal, als ein Auto langsam neben mir hielt. Es war die Polizei.

Oma Mummi ist die Größte

Ich weiß nicht mehr, wie ich eigentlich nach Hause kam. Dunkel erinnere ich mich, daß die Polizisten mich fragten, ob ich Christiane Becker sei und was zum Teufel mir eingefallen war, einfach davonzulaufen. Meine Eltern hätten sich schreckliche Sorgen gemacht. Vor Angst und Aufregung war ich so erschöpft, daß ich einschlief.

Als ich aufwachte, glühte mein Kopf, als stecke er in einem Kessel mit kochendem Wasser. Mutti flößte mir heiße Milch mit Honig ein, und ich mußte Tabletten schlucken. Ich rief abwechselnd nach Piri und nach Helga, dann wurde es wieder dunkel.

Als ich das nächste Mal aufwachte, standen Vati, Mutti und Oma Lene an meinem Bett und flüsterten.

„Wo ist Helga?“ flüsterte ich. „Bitte, laßt doch Helga herkommen, schnell!“

„Morgen“, vertröstete Mutti mich. „Morgen darf sie dich besuchen. Jetzt schlaf.“ Ihre Stimme klang ganz klein.

„Aber morgen ist es vielleicht zu spät! Bitte, Mutti!“ Ich wollte aus dem Bett springen, aber ich mußte so fürchterlich husten, daß ich glaubte, alles in mir würde in Stücke reißen. Da drehte ich mich zur Wand und weinte und sagte ganz leise Piris Namen, immer wieder, als könne ich sie damit beschwören. Hinter meinem Rücken flüsterten sie aufgeregt, dann stand Vati auf und ging hinaus, und Mutti legte ihre Hand auf meine Stirn. Die Hand fühlte sich wunderbar kühl an, trotzdem drehte ich mich noch ein bißchen weiter weg und versteckte mich unter dem Kopfkissen. Mein Kopf schien vor Hitze zu zerspringen, das Weinen machte es noch schlimmer, aber ich konnte nicht aufhören, die Tränen quollen einfach so aus mir heraus. Ich hatte nicht gewußt, daß man so verzweifelt sein kann, daß einem alles weh tut – so, als wäre nicht nur die Seele, sondern der ganze Körper wundgerieben. Die ausgestandene Angst und die Erschöpfung nach dem Erlebnis im Wald und die schreckliche Sorge um Piri waren einfach zuviel gewesen.

Jetzt ging auch Oma Lene hinaus. Mutti blieb bei mir sitzen und streichelte mich vorsichtig; ich spürte, wie hilflos sie war. Ich wollte etwas zu ihr sagen, aber mein Gehirn war wie ein riesiges schwarzes Loch, aus dem immer wieder wie in Leuchtbuchstaben das Wort *Piri* aufstieg.

Dann rief Vati nach Mutti. Mutti ging hinaus, und ich

hörte, wie sie draußen aufgeregt miteinander redeten. Ich konnte nicht verstehen, was sie sagten, nur den Namen Helga hörte ich ein paarmal. Eigentlich war mir nun auch alles egal, und ich schlief wieder ein.

Und dann saßen sie wieder an meinem Bett. Mutti fühlte meinen Puls. Oma Mummi kam herein und setzte etwas auf meinem Nachttisch ab.

„Wie geht es ihr?“ flüsterte sie. „Mein Gott, immer noch nicht besser!“

„Wir wissen nicht, was wir machen sollen“, sagte Mutti tonlos. „Der Arzt wird später noch mal kommen. Es könnte eine Lungenentzündung sein. Zuerst dachten wir, sie phantasiert in ihren Fieberträumen. Aber Helga hat uns da eine unglaubliche Geschichte erzählt. Janni hat ...“

Muttis Flüstern wurde so leise, daß ich nicht verstehen konnte, was sie sagte. Vermutlich hatte Helga alles gebeichtet.

„Was sollen wir bloß machen?“ sagte Vati jetzt. „Wo kriegen wir so schnell eine Katze her?“

„Moment mal“, polterte Oma Mummi los. „Ihr wollt ...“

„Pst!“ machten die anderen drei.

„... ihr wollt ihr eine Katze schenken? Trotz Lenes Allergie? Und trotz eurer Abneigung gegen Tiere?“ flüsterte Oma Mummi weiter.

„Mein Gott“, seufzte Mutti, „wenn ich früher gewußt hätte, daß ihr ein Tier so viel bedeutet! Daß es erst so weit kommen mußte ...“

„Es wäre doch wirklich nicht schlimm gewesen“, murmelte Oma Lene. „So viele Wochen war die Katze im Haus, und ich habe nicht einmal niesen müssen!“

„Eigentlich habe ich nichts gegen Haustiere“, sagte Vati. „Solange sie nicht in meinem Bett schlafen ...“

„Ja, wenn das so ist!“ Oma Mummis Stimme klang fast triumphierend. „Wartet einen Augenblick.“

Oma Mummi ging. Die anderen schwiegen ratlos und hörten nicht auf, an mir herumzustreicheln. Schließlich kam Oma Mummi zurück, sie ächzte auf der Treppe und ging sehr langsam.

„Das wird ja das reinste Krankenhaus hier“, stöhnte sie, als sie ins Zimmer kam. „Geht mal weg da!“

Ich lag immer noch mit dem Gesicht zur Wand. Oma Mummi setzte etwas Schweres vor meinem Bett ab, schob Mutti zur Seite und setzte sich zu mir.

„Dreh dich mal um, Janni“, sagte Oma Mummi weich. „Piri geht es schon viel besser. Jetzt sieh zu, daß auch du gesund wirst!“

Mein Herz klopfte plötzlich wie rasend. Ungläubig drehte ich mich um. Vor meinem Bett stand eine liebevoll mit hellblauem Stoff ausgeschlagene Kiste. Auf einem sauberen Kissen lag Piri und blinzelte mich müde, aber zufrieden an. Gleich kullerten mir wieder die Tränen aus den Augen, aber ich wußte, es würden für lange Zeit die letzten sein.

„Du Dummchen“, sagte Oma Mummi rauh. „Ich war gerade mit ihr beim Tierarzt, als du gestern so früh aus der Schule heimkamst. Er hat ihr eine Spritze gegeben und sie genau untersucht. Übermorgen müssen wir noch einmal hin, aber das Fieber ist gefallen, und gefressen hat sie auch schon. Ich konnte ja nicht wissen, daß du gleich kilometerweit läufst, um sie zu suchen. Ich hätte sie schon rechtzeitig in den Puppenwagen zurückgelegt, damit du nicht merkst, daß ich dein Geheimnis kenne. Übrigens schon lange. Und ich wollte dir helfen."

Ich fiel Oma Mummi um den Hals und flüsterte ihr ins Ohr: „Du bist einfach die Größte, Oma Mummi! Ich hab dich wahnsinnig lieb! Wo war Piri?"

„Und wo hast du sie gefunden?" fragte Mutti. „Ich denke, sie war weggelaufen?"

„Ich hab sie nachts zu mir geholt", brummte Oma Mummi. „Ich machte mir Sorgen, weil sie abends Fieber hatte. Ich dachte, Janni hätte es noch nicht bemerkt. Die Katze war sehr krank."

Und Oma Mummi gestand, wie sie seit Wochen ein wachsames Auge auf Piri gehabt hatte, daß sie sie heimlich hat impfen lassen, ihre richtige Ernährung überwacht und vor allem aufgepaßt hat, daß Oma Lene nichts merkte. Sogar eine weitere Wurmkur hatte sie mit Piri gemacht. Arme Piri.

Während Oma Mummi erzählte, hatte ich das ganze Schälchen Kompott leergegessen, das sie mir auf den Nachttisch gestellt hatte. Ich war furchtbar glücklich und erleichtert.

„Vanillepudding", sagte ich. „Auf Vanillepudding hätte ich jetzt irre Lust."

Oma Mummi nickte mir strahlend zu. Oma Lene und Vati schauten verblüfft auf das leergegessene Schälchen. Nur Mutti merkte es nicht, sie war beschäftigt. Sie kniete neben Piris Kiste und kraulte Piris Köpfchen. Und Piri schnurrte.

Piri stellt alles auf den Kopf

Eine Zeitung geht spazieren

„Hast du dir das auch genau überlegt?“ fragte mich die dicke Frau Holzmann. Dann sah sie Oma Lene an. „Vor ein paar Wochen wolltest du dich doch um keinen Preis von den Sachen trennen!“

Sie hatte recht. Noch vor ein paar Wochen hatte ich gedacht, die Welt müsse untergehen, wenn ich meine alten Spielsachen hergeben müßte, auch wenn sie seit Monaten nur noch unbeachtet herumstanden. Vermutlich hatte die dicke Frau Holzmann mein wütendes Protestgeschrei noch im Ohr, als Oma Lene mit dem Vorschlag gekommen war.

Ich winkte lässig ab.
„Das ist eine Ewigkeit her. Ich spiele ja doch nicht mehr damit."
Frau Holzmann schaute auf den vollgepackten Wäschekorb. Es war eine Menge Zeug. Meine Barbiepuppen mit Zubehör, Puppenkleider, Legosteine, Stofftiere und Geschirr. Reste meines Kaufmannsladens, Glasmurmeln und Schlümpfe. Und obendrauf meine Lieblingspuppe Angela, die nur die Aufgabe gehabt hatte, auf dem Puppenwagen zu thronen und schön zu sein – so schön, wie ich gern wäre: vergißmeinnichtblaue Augen unter seidigen schwarzen Wimpern, goldblonde Locken und immer ein seliges Lächeln auf dem erdbeerroten Kußmündchen.
„Es ist mir wirklich ernst damit!" sagte ich, weil ich sah, wie Frau Holzmann Oma Lene schon wieder fragend ansah. „Ich finde, es ist Quatsch, die Sachen auf dem Speicher verstauben zu lassen, wenn man anderen Kindern eine Freude damit bereiten kann!"
„Nun gut, dann werde ich sie also ins Kinderdorf mitnehmen." Frau Holzmanns Blick tastete mich neugierig ab. „Und ich danke dir im Namen der Kinder sehr herzlich dafür! Wie alt bist du eigentlich, Christiane?"
Ich schlug lässig die Beine übereinander und lehnte mich gerade so weit zurück, daß ich nicht wieder kleiner wurde. Das war gar nicht so leicht in dem tiefen Sessel.
„Sie können ruhig Janni zu mir sagen wie die anderen. Ich bin gerade zwölf geworden."
Frau Holzmann versuchte ein Lächeln, aber ihre Augen verrieten, was sie dachte: Mein Gott, diese halbe Portion! Ich hätte sie höchstens auf neun oder zehn ge-

schätzt. So dünn und zerbrechlich! Sie konnte schließlich nicht wissen, daß ich es an Kraft und Energie, wenn's drauf ankommt, mit der ganzen Klasse aufnehme. Und was meinen Appetit angeht, der würde einem ausgewachsenen Löwen Ehre machen.

Ich schaute sie nachsichtig an. Die dicke Frau Holzmann fühlte sich ertappt und wechselte hastig das Thema.

„Nun bin ich doch neugierig zu erfahren, Janni, warum du deine Meinung geändert hast und all deine schönen Spielsachen auf einmal verschenken willst?"

„Nun ja ...", ich warf einen mitleidigen Blick auf die Puppe Angela, die mit einem Fuß in einem verbeulten Kochtopf, mit dem anderen in einer nie fertig gewordenen Häkelmütze steckte. „Es ist wohl einfach so, daß ich inzwischen das Leben kennengelernt habe."

Von Piri sagte ich nichts. Es gibt Dinge, die sind so kostbar, daß man sie nicht mal mit Worten berühren darf.

„Janni hat jetzt andere Interessen", bemerkte Oma Lene diplomatisch, und ich war ihr dankbar, daß sie mein Geheimnis nicht preisgab. „In diesem Alter entwickeln sich Kinder oft sprunghaft."

„Ja ja, die Pubertät!" Frau Holzmanns Blick signalisierte Oma Lene heimliche Mitwisserschaft. Es war genau diese Sorte Erwachsenenblick, die mich auf die Palme bringt.

„Müssen wir nicht gehen?" fragte ich deshalb mit Nachdruck. „Denk an unsere Einkäufe, die Läden schließen bald!"

„Ja, du hast recht."

Oma Lene hatte nun auch keine Lust mehr, mit Frau

Holzmann zu reden; sie stand auf. Ich gab der Puppe Angela zum Abschied einen freundschaftlichen Klaps und wünschte ihr in Gedanken viel Glück, dann gingen wir.

„Danke, daß du ihr nichts von Piri gesagt hast", murmelte ich, als wir draußen waren. „Die sieht nicht aus, als ob sie Katzen mag, sie hätte es nicht verstanden."

„Möglich. Vielleicht hatte sie nie Gelegenheit, mit einer Katze Bekanntschaft zu schließen", antwortete Oma Lene nachsichtig, denn es war noch nicht lange her, daß sie selbst ein Gegner jeder Art von Haustieren gewesen war und behauptet hatte, gegen Katzenhaare allergisch zu sein.

Wir gingen in den Supermarkt und besorgten, was Oma Mummi uns aufgeschrieben hatte. Und dann kaufte Oma Lene noch ein bißchen frisches Tatar, ganz sicher nicht, um es selbst zu essen.

„Piri soll nicht ständig Leckerbissen bekommen, sonst frißt sie ihr Dosenfutter nicht, und das ist nun mal bekömmlicher für sie", mahnte ich.

„Wer sagt, daß es für Piri ist?"

Ich hielt lieber den Mund. Schließlich war ich froh, daß Oma Lene sich heimlich bemühte, Piris Freundschaft zu gewinnen, auch wenn ihr die temperamentvolle kleine Katze manchmal noch ein bißchen unheimlich war. Vorerst zog Oma Lene es vor, sie von weitem zu bewundern, ihr schwarz-goldgelb geflecktes Fell, ihren buschigen Schwanz, die großen meergrünen Augen und das lustige blonde Flämmchen auf der Stirn.

Man muß das verstehen. Oma Lene ist Vatis Mutter und war früher Lehrerin. Da hat sie viele Kinder um sich gehabt und keine Tiere. Mit Oma Mummi ist das anders.

Oma Mummi ist Muttis Mutter, und wenn Oma Lene die beste Oma der Welt ist, dann ist Oma Mummi die beste Oma des ganzen Weltalls, sie ist einfach super. Sie liebt Tiere, vor allem Katzen, und sie kann mit ihnen umgehen wie der beste Tierarzt. Wenn sie nicht gewesen wäre, dann wäre Piri damals sicher an dieser schrecklichen Katzenkrankheit gestorben, und ich könnte nie mehr richtig glücklich sein. Und ohne Oma Mummis Hilfe hätten Vati und Mutti sich auch gewiß nicht überreden lassen, Piri im Hause zu behalten.

Jetzt hatten sie sich immerhin bereit erklärt, daß ich Piri behalten dürfe, solange ich dafür sorgte, daß sie sich nur unten in meinem Zimmer und im Garten aufhielt wie bisher und nicht auf den guten Wohnzimmermöbeln herumturnte und kratzte oder vielleicht sogar bis ins Schlafzimmer meiner Eltern vordrang.

Glücklicherweise habe ich mein eigenes Reich im Keller, ein riesengroßes Zimmer mit Vorraum und Duschbad und einer eigenen Terrasse davor, und Piri hat einen direkten Ausgang zum Garten. Sie hat es nicht nötig, oben im Haus herumzutollen. Ich bin mir allerdings nicht so sicher, ob sie das einsieht.

Als Oma Lene und ich das Haus betraten, wartete Oma Mummi schon ungeduldig auf uns.

„Wo bleibt ihr denn so lange? Wie soll ich das Abendessen rechtzeitig auf den Tisch bringen, wenn ihr mir die Einkäufe nicht bringt! Du weißt doch, daß deine Eltern heute ins Kino wollen! Vater ist schon da."

„Und Mutti?"

„Noch im Büro. Sie macht Überstunden."

„Wie immer."

Ich schlich mich aus der Küche, ehe Oma Mummi ein halbes Dutzend Aufträge für mich hatte, so Sachen wie Tischdecken und Wäsche abnehmen und so. Erst mußte ich einmal nach Piri sehen.

In meinem Zimmer war sie nicht – weder in dem Himmelbett, das Oma Mummi ihr aus einem Korb gemacht hat, noch auf meinem Bett. Nun ja, um diese Zeit vor dem Abendessen machte sie gerne einen kleinen Spaziergang, sicher war sie im Garten. Also nahm ich ihre Futternäpfe, reinigte sie gründlich und füllte den einen mit frischem Wasser und den anderen mit dem Inhalt einer Dose Wildragout. Richtig appetitlich duftete das Katzenmenü. Dann öffnete ich die Terrassentür und schaute mich suchend um.

„Piri! Piri, komm essen! Wo steckst du denn? Piri!"

Weit und breit war nichts von einer Katze zu sehen.

Piri war doch nicht etwa von Oma Lene nach oben gelockt worden? Oma Lene hatte das Tatar in ihrer Handtasche verschwinden lassen, das hatte ich beobachtet. Typisch! Und mir predigte sie ständig, vor den Mahlzeiten gäbe es nichts zu naschen, das verdürbe den Appetit!

Ärgerlich begab ich mich auf die Suche. Die Wohnzimmertür stand einen Spalt breit offen. Vati saß wie immer in seinem großen Sessel, die Füße auf dem Hocker davor, und las die Zeitung. Sollte ich ihn stören? Um diese Zeit hat er gern seine Ruhe, bis er den Bürotag abgeschüttelt hat, wie er es nennt. Ein merkwürdiges Geräusch irritierte mich. Was trieb Vati da mit seiner Zeitung? Leise trat ich näher.

Vati hielt die Zeitungsseiten mit der linken Hand in die Höhe, er schien zu lesen. Aber der Zeigefinger der

Das „Zeitungsdach“ spazierte über den Fußboden und blieb vor mir stehen

rechten fuhr immer wieder plötzlich nach vorn und tippte hart aufs Papier. Tapp! machte es. Das Papier schlug zurück! Wieder tippte Vati. Tapp! kam das Papier zurück und wölbte sich ihm entgegen. Vati grunzte vor Vergnügen. Diesmal tippte er auf eine andere Stelle. Ritsch! Das Papier bekam von dem nun folgenden heftigen Schlag ein Loch.

„He, meine Zeitung!" beschwerte sich Vati, tippte aber gleich noch einmal.

Diesmal sprang ihm die Zeitung mit heftigem Rascheln an die Brust. Vati ließ sie los, so daß sie sich wie ein Giebeldach über seinen Schoß breitete. Einen Augenblick rührte sich nichts. Dann sprang das Zeitungsdach von Vatis Schoß und spazierte über den Fußboden. Einen Meter vor mir blieb es stehen und heraus schälte sich ein kleiner dunkler Kopf mit meergrünen Augen und abenteuerlustig aufgerichteten blau-schwarzen Schnurrbarthaaren. Piri!

„Hier steckt ihr! Vati!"

Vati machte ein verlegenes Gesicht. Schließlich war er es, der ständig davon sprach, Piri hätte im Wohnzimmer nichts zu suchen. Also sagte ich kein Wort über das, was ich eben beobachtet hatte, nahm meine kleine Katze auf den Arm und trug sie in mein Zimmer hinunter, wo sie sich mit Heißhunger auf ihre Mahlzeit stürzte.

Der verschwundene Sonntagsbraten

Wie gesagt gibt es Dinge, über die man besser nicht spricht, um sie nicht zu zerstören. So hielt ich in der nächsten Zeit oft den Mund, wenn ich beobachtete, wie Vati, Mutti oder Oma Lene sich selbst Lügen straften, wenn sie Piri in die oberen Stockwerke lockten, um mit ihr zu spielen oder ihr einen Leckerbissen zuzustecken.

Natürlich kam Piri schnell auf den Geschmack und hatte bald überhaupt keine Lust mehr, in meinem Zimmer zu bleiben. Systematisch nahm sie das Haus in Besitz, und war eine Tür verschlossen, dann kratzte sie so lange daran herum, bis sich jemand erbarmte und ihr öffnete.

Ich hielt mich – wie gesagt – da heraus und beschränkte mich darauf, mit wachsendem Vergnügen die täglichen kleinen Siege meiner Katze mitanzusehen.

Kamen Mutti oder Vati aus dem Büro nach Hause, wanderten ihre Blicke schon an der Tür suchend durch das Treppenhaus, ob Piri nicht vielleicht zu ihrer Begrüßung angesprungen kam. Und kaum hatten sie uns ein ‚Guten Abend' zugerufen, ging es los:

„Pirilein? Ja, wo ist denn mein Schätzchen? Schau mal, was dir das Frauchen mitgebracht hat!"

„Piri! Pirilein! Ja, will denn meine kleine Miezekatze dem Vati gar nicht guten Tag sagen? Wo ist denn meine kleine Schnurremaus?"

Piri nahm dieses plötzlich erwachte Interesse gelassen hin. Hatte sie Lust, schnurrte sie köpfchenreibend um die Beine der Heimkehrer, hatte sie etwas Besseres vor, tat sie, als seien die beiden Luft. Aber waren die etwa beleidigt ob solcher Mißachtung? Keine Spur! Sie entschuldigten sie sogar noch. „Sie muß jetzt mit ihrem Papierbällchen spielen, das ist auch wirklich aufregender. Ist sie nicht süß?"

Komisch, bei mir waren sie früher nie so nachsichtig gewesen, wenn ich über einem Spiel vergaß, sie zu begrüßen. Na ja, ich gönnte es Piri. Schließlich ist sie ja auch etwas ganz Besonderes. Das kann ich von mir eigentlich nicht behaupten.

Es war an einem jener Kirchgehsonntage, an denen ich schon beim Aufstehen muffig bin. Mutti, Vati und ich hockten gähnend mit Leidensgesichtern am Frühstückstisch, während Oma Lene hochaufgerichtet und mit demonstrativem Genuß ihren Kaffee trank und unsere schlechte Laune übersah.

Vati, Mutti und ich gehen eigentlich gern in die Kirche. Da rücken wir dann ganz eng zusammen und fühlen uns so richtig zusammengehörig. Wir singen laut und manchmal ein bißchen falsch mit und danken dem lieben Gott, daß wir uns haben und daß wir es so schön haben miteinander. Aber das muß nicht unbedingt jeden Sonntag sein. Manchmal tun wir auch lieber was anderes. Lange schlafen zum Beispiel.

Oma Lene hingegen ist der Ansicht, ein Sonntag ohne Kirchgang sei eine schwere Sünde. Und wenn sie uns dann gegen unseren Willen in den Gottesdienst treibt, fühlen wir uns, als müßten wir nachsitzen. Es macht uns überhaupt keinen Spaß, und wir beneiden Oma Mummi, die zu Hause bleiben darf, weil sonst das Mittagessen nicht rechtzeitig fertig würde – und das ist Oma Lene mindestens so wichtig wie der Kirchgang.

An diesem Sonntag wurde unsere Laune dann doch noch gut, weil wir so schöne Lieder sangen und jemand Flöte spielte und weil die Sonne durch die Kirchenfenster schien und tat, als wäre es Mai und nicht November.

Als wir heimkamen, stürmte ich als erstes in die Küche, um herauszubekommen, was Oma Mummi Gutes für uns kochte. Das ist nicht so leicht, denn Oma Mummi macht gern ein Geheimnis aus ihrem Sonntagsmenü.

„Du brauchst gar nicht zu suchen, ich habe ihn versteckt", sagte Oma Mummi denn auch und hackte mit unglaublicher Geschwindigkeit eine Zwiebel zu winzigen Würfeln.

„Wen?"

„Den Pudding."

„Wird nicht verraten."

„Und was wird das?" fragte ich und zeigte auf einen rosigen Klumpen Fleisch, der auf einem Brett auf dem Küchenbüfett lag.

„Na was wohl, ein Braten. Oder glaubst du, ich mache einen Kuchen daraus?"

Zugegeben, die Frage war dumm. Aber ehe ich mir eine schlauere einfallen lassen konnte, erklang draußen auf der Straße ein ohrenbetäubendes Hupkonzert.

Piri! war mein erster Gedanke. Sie ist unter ein Auto gelaufen! Oma Mummi ließ das Küchenmesser fallen, und wir stürzten beide ans Fenster.

Vor dem Gartentor hielt ein feuerroter Sportwagen.

„Der hat sich wohl in der Adresse geirrt", murmelte Oma Mummi, um sich gleich darauf zu berichtigen.

„Manfred! Na, ich wußte doch gleich, das kann nur dein verrückter Onkel Manfred sein!"

„Onkel Manfred! Ist ja irre!"

Wie ein Pfeil schoß ich aus der Küche und zum Haus hinaus, um meinem geliebten Patenonkel um den Hals zu fallen. In der Haustür stieß ich mit Vati und Mutti zusammen.

Onkel Manfred stand in Siegerpose neben dem Auto.

„Na, was sagt ihr? Nagelneu! Den mußte ich euch doch unbedingt sofort zeigen!" Zärtlich strich er über die Motorhaube. „Spitze zweihundertvierzig auf der Autobahn!"

„... bei Rückenwind und bergab", fügte Vati lachend hinzu. „Junge, du schaffst es doch immer wieder, uns zu verblüffen. Wo hast du den her?"

„Gelegenheitskauf. Von einem Klienten, der seine Rechnung nicht bezahlen konnte, geschweige denn den bestellten Wagen. So betrachtet, ist er geschenkt. He! Wer ist denn das da? Wollt ihr mich der jungen Dame nicht mal vorstellen?"

Dieses Spiel treibt er jedesmal mit mir, um mir dann lang und breit zu versichern, ich sei enorm gewachsen. Wahrscheinlich will er mich damit trösten. Jedenfalls habe ich ihn unheimlich gern. Ich fiel ihm um den Hals.

Inzwischen waren auch die beiden Omas erschienen. Wir umstanden alle ehrfürchtig das Auto und lobten die tolle Farbe, die Innenausstattung, die schnittige Form und jede einzelne Kleinigkeit. Nur Oma Lene betrachtete ihren jüngsten Sohn mit leiser Mißbilligung.

„Junge, dreihundert Kilometer sind doch kein Pappenstiel! Sicher bist du wieder ganz unvernünftig gerast! Wirst du denn nie erwachsen!"

„Ach was, ich mußte ihn doch probefahren! Und bei dem schönen Wetter! Die Straßen trocken, und leer sind sie um diese Jahreszeit obendrein ...“

„Jedenfalls freuen wir uns, daß du da bist! Jetzt komm erst mal rein!“ Vati nahm Onkel Manfred am Arm und zog ihn ins Haus, wir anderen folgten in einer andächtigen Prozession. „Junge, wir haben uns ja eine Ewigkeit nicht mehr gesprochen! Wie läuft's mit der neuen Praxis? Kommst du zurecht?“

„Janni, hol eine Flasche Portwein aus dem Keller!“ rief Mutti mir zu. „Bis zum Essen dauert's doch sicher noch eine Weile.“

„Eine gute Stunde“, sagte Oma Mummi. „Nach der Unterbrechung können es auch anderthalb werden. Ich bringe euch von dem Käsegebäck, damit ihr nicht verhungert.“

„Von dem selbstgemachten?“ Onkel Manfred verdrehte die Augen vor Wonne. „Himmlisch! Nur deshalb bin ich hergekommen!“

„... nie erwachsen“, murmelte Oma Lene kopfschüttelnd. „Verrückter Kerl.“

Ich flitzte los, um die Flasche zu holen, damit ich möglichst wenig von der Unterhaltung verpaßte. Als ich am Fenster vorbeikam, fiel mein Blick in den Garten. Was war denn das da drüben? Eine große Schildkröte? Irgend etwas kroch da sehr breitbeinig über den Rasen, es hatte Piris Fell, es hatte Piris Schwanz und ihre Öhrchen, aber es schien doppelt so dick zu sein und bewegte sich nur schwerfällig vorwärts. Jetzt war es unter den Büschen verschwunden.

„Janni? Janni, komm doch bitte mal!“

Oma Mummis Stimme klang seltsam flatterig. Ich ergriff die Flasche und sauste nach oben. Um nicht zuviel Zeit zu verlieren, steckte ich nur den Kopf durch den Türspalt. „Was ist denn?"

Oma Mummi stand mit hochrotem Gesicht hinter dem Küchentisch und wies anklagend auf die Tischplatte. Verständnislos folgte mein Blick ihrem Zeigefinger.

„Was ist da, ich sehe nichts?"

„Da siehst du richtig, da ist auch nichts."

„Und?"

„Da lag was. Der Braten."

Beinahe hätte ich vor Schreck die Flasche fallengelassen. Wie von einem Blitzlicht erhellt, zuckte ein Bild durch mein Bewußtsein: der Anblick eines merkwürdig schwerfällig kriechenden Tieres auf dem Rasen.

„Er ist weg? Das gibt's doch nicht!" sagte ich, um Zeit zu gewinnen.

„Ob es das nun gibt oder nicht", Oma Mummis Stimme klang ungewohnt weinerlich, „jedenfalls lag der Braten vorhin hier auf dem Tisch, und jetzt ist er spurlos verschwunden – und das ausgerechnet, wo Manfred zum Essen gekommen ist! Ich habe überall gesucht, vergeblich! Du hast ihn nicht zufällig gesehen?"

Es hatte keinen Zweck, ich durfte Oma Mummi nicht beschwindeln.

„Ich weiß nicht ... es könnte sein ... es könnte sein, daß ich ihn eben gesehen habe. Er lief über den Rasen."

„Er lief über den Rasen?" Oma Mummis Stimme überschlug sich fast vor Erstaunen.

„Nun, es war wohl mehr so, daß er geschleppt wurde."

„Wohin?!“

Oma Mummi war bereits an der Tür.

„Warte!“

Ich brachte schnell die Flasche ins Wohnzimmer, murmelte, ich müsse Oma Mummi noch etwas helfen und käme gleich wieder. Sie merkten es gar nicht, so vertieft waren sie in ihr Gespräch. Sicher hatte ich das Interessanteste schon verpaßt.

Oma Mummi stand, die Arme in die Seiten gestemmt, auf meiner Terrasse unten und suchte mit den Augen das Gebüsch ab.

„Komm hierher, sie müssen das da oben ja nicht unbedingt mitkriegen, oder?“ fragte sie.

„Was willst du tun?“

„Dem kleinen Biest den Braten wieder abjagen. Es kann in der kurzen Zeit ja noch nicht viel davon vertilgt haben. Wahrscheinlich nagt es nur ein bißchen daran herum. Das müssen wir eben abschneiden. Ich werde mir ein anderes Gericht ausdenken müssen, vielleicht mache ich aus dem Rest Geschnetzeltes mit sehr vielen Pilzen ...“

Ich verzog das Gesicht. Pilze hasse ich wie die Pest. Da hatte mir Piri ja was Schönes eingebrockt!

„Na los, hilf mir suchen! Aber unauffällig. Ich halte mich an die Seite, die man vom Wohnzimmer aus nicht sehen kann, du suchst hier.“

So schlenderten wir jeder in eine andere Richtung davon, als hätten wir nichts Wichtigeres zu tun, als in der Sonne spazierenzugehen und beiläufig unter die Büsche zu schauen.

„Hast du ihn?“ wisperte ich zu den Johannisbeersträuchern hinüber.

„Nein, nichts zu sehen. Und bei dir?“

„Auch nichts. He, warte mal, hier ist eine Schleifspur! Piri scheint in den Nachbargarten gekrochen zu sein.“

„Durch den engen Zaun? Mit dem Braten?“

Oma Mummi erschien neben mir. Mit gerunzelter Stirn folgte sie der kaum erkennbaren Spur, die zwischen den Sträuchern hindurch auf den Zaun zulief!“

„Ha!“ schrie sie plötzlich auf. „Da! Na bitte!“

Oma Mummi bückte sich und zerrte an einem erdverschmierten Klumpen, der zwischen den Zaunlatten eingeklemmt war. Triumphierend hielt sie ihn in die Höhe wie eine schwer errungene Trophäe und schnaufte zufrieden. Dann kehrte sie im Laufschritt in die Küche zurück. Ich folgte ihr.

Wie ein Chirurg am Operationstisch machte sie sich über den geschrumpften Braten her, reinigte ihn gründlich, entfernte die äußere Schicht, schnippelte hier und schnitt dort und begann schließlich, den Rest in winzige Streifen zu zerlegen.

„Das gibt für jeden gerade eine Gabel voll“, murmelte sie. „Geh an den Schrank und hol raus, was da an Dosen drin ist: Würstchen, Pilze, Tomaten, rote Bohnen, Peperoni, Ananas, Mandeln!“

„Das willst du alles dazutun?“

„Es wird eben sehr exotisch. Aber so was gefällt Manfred ja. Hauptsache, wir würzen es höllisch scharf, dann schmeckt man nicht so genau, was alles drin ist. Reis muß es dazu geben, setz schon mal Wasser auf. Beeil dich, wir haben keine Zeit zu verlieren!“

In einer knappen halben Stunde produzierten wir unser exotisches Ragout. Was mich betraf, so fand ich das

Ergebnis niederschmetternd. Oma Mummi war eine tolle Köchin, aber die exotische Küche war nicht unbedingt ihre Stärke. Das sah sie wohl auch selber ein, denn sie seufzte tief und zuckte resigniert mit den Schultern.

„Wie die Asiaten so was essen können!"

Ich ging hinüber, um den Tisch zu decken. Im Wohnzimmer saßen sie um den Kamin, lachten und tranken Portwein; Piri lag auf Muttis Schoß und schlief, als hätte sie seit Stunden nichts anderes getan.

„Janni, Mädchen! Was ist denn los? Wo steckst du denn die ganze Zeit?" rief Onkel Manfred. „Komm her zu mir!"

„Entschuldige bitte", sagte ich mit Grabesstimme, „aber ich mußte Oma Mummi beim Kochen helfen."

„So ein Quatsch!" Onkel Manfred sprang auf. „Ja, habe ich euch das denn nicht gesagt? Ich lade euch alle zum Essen ein, ist doch klar! Der neue Wagen muß gefeiert werden! Was haltet ihr von der *Kupferpfanne?* Die sollen ganz ausgezeichnet kochen!"

„Aber Junge, das ist doch viel zu teuer", widersprach Oma Lene. „Und Mummi wird schrecklich enttäuscht sein, sicher hat sie was ganz besonders Gutes ge..."

„Ich enttäuscht?" Oma Mummi war gerade im rechten Augenblick erschienen. „Von wegen! Seit Monaten träume ich davon, mal wieder zum Essen auszugehen! Eine herrliche Idee! Und mein Sonntagsessen ... nun, das kann ich später einfrieren", fügte sie hinzu, und wir tauschten Verschwörerblicke.

Als wir in der *Kupferpfanne* um eine riesige Grillplatte mit einem Dutzend köstlicher Beilagen saßen, beugte sich Oma Mummi zu mir herüber.

„Ein Segen!" flüsterte sie mir ins Ohr.

„Was? Daß Onkel Manfred uns eingeladen hat?“
„Aber nein. Daß es ein Kalbsbraten war! Stell dir vor, ich wollte erst Schweinebraten machen! Und rohes Schweinefleisch – genau wie Schweineleber übrigens – ist für Katzen lebensgefährlich!“

Katzenmusik

„Es hilft nichts, wir werden mit ihr noch mal zum Tierarzt gehen müssen“, sagte Oma Mummi und stellte den Kakao auf mein Matheheft, weil sie Piri beobachten mußte. „Daß dir das noch nicht aufgefallen ist!“
„Was denn?“
„Wie verzweifelt sie sich an den Ohren kratzt!“
„Doch, schon“, gestand ich ein. „Ich habe nur nichts gesagt, weil ich dachte, sie hätte draußen einen Floh eingefangen. Und du weißt, wie Oma Lene auf Flöhe reagiert!“
„Unsinn, das sind keine Flöhe, vermutlich Ohrmilben. Jede Katze hat das mal, vor allem die, die sich viel im Freien aufhalten. Auf jeden Fall muß sich der Tierarzt das anschauen. Ich werde deine Mutter bitten, endlich einen richtigen Katzentransportkorb zu besorgen, dann kannst du in den nächsten Tagen mit ihr zum Tierarzt gehen.“
„Ich?“ fragte ich gedehnt.
„Wer sonst? Es ist doch deine Katze, oder? Es wird Zeit, daß du auch das lernst.“
Da hatte sie ja nun recht. Auch wenn mir der Besuch

beim Tierarzt unangenehm war, weil ich nicht mit ansehen konnte, wenn Piri litt oder bei der Behandlung vielleicht vor Schmerzen schrie. Ob sie wohl eine Spritze bekommen mußte? Das war für mich absolut das Schlimmste, egal ob ich die Spritze kriegte oder jemand anders. Aber Piri war meine Katze, ich war für ihre Gesundheit verantwortlich, also mußte ich den Gang zum Tierarzt auf mich nehmen.

Am nächsten Tag brachte Mutti einen wunderschönen geräumigen Korb mit. Er hatte einen festen Griff, ließ sich nach oben öffnen, und auf der einen Schmalseite befand sich sogar ein kleines Fenster. Oma Mummi legte ihn mit einer Schicht Plastik aus und machte darüber ein weiches Polster aus einem dicken Frottiertuch. Es war richtig kuschelig.

Am Vormittag, während ich in der Schule war, wurde Piri in mein Zimmer eingesperrt, damit wir sie nicht erst suchen mußten, wenn es soweit war. Piri ertrug es mit Fassung, sie schlief vormittags ohnehin fast die meiste Zeit.

Nachmittags um drei war es dann soweit. Piri ließ sich widerspruchslos in den Korb heben, sie war noch gar nicht richtig wach geworden. Erst als sich der Deckel über ihr schloß, wurde sie munter. Ein fragender Laut drang aus dem Innern, dann kratzte sie energisch am Deckel, als wolle sie sagen: Mach auf, es gefällt mir nicht, wenn ich hier nicht rein und raus kann, wie ich mag!

„Du mußt jetzt ganz brav sein, mein Schätzchen“, redete ich ihr gut zu. „Wir fahren ein bißchen spazieren und kommen bald wieder nach Hause!“

„Nimm’s nicht tragisch, wenn sie Theater macht“, riet mir Oma Mummi. „Sie wird nicht dran sterben.

„Du mußt jetzt brav sein, mein Schätzchen!“
redete ich Piri gut zu

Sprich immer wieder mit ihr und sei ganz ruhig und energisch. Wenn du in Panik gerätst, dann überträgt sich das auf sie, und es wird nur schlimmer.“

Diese Worte waren nicht gerade dazu angetan, mich zu beruhigen. Ich atmete einmal tief ein, vergewisserte mich, daß der Korb fest verschlossen war und daß ich das Geld für den Bus abgezählt in der Tasche hatte, dann marschierte ich los.

Zunächst verhielt sich Piri mucksmäuschenstill. Sie mußte sich wohl erst mal klarwerden, was hier mit ihr geschah. Sie beschnupperte und untersuchte die neue Behausung von vorn bis hinten und bei jeder ihrer Drehungen schwankte der umfangreiche Korb in meiner Hand. Wie schwer so eine kleine Katze sein konnte, wenn sie sich tobend in einem Käfig befand! Meine Arme begannen lahm zu werden, und immer häufiger mußte ich wechseln.

Endlich hatten wir die Bushaltestelle erreicht. Als ich den Korb abstellte, gab Piri einen fragenden Laut von sich. Ich sprach beruhigend auf sie ein.

Zum Glück war der Bus nicht allzu voll. Ich fand einen Sitzplatz am Fenster und drehte den Korb so, daß Piri auf die Straße hinaussehen konnte.

Der Bus fuhr schaukelnd an. Ich spürte durch den Korb, wie Piri sich vor Angst flach auf den Boden drückte. Dann ging es los. Ein so durchdringender Klagelaut erfüllte den Bus, daß den beiden Damen vor uns das Blut in den Adern zu gefrieren schien. Sie erstarrten, die Münder offen, die Augen weit aufgerissen, mitten im Satz. Sekundenlang verharrten sie so, dann drehten sich ihre Köpfe wie auf einen geheimen Befehl zueinander und schließlich zu mir.

„Entschuldigen Sie bitte", stammelte ich, „es ist meine Katze, sie fürchtet sich so vorm Busfahren!"

Wieder ließ Piri einen Klagelaut hören, noch ein wenig anhaltender als den ersten. Inzwischen starrte alles im Bus auf mich, den ärgerlichen Blicken nach zu urteilen glaubten sie, ich hätte diese Töne erzeugt. Schließlich bemerkte ein Junge auf der Gegenseite den Korb auf meinem Schoß, aus dem nun in regelmäßigen Abständen durchdringende Heultöne kamen.

„Es ist ein Tier!" rief er aufgeregt. „Sie hat ein wildes Tier gefangen!"

„Ein Tier eingefangen? So eine Quälerei! Warum befreit man es nicht?“ mischte sich einer weiter hinten ein. „Man sollte so was dem Tierschutzverein melden!“

„Bitte!“ flehte ich. „Es ist alles in Ordnung, glauben Sie mir! Meine Katze regt sich immer so schrecklich auf, wenn wir zum Tierarzt fahren!“

„Ja, das arme Katzerl!“ Die Damen vor mir hatten sich offensichtlich beruhigt. „Zum Tierarzt muß es! Ist es arg krank?“

„Nein, nein, nur eine Kleinigkeit. Es ist etwas mit den Ohren.“

Piri hörte nicht auf zu jaulen. Ich hob den Korb hoch und versuchte, beruhigend auf sie einzusprechen. Sekundenlang schwieg sie, um dann um so lauter wieder loszuschreien. Erst als der Bus an der nächsten Haltestelle stoppte, war sie still. Wahrscheinlich hoffte sie, wir stiegen jetzt wieder aus.

Neben mir nahm eine junge Frau Platz, die reichliche zwei Zentner wiegen mochte. Ich klemmte mich so weit es ging ans Fenster, um nicht erdrückt zu werden. Zu allem Überfluß hatte die Frau ebenfalls einen Korb auf dem Schoß, in dem sie nun herumzusuchen begann. Schließlich zog sie aus einer braunen Tüte eine Zuckerschnecke und biß herzhaft hinein. Der Bus fuhr an.

„Uuuuuaaaaaaoooouuu!“ jaulte Piri los.

„Hu!“ kreischte die Frau, und die Zuckerschnecke rollte zur Tür mit der Aufschrift *Ausstieg.*

„’tschuldigung“, sagte ich matt. „Es ist nur die Katze.“

„Sie mag das Busfahren nicht, das arme Viecherl“, halfen mir die Damen von vorn, „muß zum Tierarzt, das Katzerl, das arme!“

Inzwischen unterhielt sich der ganze Bus über uns. Tierfeinde und Tierfreunde lieferten sich heftige Wortgefechte. Zum Glück waren die Tierfreunde in der Überzahl. Einige kamen, um sich Piri durch das kleine Fenster anzusehen, und zwitscherten kindisch auf sie ein, was Piri nur noch nervöser machte.

„Ja, Miezilein, Mineminemine, wo ist denn das Kätzchen? Was, so klein und so eine Stimme! Ja, du kannst aber schön singen!"

„Daher der Name Katzenmusik", murmelte jemand hinter mir. Piri schwieg geschmeichelt. Allerdings hielt der Bus auch gerade wieder. Immer mehr Leute stiegen ein, auch der Gang war jetzt vollbesetzt.

„Erschrecken Sie nicht", sagte eine der Damen vor uns zu einer Mutter, deren kleiner Sohn an einer Eistüte schleckte, denn der Bus fuhr wieder an. „Das Mädchen hat eine Katze, und die ..."

„Das Mädchen hat was bitte?"

„Uuuuuaaaaoooouuu", kam es aus dem Korb.

Die Frau zuckte zusammen. Das Kind klebte vor Schreck die Eistüte samt Inhalt in die Lockenfrisur meiner Nachbarin. Sie sprang wütend auf und fuchtelte so heftig mit den Armen, daß sie einem schräg hinter ihr stehenden Mann einen Kinnhaken versetzte. Der versuchte auszuweichen und trat einem älteren Herrn auf den Fuß.

„Ja, können Sie denn nicht aufpassen, Sie Flegel! Haben Sie keine Augen im Kopf?"

„Nicht im Hinterkopf."

„Rücksichtslosigkeit!"

„Und was soll ich sagen? Meine Nase blutet!"

„Meine Frisur! Alles verklebt ..."

„Mein Eis, Mama!“
„Ich kann kaum noch auftreten, so weh tut das!“
„... und gerade frisch vom Friseur!“
„Mein Eis!“
„Jetzt halt den Mund, oder es setzt was! Warum paßt du nicht auf?“
„Vielleicht ist der Nasenflügel angebrochen ...“
„Sicher eine Prellung ... ekelhafte Schmerzen ...“
„Ich sollte Schadenersatz verlangen ...“
„Was kann ich schließlich dafür, wenn mir der Junge seine Eistüte in die Haare stülpt!“
„Am besten, Sie legen den Kopf weit in den Nacken.“
Mir wurde ganz schwach von dem Durcheinander. Piri scheinbar auch, denn sie war auf einmal mucksmäuschenstill. Ich ahnte Schlimmes. Und ich ahnte richtig.
„Pfui Teufel, stinkt das hier!“ maulte der Junge. „Da hat sich einer in die Hosen gemacht, Mama.“
„Eine Stinkbombe! Schweinerei so was ...“, glaubte einer zu wissen.
Die anderen brüllten sich immer noch an. Ich machte mich ganz klein, griff Piris Korb und drängte zum Ausgang.
Wir standen auf der Straße. Bis zum Tierarzt hätte ich noch zwei Stationen weiter fahren müssen, aber das war mir nun auch egal. Mit zusammengebissenen Zähnen machte ich mich auf den Weg.
Als der Tierarzt und seine Gehilfin den Korb öffneten, erkannte ich meine Katze nicht wieder. Ein nasses, schmutzverklebtes Häufchen Elend kauerte in einer Ecke neben der zerknüllten Unterlage und starrte mit glasigem Blick teilnahmslos vor sich hin. Stockend erzählte ich von unserer Busfahrt.

Piri wurde gereinigt und gründlich untersucht. Völlig apathisch ließ sie alles mit sich geschehen und protestierte nur schwach, als der Tierarzt die empfindlichen Ohren mit einer milchigen Flüssigkeit behandelte. Sie war vollkommen erschöpft. Ich war es nicht minder.

Der Tierarzt gab mir genaue Anweisungen, wie ich Piris Ohren in Zukunft zu behandeln hatte, dann standen wir wieder draußen. Ich schlich zur nächsten Telefonzelle und rief Vati an. Wenn er nicht kam und uns hier abholte, würde ich die ganze Nacht auf der Straße verbringen. In den Bus stieg ich jedenfalls mit Piri nicht mehr.

Vati war super. Obwohl er es haßt, im Büro gestört zu werden, hielt er eine Viertelstunde später am Straßenrand.

„Laß sie raus", sagte er, als wir im Wagen saßen.

„Aber das ist gefährlich, Vati! Wenn sie dich nun während der Fahrt anspringt? Oder wieder spuckt und Durchfall kriegt wie im Bus?"

„Versuchen wir's trotzdem. Du mußt eben ein bißchen aufpassen."

Ich holte Piri aus dem Korb und nahm sie auf meinen Schoß. In Erwartung ihrer Panik umklammerte ich sie fest, als Vati anfuhr. Piri reckte sich und schaute interessiert aus dem Fenster. Ich lockerte meinen Griff. Piri saß ganz entspannt auf meinem Arm und schaute mal vorn, mal zur Seite hinaus. Schließlich stieg sie über meine Schulter nach hinten, kletterte auf die breite Ablage unter dem Rückfenster, putzte sich gründlich, rollte sich zusammen und schlief ein.

Trimm dich, Vati!

Der erste Advent kam näher. Es wurde kalt. Am darauffolgenden Sonntag machten Vati, Mutti und ich einen großen Spaziergang im Wald, um Zweige, Wurzeln, Kiefernzapfen und anderes Bastelmaterial für unsere Weihnachtsdekorationen zu suchen. Als wir mit unseren Schätzen heimkehrten, sprang uns Piri bereits auf der Straße entgegen.

„Ein reizender kleiner Kerl, Ihre Katze!" rief uns Nachbar Hackinger zu. „ Und so fleißig im Mäusefangen! Einmal hat meine Frau fünf Mäuse an einem Tag gezählt!"

Wir strahlten vor Stolz. Vati trat an den Zaun, um das Kompliment mit einem Lob auf Herrn Hackingers prächtig gewachsenen Kirschbaum zu erwidern. Dann unterhielten wir uns über die gute Obsternte in diesem Jahr und über Herrn Hackingers Frau, die sich den Fuß gebrochen hatte und deshalb im Krankenhaus war.

Ein ohrenbetäubendes Gekläff, begleitet von wütendem Katzenkreischen und Fauchen, schreckte uns auf. Wir fuhren herum. Wir sahen einen schwarzen Blitz, der in unsere Einfahrt und weiter die große Kastanie hinauffegte. Etwas langsamer folgte ein eisgrauer Schnauzer mit giftig gebleckten Zähnen, der notgedrungen vor dem Baumstamm bremsen mußte und nun außer sich vor Zorn um den Baum herumsprang.

Oma Lene stürzte aus dem Haus, Oma Mummi riß

Ein schwarzer Blitz fegte die Kastanie hinauf, gefolgt von einem wütend bellenden Hund

das Küchenfenster auf, und irgendwo im Hintergrund schrie jemand: „Bello! Bello, hierher, pfui!“

Schließlich erschien ein rundbäuchiger, rotgesichtiger Mann, der in der einen Hand einen Hut, in der anderen eine Zigarre schwenkte.

„Können Sie nicht auf Ihren verdammten Köter aufpassen?“ brüllte Vati.

„Piri! Pirilein, bist du verletzt?“ jammerte Mutti.

„Beruhige dich, Junge“, flehte Oma Lene, die befürchtete, Vati würde sich entweder auf den Mann oder auf den Hund stürzen.

Ich starrte mit offenem Mund Piri nach, die immer höher und höher in den Baum hinaufraste, als wäre der Hund dicht hinter ihr. Vermutlich hatte sie noch gar nicht gemerkt, daß er ihr nicht folgen konnte.

„Wie das kleine Biest klettern kann!“ rief Oma Mummi stolz, die nun auch herausgelaufen kam. „Und du da“, wandte sie sich an den immer noch heiser belfernden Hund, „du machst jetzt, daß du hier rauskommst, aber schnell! Und laß dich nicht wieder hier blicken!“

Damit packte sie ihn am Halsband, drehte ihn um und schickte ihn mit einem Klaps zurück auf die Straße. Der Hund war so verdutzt, daß er gehorchte. Auf dem Gehsteig wurde er mit einer Strafpredigt von seinem Herrchen empfangen, der ihn an die Leine nahm und vom Schlachtfeld zerrte.

„Piri, komm runter, er ist fort!“ rief ich. „Na komm, meine Kleine! Piri, komm schon!“

Piri saß so hoch im Baum, daß ich befürchtete, die dünne Astgabel, auf der sie balancierte, könne abbrechen. Starr vor Angst klammerte sie sich an den Zweigen fest und wagte zum erstenmal einen Blick nach unten.

Sie sah uns an, und ein leises, klägliches Maunzen war zu hören.

„Wenn sie nun nicht wieder runterkommt!“ stöhnte Mutti. „Oder wenn sie stürzt!“

„Wir müssen die Feuerwehr holen!“ sagte Oma Lene.

„Unsinn!“ Oma Mummi sah kopfschüttelnd von einem zum anderen. „Da sieht man wieder, daß ihr keine Ahnung von Katzen habt! Am besten, ihr laßt sie ganz in Ruhe. Wenn sie den Schock überwunden hat, kommt sie von ganz allein runter, spätestens wenn sie Hunger bekommt. Und ihr kommt jetzt essen, sonst wird mein Braten trocken.“

Zögernd folgten wir Oma Mummi ins Haus. Piri maunzte kläglich hinter uns her.

Der Sonntagsbraten war Oma Mummi wieder vorzüglich geraten, und auch der Nachtisch war ein Gedicht. Trotzdem schien keiner so recht Appetit zu haben. Gesprochen wurde während der Mahlzeit fast nichts, dafür wanderten die Blicke abwechselnd zum Fenster und zur Tür. Und kaum waren wir mit dem Essen fertig, stand die ganze Familie wieder um die Kastanie herum.

Piri saß immer noch an der gleichen Stelle und rührte sich nicht. Sprach man sie an, antwortete sie mit einem fragenden Maunzen, so als warte sie darauf, von uns aus ihrer mißlichen Lage befreit zu werden.

„Nun komm doch, Piri, versuch es doch bitte!“ bat ich. „Es ist ganz leicht, wenn du rückwärts gehst!“

„Laßt sie“, sagte Oma Mummi. „Wenn wir jetzt weggehen, kommt sie uns vielleicht nach. Sie muß nur begreifen, daß wir sie nicht holen.“

Piri kam uns nicht nach. Sie rührte sich nicht vom Fleck. Auch nicht, als Mutti sie lockte, nicht bei Vati und nicht, als Oma Lene ihr ein Schälchen mit einem Rest Schlagsahne hinstellte.

Stunden vergingen. Wir saßen bereits beim Kaffee. Niemand sagte ein Wort, nicht mal über Oma Mummis fabelhaften Apfelkuchen.

„Ich habe schon oft von Katzen gelesen, die in ihrer Angst irgendwo hingeklettert sind, wo sie nicht mehr runterkamen. Und man mußte die Feuerwehr holen, um sie zu befreien!" murmelte Oma Lene mit einem vorwurfsvollen Blick zu Oma Mummi.

„Und ich habe eine Katze gekannt, die saß eine ganze Woche im Baum oben, ohne daß sie daran gestorben ist. Als sie es vor Hunger nicht mehr aushielt, kam sie runter", polterte Oma Mummi los.

„Aber nicht bei so einer Kälte!"

„Bei Eis und Schnee!"

Wieder schwiegen wir.

„Es wird gleich dunkel", sagte Mutti bedrückt. „Und heute nacht sollen es minus fünf Grad werden."

Oma Lene starrte düster in ihren Kaffee.

„Sie ist noch so jung und so zart. Sicher hat sie sich von der Krankheit noch gar nicht richtig erholt. Ja, wenn es eine ausgewachsene, kräftige Katze wäre ..."

Vati sprang auf.

„Was willst du tun?" fragten Mutti und ich zugleich.

„Ich hole sie runter."

„Nein Vati, laß mich klettern, bitte!"

„Du? Kommt nicht in Frage, das ist zu gefährlich."

„Aber ich bin Spitze im Klettern, ehrlich! Du ... du bist doch für so was gar nicht richtig trainiert", wagte ich einzuwenden.

„Trotzdem."

„Du wirst dir den Hals brechen, Junge, warum holst du nicht die Feuerwehr", widersprach nun auch Oma Lene.

„Herrgott noch mal, ihr tut, als wäre ich ein alter Mann. So unsportlich bin ich ja nun auch nicht. Wenn ich denke, wie ich vor drei Jahren in Griechenland das eingeklemmte Segel eingeholt habe! Und da hatten wir immerhin Windstärke ..."

„Laßt ihn", unterbrach ihn Mutti. „Wenn er unbedingt will! Er wird schon auf sich aufpassen."

Vermutlich fürchtete sie, Vati könnte zum siebenundsiebzigsten Male die Geschichte von dem eingeklemmten Segel erzählen.

Vati ging ins Schlafzimmer hinüber, um sich Turnschuhe und seinen Trainingsanzug anzuziehen, Mutti und ich holten inzwischen die große Gartenleiter und legten sie, so gut es ging, an einen der untersten Äste der Kastanie an. Von hier aus mußte Vati klettern.

„Du solltest dir Handschuhe anziehen", mahnte Oma Mummi, als Vati sich händereibend der Leiter näherte. „Sie wird dich kratzen in ihrer Angst."

„Ach was."

Vati stieg die Leiter hinauf und von dort aus auf den untersten Ast. Ich hatte noch nie bemerkt, wie riesig unsere Kastanie ist. Nun ja, sie steht schließlich auch unter Naturschutz. Wir starrten also in den Baum hinauf, während Vati uns vormachte, wie gut er noch klettern kann. Piri verfolgte von oben aufmerksam seinen Weg.

Es war ziemlich mühsam. Vati hatte schon lange keine Klimmzüge mehr geübt und geriet ins Schwitzen. Schnaufend näherte er sich Piri Meter für Meter. Piri wurde es unheimlich, sie wich zurück.

„Nicht doch, Piri! Pirilein, komm her zu Herrchen, na komm auf meinen Arm!" ächzte Vati und rang nach Atem.

Mir war rätselhaft, wie er Piri eigentlich runterschaffen wollte, wo er doch beide Hände brauchte, um sich festzuhalten. Piri schien das gleiche zu denken, jedenfalls wich sie noch weiter zurück. Schon bog sich der Ast, auf dem sie kauerte, bedenklich nach unten.

„Du Dummerle, nun komm schon her!" flötete Vati, bemüht, seiner Stimme einen beruhigenden Klang zu geben. Vorsichtig streckte er die Hand nach ihr aus.

Piri ging rückwärts. Der Ast senkte sich sanft. Unter einem Regen trockener Blätter segelte Piri in die Tiefe, von Ast zu Ast, fiel und fiel und landete schließlich mit allen Vieren zugleich auf dem Kies vor meinen Füßen. Überglücklich schloß ich sie in meine Arme. Mutti, Oma Lene und Oma Mummi beugten sich über uns, und jeder versuchte, ein Stückchen Piri zu streicheln.

„He, ihr da unten!" kam es kläglich aus dem Baum.

„Es ist alles in Ordnung!" rief Mutti fröhlich. „Ihr ist nichts passiert. Warum kommst du nicht runter?"

„Ich kann nicht", sagte Vati schwach. „Mir ist schwindlig, ich glaube, ihr müßt die Feuerwehr holen."

Falscher Verdacht

Franz Hackinger ist ein netter Nachbar, er liebte Piri vom ersten Tage an. So half er jetzt auch Vati aus seinen Nöten, brachte eine längere Leiter und versorgte ihn mit guten Ratschlägen, wie er hinuntersteigen konnte, ohne den gleichen Weg wie Piri zu nehmen, was ihm vermutlich nicht gut bekommen wäre.

Hinterher feierten wir alle bei uns den glücklichen Abschluß des gewagten Unternehmens. Oma Mummi machte zur Feier des Tages den ersten Glühwein der Saison, denn uns war ganz schön kalt geworden. Franz Hackinger durfte Piri auf den Schoß nehmen und streicheln, und später luden wir ihn noch zum Abendessen ein, denn seine Frau war ja im Krankenhaus. Vati erzählte die Geschichte von dem eingeklemmten Segel und Franz Hackinger, wie er einmal an der Dachrinne gehangen hatte, weil die Leiter unter ihm weggerutscht war. Es war ein richtig gemütlicher Abend.

Auf der anderen Seite unseres Grundstücks wohnt Herr Wurster. Wir nennen ihn Wurstler – natürlich nur, wenn er es nicht hört –, weil er ständig in seinem Garten rumwurstelt. Das tut Franz Hackinger zwar auch, aber bei dem hat man das Gefühl, es macht ihm Spaß, während Herr Wurstler immer unzufrieden ist. Jedes Unkraut ärgert ihn, ständig findet er etwas zu putzen, zu zupfen und zu schnippeln, und sein Garten sieht aus, als wenn er jeden Tag mit der Zahnbürste poliert würde, meint Oma Mummi.

Herrn Wursters besonderer Stolz ist das selbstgebaute Vogelhaus auf dem Rasen vor der Terrasse. Es ist wirklich imponierend, zur Not hätten auch ein paar ausgewachsene Papageien darin Platz, oder wenigstens eine kräftige Legehenne. Hauptsächlich wird es allerdings von Spatzen und Amseln bevölkert.

Bis jetzt hatte sich Herr Wurster noch nie über Piri aufgeregt. Vermutlich ließ sie sich auch selten in seinem

Garten sehen, ihr war Familie Hackinger lieber. Aber hin und wieder kam es doch vor, daß sie hocherhobenen Hauptes über Wursters kostbaren Rasen schritt.

Kaum hatte Herr Wurster sein Vogelhäuschen für den Winter hergerichtet, begann das Theater.

Zeterten und schimpften die Vögel aufgeschreckt los, dann stürzte Wurster sofort ans Fenster oder aus der Terrassentür.

„Verdammtes Katzenvieh, wenn ich dich erwische, mache ich Hackfleisch aus dir!"

Logisch, daß mich solche Drohungen nicht gerade beruhigten. Wie konnte ich Piri abgewöhnen, in die Nähe des Vogelhäuschens zu gehen? Es war ja klar, daß die flatternde, piepsende Gesellschaft ihre Neugier erregte.

„Was mache ich bloß?" klagte ich Oma Mummi mein Leid. „Ich habe Angst, daß er Piri was tut!"

„Der Wurstler? Nein. Bevor er ihr etwas antäte, würde er vermutlich erst mal zu uns kommen und sich beschweren. Er würde verlangen, daß wir sie einsperren, und mit Gegenmaßnahmen drohen, falls sie nochmals seinen Garten betritt. Auf jeden Fall könnte man vernünftig mit ihm reden. Er mag ein bißchen pedantisch sein, aber ein hinterhältiger Kerl ist er nicht."

„Mit dem vernünftig reden?" widersprach ich. „Das glaubst du doch selbst nicht! Wenn der sieht, daß sich Piri einen seiner Piepmätze schnappt, dann vergißt er seine gute Erziehung, dann schlägt er einfach zu, da bin ich sicher. Du solltest ihn mal brüllen hören!"

„Eine Katze erwischt keinen gesunden Vogel, das haben die Wissenschaftler festgestellt", erklärte Oma Mummi. „Höchstens mal einen kranken oder einen, der zu früh aus dem Nest gefallen ist."

„Ist das wahr?“

„Und ob das wahr ist. Überleg doch mal. Sicher hast du schon beobachtet, wie eine Katze eine Beute belauert, nicht wahr?“

„O ja. Es ist eine richtige Zeremonie. Erst preßt sie sich flach auf den Boden und liegt ganz still. Dann hebt sie das Hinterteil ein wenig an und macht sich zum Sprung bereit, dabei trippelt sie so komisch mit den Hinterbeinen. Und dann plötzlich springt sie los.“

„Eben. Und während dieser umständlichen Zeremonie ist der Vogel längst aufmerksam geworden und fliegt davon. Das ist der Grund, warum eine Katze so selten einen Vogel fängt.“

„Nun ja, aber auch wenn Piri die Vögel belauert und sie dadurch beunruhigt, ist es schlimm genug, ob sie nun einen erwischt oder nicht“, sagte ich bedrückt. „Ich wünschte wirklich, ich wüßte einen Weg, sie von dem Vogelhaus fernzuhalten.“

In diesem Augenblick gab es drüben im Nachbargarten ein ohrenbetäubendes Gezeter unter dem Vogelvolk. Ich stutzte.

„Das gibt's doch nicht! Piri hat eben noch fest in ihrem Körbchen geschlafen!“

Ich flitzte in mein Zimmer hinunter. Da lag sie – zusammengerollt wie eine kleine Kugel – und blinzelte mich mit einem Auge müde an, als wolle sie sagen: Mußt du hier so einen Krach machen, wo du doch weißt, daß ich schlafe?

Draußen schimpfte Herr Wurster. Ich lief in den Garten.

„Wenn ich dieses Katzenvieh doch nur einmal auf frischer Tat erwischen könnte!“ brüllte Herr Wurster.

Ich trat dicht an den Zaun heran.

„Entschuldigen Sie bitte, Herr Wurster, aber das kann nicht meine Katze gewesen sein!“ sagte ich höflich. „Sie liegt auf ihrem Platz in meinem Zimmer und schläft fest, und das schon seit Stunden!“

„Sie kann es nicht gewesen sein? So? Und wer soll es sonst gewesen sein? Die Heinzelmännchen vielleicht? Oder der Schornsteinfeger?“

„Ich weiß es auch nicht. Aber Piri war es bestimmt nicht, das kann ich Ihnen schwören!“

„Nein, nein, natürlich nicht!“ höhnte Wurster. Es war klar, daß er mir nicht glaubte. „Gut, gut, sie war es nicht. Aber wenn ich sie einmal erwische, kann sie was erleben, das kannst du mir glauben!“

Damit stapfte er wütend ins Haus zurück. Die Amseln keiften noch immer aus den Bäumen auf das Vogelhaus hinunter.

Am nächsten Tag wiederholte sich das gleiche Theater. „Sie ist im Vogelhaus drin gewesen“, schnaubte Herr Wurster. „Das muß man sich nur mal ansehen! Wie die hier gewütet hat! Das ganze Futter auf den Rasen geworfen!“

„Aber Piri ist die ganze Zeit nicht aus dem Haus gekommen, das kann ich beschwören!“ jammerte ich.

„Dann hat sie dieses Chaos vermutlich schon vor Stunden angerichtet, was weiß ich! Bald wird sich kein Vogel mehr hier blicken lassen. Na warte, ich weiß schon, wie man mit so einer Katze fertig wird!“

Ich war todunglücklich. Piri war unschuldig, das wußte ich jetzt genau. Bei dem ungemütlich naßkalten Wetter ging sie kaum einen Schritt vor die Tür. Andererseits mußte ich eingestehen, daß die Vögel sich immer wieder entsetzlich aufregten, und die Amseln machten einen Krach, daß man es noch drei Straßen weiter hören konnte. Was war daran schuld? Eine andere Katze? Ein Marder? Eine Ratte? Kinder, die mit Steinen nach dem Häuschen warfen? Nein, das konnte ich mir nicht vorstellen. Aber irgendeinen Grund mußte das verzweifelte Gezeter ja haben.

Ich beschloß, mich in den nächsten Tagen so lange auf die Lauer zu legen, bis ich die Ursache herausgefunden hatte. Am nächsten Nachmittag schloß ich Piri in mein Zimmer ein und versperrte ihren Ausgang in den Garten. Sie schlief ohnehin und merkte es nicht. Dann zog ich mir Vatis dicke Steppjacke an, wickelte mich in eine Decke, schnappte mir einen der Gartenstühle aus dem Schuppen und setzte mich zwischen die Büsche dicht an den Zaun. Von hier aus konnte ich genau sehen, was im Vogelhaus vor sich ging.

Eine Stunde verging, eine zweite – nichts geschah. Die Vögel belagerten das Vogelhaus in Scharen, fraßen sich rund und dick und flogen wieder davon. Andere kamen, manche nur kurz, manche nahmen sich Zeit, es war ein friedlich-fröhliches Bild. Und ich saß da im Nieselregen und begann trotz meiner Umhüllungen zu frieren.

Nach einer weiteren halben Stunde gab ich auf. Ich hängte die nassen Sachen zum Trocknen in die Waschküche und ließ mir von Oma Mummi einen heißen Kakao geben. Die kalten Hände um den warmen Kakaobecher geklammert, verzog ich mich ins Wohnzimmer.

Ich trat gerade ans Fenster und schaute schlecht gelaunt zu Wursters Vogelhäuschen hinüber, als die Vögel mit ohrenbetäubendem Zetern das Vogelhäuschen verließen und in die Bäume hinaufflohen. Von hier aus konnte ich das Häuschen nicht sehr gut erkennen, aber das, was ich sah, ließ mir das Blut in den Adern erstarren. Im Inneren bewegte sich etwas – etwas mit schwarzbraunem Fell! Piri! schoß es mir durch den Kopf. Oma Mummi muß sie rausgelassen haben! Also doch.

Aber jetzt geschah etwas Verblüffendes. Rechts und links wurden Reste des Vogelfutters aus dem Häuschen geschleudert. Dann erkannte ich einen buschigen Schwanz, deutlich kürzer und dicker, als es Piris war. Er verschwand wieder, dafür schaute nun ein winziges Gesicht mit spitzen Öhrchen und lustigen schwarzen Knopfaugen heraus und sah sich aufmerksam um. Ein Eichhörnchen!

Ich stürzte zum Telefon. Ein Glück, daß Mutti die Nummern der Nachbarn auf unserer Telefonliste notiert hatte. Wurster, 47681, hoffentlich war er zu Hause!

Herr Wurster war anscheinend gerade auf dem Weg zur Terrassentür gewesen, jedenfalls hob er sofort ab. Ich ließ ihn gar nicht erst zu Wort kommen.

„Herr Wurster, hier ist Janni! Janni von nebenan! Bitte schauen Sie ganz vorsichtig aus Ihrem Fenster, damit Sie den Einbrecher nicht vertreiben, dann können Sie sehen, daß Piri nicht ..."

Herr Wurster war schon auf dem Weg, mit einem harten Knacks fiel der Hörer auf die Tischplatte. Sekunden später hörte ich einen überraschten Aufschrei.

„Ja, ist denn so was möglich! Hat man das schon gesehen! Na warte, du Räuber, dir werde ich helfen!"

Die Fortsetzung hörte ich von der Terrasse her. Wurster brüllte. Das Eichhörnchen war schon beim ersten Geräusch an der Tür über den Rasen davongeflitzt und in einer der großen Tannen verschwunden.

Nach einer Weile kam Herr Wurster ans Telefon zurück. Es wurde ein richtig nettes Gespräch. Ich erzählte ihm, wie interessant ich seine Vögel fände und daß ich sie zweieinhalb Stunden vom Zaun aus beobachtet hatte. Und er erzählte mir eine Menge über die verschiedenen Vogelarten und ihre Eigenschaften. Und dann erklärte ich ihm noch, warum eine Katze nie einen gesunden Vogel erwischt. Er ist eigentlich ganz prima.

Piri und der erste Schnee

Der erste Advent war vorüber, und ich hatte jetzt schrecklich viel zu tun. In der Schule schrieben wir eine wichtige Arbeit nach der anderen, und ich mußte pauken, was das Zeug hielt. Außerdem mußte ich mich um meine Weihnachtsgeschenke kümmern. Ich hatte mir viel vorgenommen: ein filzbespanntes Brett für Oma Mummi, denn sie hatte sich schon lange ein Pinn-Brett für die Küche gewünscht, um Besorgungszettel und ausgeschnittene Rezepte in Sichtweite zu haben. Für Oma Lene eine aus Lederstreifen geflochtene Buchhülle. Den Aschenbecher für Vati hatte ich in der Schule gemacht, im Töpferkurs. Und für Mutti hatte ich mir etwas ganz Besonderes ausgedacht. Eine lustige Strickmütze zu ihrem neuen Mantel, wie die, die sie neulich in dem Modegeschäft so bewundert hatte. Das war ein echtes Opfer, denn Stricken hasse ich wie die Pest. Ehrlich gesagt hatte ich auch ein bißchen Angst vor meiner eigenen Courage, verließ mich aber darauf, daß Oma Lene mir helfen würde, wenn alles schiefging.

Mutti hatte mir für mein Zimmer einen hübschen Adventsschmuck gebastelt, aus Kiefernzapfen, Tannenzweigen und vergoldeten Gräsern, mit einer honiggelben dikken Kerze in der Mitte. Die zündete ich mir zu meinen Bastelstunden an. Oma Mummi stiftete den Kakao und ein paar Kostproben aus ihrer Weihnachtsbäckerei, Piri träumte neben mir in ihrem Körbchen, es war richtig vorweihnachtlich gemütlich in meinem Reich.

Am Samstag vor dem zweiten Advent wurde es schon mittags so dunkel, daß ich meine Lampe auf dem Schreibtisch anknipsen mußte, um meine englische Übersetzung zu machen. Und bald darauf begann es in dicken Flocken zu schneien.

Piri, die ihren Mittagsschlaf hielt, merkte zunächst nichts davon. Schließlich sprang sie aus ihrem Körbchen, gähnte, reckte sich umständlich und lange, erst den ganzen Körper, dann jede Pfote einzeln und setzte gerade an, auf meinen Schoß zu springen, als draußen etwas ihre Aufmerksamkeit erregte. Sie stutzte einen Augenblick, trat dicht an die Tür heran und starrte fasziniert in den Himmel hinauf.

Flocken, dick wie walnußgroße Zuckerwattestückchen, segelten vom Himmel. Schon war der Rasen mit einem weißen Teppich bedeckt. Piri richtete sich an der Scheibe hoch auf und versuchte, nach einzelnen Schneeflocken zu greifen, die der Wind gegen die Glasscheibe trieb. Erstaunt verfolgte sie den Weg der schmelzenden Bröckchen, die in leichtem Zickzack in die Tiefe rutschten.

„Na komm, schau dir das mal aus der Nähe an“,

sagte ich lachend und öffnete die Terrassentür. Eine Schneewolke wehte herein. Piri wich erschrocken zurück, aber dann siegte die Neugier, sie schlüpfte durch den Türspalt auf die Terrasse und sprang mit großen Sätzen auf den Rasen hinaus.

Vergessen waren Englisch-Übersetzung und Matheaufgaben. Ich stand am Fenster und beobachtete amüsiert, wie meine kleine Katze mit dem Schnee Bekanntschaft schloß. Auf den Hinterbeinen saß sie – steil aufgerichtet – auf dem Rasen, starrte in die Höhe und schnellte gleich darauf einer besonders dicken Flocke nach, die sie mit den Pfoten zu fangen versuchte. Landete sie wieder auf dem Boden, preßte sie die Pfoten zusammen, als hielte sie eine Maus zwischen den Krallen. Mit dem Näschen erforschte sie die Beute, nahm die Pfoten nacheinander weg und suchte nach dem, was da eben noch gewesen war – vergeblich.

Immer schneller wiederholte sie das Spiel. Schließlich sprang sie nur noch nach den Flocken, sie einzufangen schien aussichtslos, auch wenn sie wie der Blitz in die Luft schnellte und nach ihrer Beute schlug.

Es war klar, daß an Arbeit vorerst nicht zu denken war. Also schlüpfte ich in meine Stiefel, zog meinen Anorak an und ging in den Garten hinaus.

Unglaublich, wieviel Schnee in der kurzen Zeit gefallen war! Bäume, Sträucher und Zäune trugen dicke weiße Mützen, und der Rasen war mit einer flauschigen Daunendecke zugedeckt. Und immer noch fiel der Schnee wie ein dichter Vorhang aus vielen Schichten weißer Schleier.

Piri war zu einem neuen Spiel übergegangen. Sie belauerte eine unsichtbare Beute auf dem Rasen, nahm trippelnd Maß, machte ein paar rasche Sätze und tauchte dann mit dem Köpfchen tief in den lockeren Schnee. Dann wieder drehte sie sich im Kreis, rollte sich begeistert auf dem Rücken hin und her, sprang auf, schüttelte sich und tobte von neuem los.

Ich begann kleine Schneebälle zu formen, die ich flach über den Rasen warf. Piri raste begeistert hinterher und begrub sie unter ihren Pfoten, bis sie zerfallen waren. Dann versuchte ich einen Schneemann zu bauen. Der Schnee war ziemlich naß und haftete gut, und bald hatte ich eine beachtlich große Kugel aufgerollt. Auf dem Rasen blieb ein Gewirr von Straßen zurück, auf denen Piri jetzt hin und her lief, als hätte ich sie eigens für sie angelegt.

Das brachte mich auf die Idee, sie noch weiter für sie auszubauen. Ich holte mir die Schneeschippe aus dem Schuppen und häufte an beiden Seiten der Pfade kleine Wälle auf. Piri begriff sofort, daß man hier jetzt herrlich Versteck spielen konnte. Sie duckte sich an den Kreuzungen hinter eine Ecke, um mich dann unvermutet anzuspringen, wenn ich die Stelle passierte. Ich kannte dieses Spiel. Besonders hinter dem Treppenabsatz oder hinter meiner Badezimmertür hatte sie mir oft auf diese Weise aufgelauert.

„Weißt du was? Ich werde jetzt gleich vor der Garage und vorn auf der Straße Schnee schippen. Später muß ich es ja sowieso tun."

Wenn es so weiterschneite, würde ich diese Arbeit heute sogar mehrmals tun müssen. Also war es gut, rechtzeitig damit anzufangen.

Piri saß unter einem der immergrünen Büsche wie unter einem Zeltdach. Unter der weißen Last neigten sich die Zweige bis auf den Boden. In dem trockenen Gehölz knisterte es leise. Piri schaute angespannt hinauf. Vermutete sie einen Vogel oder eine Maus hinter dem Rascheln? Mit gespitzten Öhrchen verfolgte sie das Geräusch. Jetzt richtete sie sich auf und setzte sich auf die Hinterpfoten wie ein Osterhase. Einen Augenblick hielt sie still, dann schnellte sie hoch und schlug hart mit der Pfote in das weißgrüne Dach über sich. Mit weichem Rauschen ging eine Lawine auf sie hinunter. Meine kleine Katze war verschwunden. Sekundenlang geschah nichts, dann begann der Schneehügel sich zu rühren, kleine Geschosse spritzten nach allen Seiten, schließlich stob eine schwärzlich-weiße Kugel aus der Mitte des Haufens und jagte ärgerlich fauchend davon.

Ich wußte, wie beleidigt Piri sein konnte, wenn man sie auslachte, trotzdem platzte ich laut heraus. Piri drehte mir empört den Rücken zu, setzte sich auf die Terrasse und begann energisch, sich zu putzen.

„Nicht böse sein, meine Kleine, es sah einfach zu komisch aus!"

Immer noch lachend, machte ich mich daran, die Garageneinfahrt vom Schnee zu befreien.

Der Schnee war naß und schwer, und ich mußte mich ziemlich anstrengen. So vergaß ich Piri für eine Weile. Überall vor den Nachbarhäusern begannen sie nun ebenfalls mit dem Schneeräumen, die gleichmäßig schrammenden Geräusche liefen wie ein vielfaches Echo die Straße hinauf und hinunter. Ich ging auf den Gehsteig hinaus und schaufelte dort einen meterbreiten Pfad frei. Als ich damit fertig war, konnte ich vor der Garage wieder von vorn beginnen.

„Wenn es weiter so schneit, brauchst du Montag

morgen nicht in die Schule zu gehen", rief Franz Hackinger mir zu, der ebenfalls vor seiner Garage schippte. „Dann bekommen wir unsere Haustüren nämlich nicht mehr auf und können gleich Weihnachtsferien machen."

„Schön wär's. Oma Mummis Vorratskeller ist voll genug, verhungern müßten wir jedenfalls nicht."

„Als Schulbub ist mir das öfter passiert." Hackinger richtete sich schnaufend auf. Sein Gesicht war rot von der ungewohnten Anstrengung, aber er strahlte.

„Sie sind in den Bergen aufgewachsen, nicht wahr? Und da sind Sie im Winter richtig eingeschneit gewesen?"

„Und ob! Die Schneemauern reichten bis über die Fenster hinauf! Und es war unmöglich für uns Kinder, bis ins Tal zur Schule zu kommen."

„Schön!" seufzte ich. „So was passiert mir nie."

„Wo ist denn unsere kleine Piri? Ist sie schon eingeschneit?"

„Um ein Haar wäre ihr das gerade passiert", sagte ich lachend und erzählte Franz Hackinger Piris Abenteuer. Ehrlich gesagt malte ich die Geschichte noch ein bißchen aus, ich machte es richtig schön dramatisch. Hackinger lachte dröhnend.

„Und wo steckt sie jetzt? Hat sich im Haus verkrochen vermutlich."

„Keine Ahnung. Aber Sie werden wohl recht haben, sicher läßt sie sich von Oma Mummi mit einem Lekkerbissen trösten."

„Maauuuooo!" kam es herausfordernd aus den dichtbeschneiten Zweigen der Kastanie über mir.

Ich starrte mit weitaufgerissenen Augen nach oben.

Hatte sich das kleine Biest schon wieder in den Baum hinaufgewagt! An den Baumstamm gekrallt, die Ohren angelegt, schaute sie auf mich hinunter, der Schwanz peitschte angriffslustig hin und her.

„Piri, du spinnst wohl, komm sofort da rugrrrff ...“ Der Rest erstickte in Gurgeln und Spucken.

Piri war mit einem Satz auf einen der unteren Zweige gesprungen. Dessen Schneelast hatte sich in Bewegung gesetzt, den Schnee des nächsten und übernächsten Zweiges mitgenommen und eine Lawine auf mich hinunterprasseln lassen, die mir Augen und Mund verklebte. Kalte Nässe rann mir in den Kragen, bis zu den Hüften stand ich im Schnee.

Franz Hackinger lachte schallend.

„War das nun Zufall?“ Er blinzelte Piri zu. „Oder sollte es Absicht gewesen sein?“

Piri sprang neben mir auf den Boden, würdigte mich keines Blickes und lief zum Haus hinüber.

Aber Piri!

Es war nicht zu übersehen: Piri befand sich im besten Flegelalter! Kaum ein Tag verging ohne Aufregung. Und daß das naßkalte Winterwetter ihr nicht wie sonst erlaubte, stundenlang draußen herumzutollen, machte die Sache nur noch schlimmer. Nichts im Haus war vor ihr sicher.

Hatte Oma Lene gerade mit ihr geschimpft, weil sie ihre Krallen an der Flurtapete wetzte und lange Fetzen des kostbaren Papiers wie traurige Fahnen herunterhingen, fand sie sie fünf Minuten später fröhlich an der Wohnzimmergardine schaukelnd. Hatte Oma Mummi wieder einmal leichtsinnig ein Stück Fleisch auf dem Küchentisch liegengelassen, brauchte sie Sekunden später nur dem leise schmatzenden Geräusch zu folgen, um es hinter dem Kühlschrank zwischen Piris Pfoten wiederzufinden.

Piri verstand es ausgezeichnet, ihre Pfote tief in die schmale Öffnung des Sahnekännchens zu tauchen, um sie dann genüßlich abzulecken. Leistete sie uns beim Essen Gesellschaft und gab es etwas, das ihren Appetit besonders reizte, mußte man ständig damit rechnen, daß sich zwischen Arm und Körper eine schwarze Pfote in Richtung Tellerrand schob, um mit den Krallen einen Bissen unter den Tisch zu befördern.

Überhaupt hatte Piri einen gesunden Appetit. Nicht nur unsere Leckerbissen, auch ihr Katzenfutter schmeckte ihr ausgezeichnet – sowohl das knackige Trockenfutter hin und wieder als auch die Fisch- und Fleischtöpfchen aus der Dose. Oft beobachtete ich versunken, wie appetitlich und anmutig Katzen fressen, auch wenn sie großen Hunger haben.

Konnte ich meine kleine Katze nirgends finden, so war es das beste, systematisch sämtliche Schränke zu durchsuchen. In einem fand man sie bestimmt – tief schlafend –, und es war klar, daß sie weiße Wäsche besonders dann bevorzugte, wenn sie naß und schmutzig aus dem Garten gekommen war.

Kurz, sie brachte uns nacheinander alle an den Rand der Verzweiflung. Unsere Erziehungsversuche schienen sämtlich zu scheitern. Dabei wußte das kleine Biest ganz genau, was ihr verboten war, denn ertappte man sie auf frischer Tat, genügte ein Räuspern oder ein strenges „Aber Piri!“, um sie von ihrem Vorhaben abzubringen. Dann setzte sie sich hin und begann eifrig an sich herumzuputzen, als hätte sie nie etwas anderes im Sinn gehabt.

Manches lernte sie aus ihren bösen Erfahrungen.

So zum Beispiel, daß man sich von heißen Herdplatten besser fernhält, auch wenn es noch so verführerisch duftet, denn eine verbrannte Pfote tat scheußlich weh.

Daß es ihr nicht gelang, in den Kühlschrank oder in die Gefriertruhe zu springen, da paßte Oma Mummi schon auf. Und zum Vorratskeller bekam sie keinen Zutritt mehr, nachdem sie bei dem Versuch, eine Spinne zu fangen, die an einem Faden vor ihrer Nase baumelte, zwei Gläser Kompott vom Regal gefegt hatte.

Gerade noch rechtzeitig gelang es Vati, Piri daran zu hindern, durch den Spalt des Kippfensters im Schlafzimmer nach draußen zu klettern. Daß Kippfenster für Katzen zur tödlichen Falle werden können, das hatten wir gerade in der Tierschutzzeitung gelesen. Denn wenn sie in den Spalt rutschen, werden sie so eingeklemmt, daß sie sich aus eigener Kraft nicht mehr befreien können, und je verzweifelter sie zappeln, desto enger wird die Falle. Schließlich verletzen sie sich so schwer, daß sie elend daran eingehen. Das sollte bei uns nie geschehen, das hatte ich mir geschworen.

So hielt Piri uns alle in Atem, wir waren in ständiger Alarmbereitschaft und ließen sie kaum aus den Augen. Trotzdem konnten wir ihr nicht böse sein, denn was sie auch tat, sie tat es mit so viel Anmut, und die Neugier, mit der sie ihre Umwelt erforschte, war so bezaubernd anzusehen, daß man gar nichts anderes tun konnte, als sie in die Arme zu nehmen und zu streicheln anstatt zu bestrafen und zu schimpfen. Und wenn sie dann schnurrend das Köpfchen an einem rieb und sich tief in die Mulde zwischen Hals und Schulter kuschelte, war aller Ärger vergessen.

Das eine Mal, als Oma Mummi doch die Nerven verlor und entsetzlich schimpfte, nun – da war sie eigentlich selber schuld gewesen.

„Wann hast du eigentlich deiner Katze zum letzten Mal die Ohren behandelt?“ fragte Oma Mummi beim Mittagessen streng. „Sie kratzt sich ständig!“

Das stimmte, Piri kratzte sich die Ohren manchmal so wild, als wolle sie sie sich abreißen. Ich hatte ein ziemlich schlechtes Gewissen deswegen. Das Medikament, das ich Piri regelmäßig in die Ohren träufeln sollte, stand zwar ständig griffbereit neben der Heizung, damit es die richtige Temperatur hatte, doch nahm ich das Fläschchen auch nur in die Hand, war Piri wie der Blitz verschwunden. Piri haßte diese Prozedur aus tiefster Seele, und nach einigen verzweifelten Kämpfen hatte ich entnervt aufgegeben.

„Sie kann das Zeug einfach nicht leiden“, stammelte ich beschämt. „Ich habe es wirklich immer wieder probiert, aber du ahnst nicht, was sie alles anstellt, wenn ich versuche, mich mit den Tropfen ihren Ohren zu nähern!“

„So ein Unfug! Warum hast du mir nichts davon gesagt? Gleich nach dem Essen werden wir sie uns gemeinsam vornehmen. Einer hält sie fest, der andere behandelt die Ohren. Das wäre doch gelacht!“

„Hm.“

Ich nickte gottergeben. Nun ja, zu zweit mochte es uns vielleicht gelingen, und Oma Mummi hatte viel Erfahrung. Aber ein unbestimmtes Gefühl sagte mir, daß die Angelegenheit nicht so reibungslos über die Bühne gehen würde, wie Oma Mummi es vermutete.

Nachdem der Tisch abgedeckt und die Küche aufgeräumt war, nahm Oma Mummi Piri auf den Arm und schickte mich in mein Zimmer hinunter, um die Medizin zu holen. Als ich zurückkam, saß Piri am Boden und schleckte aus einem Schälchen frische Sahne. Oma Mummi stand auf den Zehenspitzen vor dem Küchenschrank und hob ächzend eine große Schüssel hinauf.

„Aha, Bestechungsversuche! Das ist ja reizend!" Ich konnte mir ein Grinsen nicht verkneifen. „Du weißt doch, daß sie keine Sahne trinken soll! Verdünnte Milch bekommt ihr besser, hat der Tierarzt gesagt!"

„Ach, das bißchen wird sie nicht gleich umbringen. Hilf mir doch mal!"

„Was ist da drin?"

„Kuchenteig, ich will nachher Stollen backen. So, dann wollen wir mal."

„Ach so." Ich gab der Schüssel einen Schubs, daß sie weiter nach hinten rutschte. „Du hast recht, sicher ist sicher."

Oma Mummi hatte Piri bereits auf den Tisch gehoben. Sie streichelte sie ein paarmal beruhigend, dann wurde ihr Griff fester.

„Ich halte sie, und du kannst in aller Ruhe die Ohren einreiben, das ist gar kein Problem."

Als Piri sah, wie ich das Fläschchen mit der milchigen Flüssigkeit aus der Tasche zog und schüttelte, legte sie sofort die Ohren an und versuchte, sich aus Oma Mummis Händen zu winden. Aber Oma Mummi hielt fest. Ich nahm eines der Öhrchen, bog es vorsichtig zurück –

was gegen Piris Willen gar nicht so einfach war – und spritzte ein paar von den Tropfen hinein.

„Na siehst du. Und jetzt noch ein bißchen verreiben", sagte Oma Mummi zufrieden.

Piri lag steif wie ein Stück Holz unter ihren Händen, aber die Ruhe täuschte. Jeder Muskel des kleinen Körpers war bis zum äußersten angespannt. Mit dem Zeigefinger bemühte ich mich, ganz zart die Flüssigkeit im Ohr ein wenig zu verreiben. Piri schien unter Oma Mummis Griff zu schrumpfen.

„So, braves Mädchen! Und nun noch das andere!" Oma Mummi hatte einen zuversichtlich-fröhlichen Ton, obwohl es ihr offensichtlich Mühe machte, Piri festzuhalten, ohne ihr wehzutun.

„Gleich ist alles vorbei, mein Schätzchen!"

War sie leichtsinnig geworden? Hatte sie, ohne es zu merken, den Griff etwas gelockert? Ich setzte gerade die Öffnung der Flasche an das andere Ohr und wollte die Tropfen herausdrücken, als Piri sich aufbäumte, sich in rasender Geschwindigkeit in alle Richtungen zugleich drehte und dabei die Krallen der Hinterpfoten so heftig in Oma Mummis Handgelenke preßte, daß der Armen gar nichts anderes übrigblieb, als loszulassen. Das Fläschchen knallte an die Wand, und Piri sauste vom Tisch.

„Piri!" schrien wir um die Wette. „Piri, komm sofort her! Piri!"

Das war natürlich sinnlos. Zum Glück hatte Oma Mummi die Küchentür geschlossen, weit konnte Piri also nicht fliehen. Aber nun lernten wir, wozu eine kleine verzweifelte Katze fähig ist. Von uns in die Enge getrieben, raste sie von einer Ecke in die andere, sprang auf den Herd, von dort auf den Kühlschrank, ins Abwaschbecken, hinter den Abfalleimer, wieder unter den Tisch und von dort aus zum Fenster. Sie hangelte sich, in dem verzweifelten Versuch, einen Ausweg zu finden, an der Gardine hoch, und ehe ich sie dort abpflücken konnte, saß sie oben auf dem Gardinenbrett.

„Aber Piri, komm doch, mach doch nicht so ein Theater!“ flötete Oma Mummi. „Du bist doch ein kluges Mädchen, schau, deine Öhrchen müssen doch gesund werden!“

Der Appell an ihre Klugheit imponierte Piri überhaupt nicht.

„Freiwillig kommt sie da nicht runter, glaub das ja nicht!“

„Dann steig auf einen Stuhl und hol sie runter!“ befahl Oma Mummi. „Es wäre doch lächerlich, wenn wir nicht mit einer kleinen Katze fertig würden!“

Ich gehorchte. Kaum war ich auf den Stuhl gestiegen und streckte die Arme nach Piri aus, machte sie einen riesigen Satz zum Küchenschrank hinüber, bremste schlitternd und sauste dabei in die Schüssel mit dem Kuchenteig. Oma Mummi stand starr. Den Kopf unter der großen dunkelbraunen Schüssel verborgen, den Körper mit einer beige-gelblichen Schicht überzogen, sah die Katze aus wie ein Riesensteinpilz. Die Oma war über und über mit Teig bedeckt.

Von dem Lärm angelockt, öffnete Oma Lene die Tür. Wie eine Rakete sauste Piri an ihr vorbei in die Freiheit.

„Was ist denn hier los?“

Oma Lene zog entsetzt die Augenbrauen hoch.

„Ach, nichts weiter. Wir haben Piri nur ihre Ohrentropfen verabreicht“, murmelte ich.

Oma Mummi stand wie erstarrt da und schaute das seltsame Wesen an

Für den Rest des Tages bekamen wir Piri nicht mehr zu sehen. Zunächst dachten wir, ehrlich gesagt, auch gar nicht mehr an sie, wir waren viel zu sehr damit beschäftigt, Oma Mummi sauberzukriegen.

„Laß sie", sagte Oma Mummi, als Piri auch abends zum Fressen nicht erschien. „Sie hat Angst. Sie muß den Schock erst mal überwinden und merken, daß wir sie nicht sofort wieder einfangen wollen, um ihr die blöden Tropfen in die Ohren zu spritzen."

Sie sagte wirklich *blöde Tropfen.*

Als ich am nächsten Tag aus der Schule kam, war Oma Mummi ziemlich blaß.

„Sie ist immer noch nicht da", murmelte sie bedrückt. „Ich habe sie überall gesucht."

„Auch draußen?"

„Die ganze Straße rauf und runter. Oma Lene und ich haben immer abwechselnd nach ihr gerufen. Bei der Kälte müßte sie doch endlich heimkommen!"

Mein Herz sank. Ich wurde von panischer Angst ergriffen. War sie uns weggelaufen? War sie in ihrer Angst unter ein Auto gerast und überfahren worden und lag nun tot oder schwerverletzt unter einem Gebüsch? War sie in ihrer Panik vielleicht so weit fortgelaufen, daß sie nicht mehr nach Hause fand?

Den ganzen Nachmittag suchte ich nach ihr, drinnen und draußen. Ich fragte die Nachbarn, rief die Polizei an und den Tierschutzverein – niemand hatte Piri gesehen.

„Nun, warten wir ab", tröstete Oma Mummi sich und uns. „Katzen haben oft Verstecke, die für Menschen unzugänglich sind. Wenn sie Hunger hat, wird sie schon kommen."

Beruhigt waren wir deshalb noch lange nicht.

„Komm, du kannst mir helfen", sagte Oma Lene. „Arbeit lenkt einen am ehesten ab, wenn man Kummer hat. Hier, nimm die Wäsche und stopf sie zu dem anderen Zeug in die Waschmaschine, die ist schon halbvoll, du kannst sie dann anstellen. Auf Buntwäsche, sechzig Grad, du weißt ja, wie das geht. Aber vergiß das Waschmittel nicht. Anderthalb Becher voll."

„Okay, ich weiß schon."

Ich nahm die Wäsche und stieg in den Keller hinunter. Um die schwere Eisentür zu öffnen, mußte ich die Wäsche fallen lassen. Ich fluchte leise, öffnete die Tür und sammelte die Wäsche wieder ein. Dann hatte ich vergessen, das Licht anzuknipsen. Na, das bißchen Tageslicht reichte gerade noch. Ich feuerte die Wäsche zu der anderen in die Maschine, füllte das Waschmittel ein und schloß den Deckel. Zum Einstellen mußte ich doch das Licht anschalten. So, Programmschalter auf Buntwäsche, Temperatur sechzig Grad ... Und ...

Ich weiß nicht, was es war. Ein Gefühl, als hätte mich jemand an der Hand berührt, als ich einschalten wollte. Oder war es eine innere Stimme, die mir befahl, noch einmal nachzusehen, ob alles in Ordnung war? Jedenfalls überfiel mich plötzlich eine solche Unruhe, daß ich den Deckel noch einmal öffnete.

Die Wäsche bewegte sich. Zwischen Tischtüchern, Schürzen und bunten Hemden erschien ein kleiner schwarzer Kopf, ein rosa Rachen weitete sich zu einem gewaltigen Gähnen.

„Piri ... mein Gott!"

Mir wurde ganz schlecht bei dem Gedanken, was um ein Haar geschehen wäre. Ich war so fertig, daß ich zu weinen anfing. Piri sprang auf den Boden und strich schnurrend um meine Beine. Sanft rieb sie ihren Kopf an mir.

Wie war sie hier hereingekommen? Die Tür mußte offengestanden haben. Vielleicht hatte Oma Lene gerade den Korb mit Wäsche hinaufgetragen und war später zurückgekommen, um die Tür zu schließen. Durch die dikke Eisentür konnte man Piris Maunzen natürlich nicht hören. Und da die Tür normalerweise geschlossen war, hatte sie niemand dort vermutet. Oder wenigstens nicht in die Waschmaschine geschaut. Nicht einmal ich war auf den Gedanken gekommen!

Ich nahm Piri auf den Arm und ging zu den beiden Omas hinauf. Denen wurde genauso schlecht, als ich erzählte, was geschehen war. Wir saßen alle drei um den Küchentisch und stöhnten und waren zugleich glücklich. Und Piri futterte, bis ihr Bäuchlein einem prall gefüllten Mehlsack glich. Dann sprang sie auf meinen Schoß, putzte sich, rollte sich zusammen und schlief ein.

„Trotzdem“, murmelte Oma Mummi. „Ohrenmedizin muß sein. In einer Woche versuchen wir es wieder.“

Das Weihnachtsgeschenk

Vier Tage noch bis zum Heiligen Abend, und ich hatte das Geschenk für Mutti erst halb fertig! So konnte es nicht weitergehen. Ich beschloß, eine Nachtschicht einzulegen – ausschlafen konnte ich schließlich in den Ferien.

Gleich nach dem Abendbrot sagte ich allen gute Nacht und zog mich in mein Zimmer zurück. Um mich wachzuhalten, stellte ich das Radio an, dann konnte es losgehen.

Piri sah mir eine Weile zu, dann gähnte sie gelangweilt und zog sich auf mein Bett zurück. Ich fand es ein bißchen gemein, daß sie einfach einschlief, wo ich doch selber schon so müde war, aber sie mußte ja auch kein Weihnachtsgeschenk fertigkriegen. Doch ich hatte mir nun mal fest vorgenommen, diese blöde Mütze zu strikken.

Am Anfang ging es wirklich prima, sie brachten ein Krimihörspiel im Radio, das war so spannend, daß ich meine Müdigkeit vergaß. Die Mütze wuchs. Dann gab es Musik zum Träumen, nicht sehr aufmunternd. Ich stellte mir die Leute vor, die nachts arbeiten müssen. Lokomotivführer zum Beispiel. Ich stellte mir vor, im Führerhaus einer Lok durch die Nacht zu brausen, ich stellte es mir so genau vor, daß ich das Rattern der Räder hörte und die Schienen vor mir im Licht der Scheinwerfer sah, die schattenhaften Umrisse der Bäume und Häuser rechts und links. Der Schneeregen klatschte an die Scheiben meiner Lok, Lichtsignale tauchten aus der Dunkelheit auf und schossen vorbei, immer schneller, immer schneller … ratatam … ratatatam …

Ich wachte davon auf, daß etwas an meinem Finger ruckte und zog. Wieso saß ich im Sessel und lag nicht in meinem Bett? Und warum hielt ich zwei Stricknadeln in der Hand und diesen Faden, der meinen Finger einschnürte, weil jemand wild daran herumzerrte? Was sollte das Wollknäuel inmitten dieser Wüste aus bunten Fäden auf meinem Teppich und der kleine schwarze Kobold, der einen Faden zwischen den Zähnen hatte und daran zog und zog?

Schlagartig wurde ich wach.

„Meine Mütze! Mein Weihnachtsgeschenk! Piri, du Ungeheuer, was hast du mit meinem Strickzeug gemacht? Alles aufgetrennt, ja bist du denn noch zu retten! Und ich hab mich so damit abgequält!"

Piri hatte gerade das Wollknäuel mit den Vorderpfoten gepackt. Sie preßte es wie eine Beute an sich, rollte sich auf den Rücken und bearbeitete es mit den Hinterpfoten.

Ich war so verzweifelt, daß ich kein Wort mehr herausbrachte. Stumm sammelte ich die Reste meines Werkes ein, stopfte alles in den Schrank und verkroch mich ins Bett.

Als ich das Licht löschte, kam Piri zu mir und kuschelte sich an mich. Und als ich morgens aufwachte, mit einem Gefühl dumpfer Verzweiflung im Bauch, lag sie immer noch so da, zärtlich, lieb, vertrauensvoll und äußerst zufrieden.

Was sollte ich jetzt bloß machen? In vier Tagen eine neue Mütze stricken? Unmöglich! Das schaffte ich nie. Aber was dann?

Piri öffnete ein Auge halb, blinzelte zu mir hinauf und rollte sich dann noch ein wenig enger zusammen. Ganz leise strich ich ihr über den Kopf.

Und plötzlich kam mir die Erleuchtung. Ich würde für Mutti ein Buch über Piri machen! Vati hatte in den vergangenen Wochen eine Menge lustiger Fotos von Piri gemacht, die würde ich in ein Album kleben und dazwischen lustige Geschichten über unsere freche kleine Katze schreiben – alles, was wir bisher mit ihr erlebt hatten. Das Ganze mit ein paar witzigen Zeichnungen verziert.

Der Plan versetzte mich sofort in Superlaune. Den ganzen Vormittag in der Schule dachte ich an nichts anderes, und gleich nach dem Mittagessen zog ich los, um ein hübsches Album auszusuchen.

Mein letztes Taschengeld ging dabei drauf, aber ich fand in einem Laden ein ganz tolles Album, in leuchtendrotes Leinen gebunden. Da konnte ich gut aus bunten Filzresten die Buchstaben *Piri* draufkleben – und vielleicht noch eine kleine Katze mit einem Buckel. Oma Mummi konnte mir beim Ausschneiden helfen.

Diesmal wurde es wirklich eine Nachtschicht. Aber die Arbeit an dem Buch machte mir soviel Freude, daß ich gar nicht müde wurde. Immer neue Geschichten fielen mir ein, und bald war das Album bis zur letzten Seite mit Piris Abenteuern und Piris Fotos gefüllt. Am liebsten hätte ich Mutti mein Werk sofort gezeigt, so gut gefiel es mir.

Endlich war der Weihnachtsabend gekommen. Wir mußten alle auf dem Flur warten, bis Vati die Kerzen am Baum angezündet hatte, dann läutete das Glöckchen, und die Tür wurde geöffnet.

Ich hielt Piri auf dem Arm. Ihre Augen wurden groß, als sie den buntgeschmückten Christbaum mit den glänzenden Kugeln sah. Piris erstes Weihnachten! Sacht setzte ich sie vor mir auf den Teppich. Mit hochaufgerichtetem Schwanz schritt Piri auf den Baum zu. Einen Meter davor machte sie halt und setzte sich aufrecht hin. Ihre Augen verfolgten interessiert das leise Flackern und Knistern der Kerzen. Wir lächelten gerührt.

Wie immer setzten wir uns im Kreis, und Vati begann die Weihnachtsgeschichte vorzulesen.

Klick! machte es. Ich schielte zu Piri hinunter. Sie war

aufgestanden und hatte begonnen, die Krippenfiguren näher zu untersuchen. Einer der Hirten lag bereits auf der Nase. Jetzt tippte sie den Mohrenkönig an, der wankte und sank an die Schulter Josefs. Josef fiel über die Krippe, und dann lag auch Maria im Moos.

„Pssst, Piri, pfui, laß das!" wisperte ich.

Oma Lene stimmte *Stille Nacht, heilige Nacht* an – wie immer ein paar Töne zu hoch. Oma Mummi versuchte es eine Oktave tiefer und brummte wie eine alte Kaffeemaschine. Piri hatte jetzt alle Krippenfiguren schlafen gelegt und wandte sich dem Baum zu. Eine leuchtend rote Kugel weckte ihr besonderes Interesse. Pitsch! Die Kugel begann zu schaukeln. Patsch! Die Kugel rutschte nach vorn, löste sich vom Zweig und fiel zu Boden.

Darauf hatte Piri gewartet. Klack – klick – klick – klack ging es kreuz und quer durchs Zimmer. Schließlich landete die Kugel zwischen Vatis Füßen und blieb dort stecken. Vati hob die Kugel zu Piris Ärger auf und behielt sie in der Hand. Piri versuchte, sie ihm abzunehmen, dann wandte sie sich wieder dem Baum zu. Da gab es schließlich noch mehr Kugeln, die himmelblaue dort oben zum Beispiel! Piri duckte sich, nahm kurz Maß und schnellte in die Höhe.

„... in hiiimmlischer Ruhuuu", sang Oma Lene gerade in einer Höhe, die keiner von uns mehr erreichte, da senkte sich der Baum langsam ihr entgegen. Vati gelang es gerade noch, ihn aufzuhalten. Piri landete mitsamt den Scherben der blauen Kugel zu seinen Füßen.

„Nun ja, meine Lieben – fröhliche Weihnachten", brummte Vati vergnügt. „Als Janni so klein war, war es schließlich auch nicht anders."

„Schlimmer!“ sagte Mutti lachend. „Ich glaube, wir binden erst mal den Baum fest.“

Oma Mummi sammelte die Scherben ein, und Oma Lene schaute ein bißchen pikiert, weil sie um die richtige Rührung gekommen war. Dann packten wir unsere Geschenke aus, und Piri bekam viel Raschelpapier zum Drinrumtoben.

Mutti umarmte mich ganz fest aus Freude über das schöne Katzenbuch und las den ganzen Abend darin. Und jeder versicherte jedem, wie überaus er verwöhnt worden sei!

Vati hatte den Baum so festgebunden, daß er den größten Sturm unbeschadet überstanden hätte. Oma Mummi und ich ließen Piri nicht mehr aus den Augen, wenn sie sich den Kugeln näherte. Im Chor riefen wir: „Nein, Piri, pfui!“ bis es Piri gar keinen Spaß mehr machte, sich an die Kugeln heranzuschleichen – jedenfalls nicht, solange wir alle im Zimmer waren.

„Die Krippe!“ sagte Oma Lene vorwurfsvoll. „Stellt doch die Krippenfiguren wieder auf, wie sieht denn das aus!“

„Wie denn?“ widersprach Vati lachend. „Laß sie doch liegen. Sie haben eine anstrengende Nacht hinter sich, von der Reise ganz zu schweigen. Sie schlafen eben jetzt!“

„In himmlischer Ruhuuu“, fügte ich hinzu.

Piri gewinnt alle Herzen

Eine seltsame Krankheit

Ich sah sofort, daß Helga geweint hatte, als sie mit fast zwei Stunden Verspätung in den Biounterricht platzte und Frau Böck stumm ihren Entschuldigungszettel überreichte. Kaum hatte die Böck sich wieder zur Tafel gedreht, kritzelte ich auf die letzte Seite meines Heftes: „Was ist los?" und schob es Helga hin.

Helga schüttelte stumm den Kopf. Sie schien irgendwie ganz weit weg zu sein, und es beunruhigte mich, daß meine beste Freundin mich gar nicht richtig wahrzunehmen schien. Wieder kritzelte ich eine Botschaft auf den

Rand des Blattes: „Bio bei der Böck ist mal wieder der letzte Hammer, einfach ätzend!“

Helga lächelte nicht einmal. Sie starrte in Richtung Tafel, auf den Rücken der Böck, die mit schnellen Bewegungen den vielfach vergrößerten Leib eines Mehlwurms zeichnete.

Ich riß ein Stück der Seite heraus und schrieb: „Mir ist auch ziemlich mies. Ich mache mir Sorgen um Piri, sie benimmt sich so komisch!“

„Was machst du da, Janni?“

Wie von einem Katapult abgefeuert schoß ich hoch. Wie kam die Böck so schnell an meinen Platz?

„Ich … ach … oh, gar nichts!“

„Gar nichts? Zeig mal her!“

Frau Böck nahm mir den Zettel mit spitzen Fingern aus der Hand, als könne er sie beißen. Mannomann, hatte ich ein Glück, daß unsere Biolehrerin meine vorige Botschaft nicht erwischt hatte. Die hätte ihr wohl kaum gefallen!

„Wer ist Piri?“ fragte die Böck, ihre typische Montagmorgenfalte auf der Stirn.

„Meine Katze. Ich mache mir Sorgen um sie, ich glaube, sie ist krank“, sagte ich, bemüht, meiner Stimme den Klang tiefer Betrübnis zu geben.

„Du hilfst deiner Katze ganz sicher nicht dadurch, daß du im Biologieunterricht unaufmerksam bist. Mit zwölf Jahren sollte man das eigentlich begriffen haben, zumal, wenn man es sich nicht leisten kann, eine schlechte Note zu bekommen!“

„Ich weiß, es tut mir leid.“

Mit der von mir erwarteten Portion Zerknirschung im Gesicht setzte ich mich kerzengerade auf meinen Platz und starrte auf die Tafel mit dem Riesenmehlwurm. Kaum hatte die Böck sich wieder abgewandt, schob mir Helga einen Zettel unter die Hand.

Blöde Kuh! stand darauf. *Mach dir nichts draus!* Ich atmete auf. Helga war aus ihrer merkwürdigen Starre erwacht, wenn sie auch immer noch so traurig aussah, daß mir ganz mulmig wurde.

„Was ist denn mit Piri los?“ fragte sie, als es endlich zur Pause läutete und wir in die Halle hinuntergingen.

„Erst sag mir mal, was mit dir los ist! Ich mache mir Sorgen um dich.“

„Ach“, Helga zuckte ausweichend mit den Achseln und lief ein paar Schritte voraus. Ein paar aus der Neunten drängten sich zwischen uns, und Helga schien das ganz recht zu sein. Doch unten am Fuß der Treppe schien sie es sich anders überlegt zu haben. Sie drehte sich zu mir um und sah mir voll ins Gesicht.

„Lucky ist tot“, sagte sie rauh.

„Was?“ stammelte ich. „Aber … aber wie ist das möglich, gestern war sie doch noch …“

„Sie ist angefahren worden“, unterbrach mich Helga. „Heute früh, als die Heizungsmonteure in den Hof fuhren. Du weißt ja, sie war sehr alt und hörte und sah nicht mehr gut. Der Fahrer konnte nichts dafür, er fuhr nicht einmal schnell. Sie ist wie im Schlaf in das Auto reingelaufen.“

„Und?“

„Wir sind gleich mit ihr zum Tierarzt gefahren. Noch auf dem Weg ist sie gestorben. Der Tierarzt meint, sie könne nichts mehr gespürt haben, auch wenn sie noch geatmet hat.“

Helga schluckte. Ich legte stumm meinen Arm um ihre Schultern, sagen konnte ich nichts. Ich fühlte mich verdammt hilflos. Na schön, Lucky war eine sehr alte Katze gewesen, und wer weiß, was ihr durch den schnellen Tod erspart geblieben war. Aber sie war die letzte von Helgas Katzen gewesen und hatte Helga durch all ihre Kinderjahre begleitet, war ihr bester Spielkamerad gewesen, ihre liebste Freundin. Als hätte Helga meine Gedanken erraten, begann sie von Lucky zu erzählen. Mehrere Katzen hatten sie gehabt, mit vielen hatte sie eine enge Freundschaft verbunden, sie hatte sich über sie gefreut, um sie gesorgt und getrauert, wenn sie ihr Katzenleben beendet hatten, aber Lucky – Lucky war etwas ganz Besonderes gewesen.

„Aber was ist denn nun mit Piri?" fragte Helga schließlich, als wolle sie alle Gedanken an Luckys Tod abschütteln.

„Ach, das ist doch jetzt nicht so wichtig."

„Und ob es wichtig ist! Nun erzähl schon!"

„Na ja, sie benimmt sich so merkwürdig. Als ob sie starke Schmerzen hätte. Sie wälzt sich und jault ganz grauenvoll; dabei starrt sie mich dauernd an, ist furchtbar zärtlich ... was kann das sein?"

Helga sah mich prüfend von der Seite an. „Was sagen denn deine Omas dazu?"

„Daß Oma Lene nichts von Katzen versteht, weißt du ja. Ich bin froh, daß sie Piri so liebgewonnen hat und keine Rede mehr davon ist, sie wäre gegen Katzen allergisch. Und Oma Mummi ... na ja, das ist komisch. Ich habe sie gefragt, und sie hat nur gebrummt!"

Jetzt lachte Helga zum erstenmal wieder. „Sie hat was?"

„Gebrummt! Und dann hat sie mich abgewimmelt,

hat alles mögliche andere gefragt, ob ich meine Schuhe geputzt hätte und ob ich auch nicht vergessen hätte, den Brief an ihre Freundin Olga einzustecken. Dabei ist der schon seit drei Tagen weg!“

„Weißt du was“, sagte Helga und hakte sich bei mir ein, „ich werde heute nachmittag zu dir kommen und mir Piri ansehen. Ich hab zwar Klavierstunde und muß vorher meine Hausaufgaben machen, aber gegen halb sechs könnte ich für eine halbe Stunde bei dir reinschauen.“

„Super! Vielleicht findest du heraus, was ihr fehlt. Ich habe wirklich keine Lust, mit ihr schon wieder zum Tierarzt zu gehen. Das Affentheater, das sie im Bus aufgeführt hat, möchte ich so bald nicht wieder erleben!“ seufzte ich.

„Sie ist eben eine richtige Prinzessin“, bemerkte Helga anzüglich, denn genau das behaupte ich immer. „Und für Prinzessinnen ist das Benutzen öffentlicher Verkehrsmittel eine Zumutung!“

Als Helga am späten Nachmittag mein Zimmer betrat – ich habe mein eigenes Reich im Keller unseres Hauses, mit Dusche und Vorraum und einem eigenen Eingang zum Garten hinaus –, lag Piri selbstvergessen auf meinem Bett und putzte sich. Nichts Ungewöhnliches war an ihr zu entdecken. Sie ließ sich von Helga streicheln, sprang ihr schnurrend auf den Schoß, rieb ihr Köpfchen an Helgas Schulter und spielte so selbstvergessen mit ihr, daß ich fast eifersüchtig geworden wäre, wäre Helga nicht meine einzige und beste Freundin und so hübsch und lieb und sanft, daß man sie einfach gernhaben muß.

„Es scheint ihr wieder gutzugehen“, meinte Helga endlich und malte mit dem Zeigefinger das kleine goldgelbe Flämmchen nach, das Piris Stirn ziert wie ein Diadem. Dann kraulte sie zärtlich das hell-dunkel gestromte Fell, befühlte das Bäuchlein und setzte Piri schließlich vor sich auf den Boden.

„Nein, wirklich, ich kann nichts Krankes an ihr finden. Vielleicht war es ein vorübergehendes Unwohlsein."

Piri kam zu mir herüber und sprang mir auf den Schoß.

„Ja, es scheint wirklich so, ich bin froh, daß es ihr wieder gutgeht."

„Du, ich muß gehen, ich hab Mutti versprochen, auf dem Heimweg noch für sie einzukaufen."

„Gut. Und ich werde Piris Mahlzeit bereiten. Es war lieb, daß du gekommen bist."

„Ist doch logisch. Was bekommt denn unsere Königliche Hoheit heute?" Helga nahm Piri noch einmal auf den Arm, um sich von ihr zu verabschieden.

„Heute sind Geflügelhäppchen dran. Gestern hatten wir Herzragout. Dieses Dosenfutter ist wirklich eine tolle Erfindung, appetitlich, praktisch, es duftet köstlich, und du kannst sicher sein, daß deine Katze alle Nährstoffe bekommt, die sie braucht."

„Frißt sie eigentlich auch Trockenfutter?"

„Leidenschaftlich gern! Dazu trinkt sie viel. Aber was frißt sie nicht gern? Es ist schon ein Problem, ständig aufzupassen, daß sie nichts erwischt, was ihr nicht bekommt."

„Glaubst du wirklich, daß das so schlimm ist? Ich denke immer, Katzen wissen schon, was ihnen guttut und was nicht."

„Wenn das wirklich stimmte", bemerkte ich erfahren,

„dann würden nicht so viele Katzen an heimtückischen Krankheiten sterben! Hast du gewußt, daß rohes Schweinefleisch und rohe Innereien vom Schwein einen Virus übertragen können, der für Katzen absolut tödlich ist? Sie gehen innerhalb weniger Tage oder Wochen jämmerlich ein, und es gibt kein Mittel dagegen!"

„Aber daß man ihnen keine Milch geben soll, das finde ich wirklich übertrieben! Wo sie Milch doch so lieben ..."

„Aber Milch erzeugt nun mal Durchfall", widersprach ich, „und da ist es doch wirklich besser, darauf zu verzichten, oder man gibt ihnen verdünnte Dosenmilch, die schmeckt ihnen und sie vertragen sie!"

Helga lachte auf.

„Du redest schon wie ein Tierarzt. Na schön, Frau Doktor, ich werde es mir merken. Wenn ich je wieder eine Katze haben werde. Vorerst möchte ich gar keine. Die Erinnerung an Lucky ist noch so frisch. Du, ich muß jetzt wirklich gehen! Der Supermarkt schließt in zwanzig Minuten. Tschüs, Janni, tschüs, Pirilein!"

„Ciao, Helga, bis morgen!"

Helga ging, und ich schaute zu Piri hinüber, die zum Fenster gesprungen war und in den dunklen Garten hinausstarrte. Plötzlich entrang sich ihrer kleinen Kehle ein so schauerlich röhrender, tiefer Klagelaut, wie ich ihn noch nie von ihr gehört hatte. Ich war zu Tode erschrokken. Hatte sie Schmerzen? Was fehlte ihr? Ich lief zu ihr hin und beugte mich zu ihr hinunter.

„Piri! Pirilein, meine Kleine, was ist denn?"

Vorsichtig nahm ich sie auf den Arm. Piri kuschelte sich an mich und schnurrte glücklich. Einen kranken

„Piri, meine Kleine, was ist denn?“ sagte ich leise

Eindruck machte sie nicht gerade, im Gegenteil! Sie schien mir ausgesprochen munter und unternehmungslustig. Ich setzte sie wieder auf den Boden.

Piri lief ein paarmal zwischen Tür und Fenster hin und her, dann sprang sie aufs Bett, von dort aus auf den Nachttisch, den großen Sessel und schließlich wieder zu mir. Sie legte sich vor mir auf den Teppich und rollte sich auf dem Rücken wild hin und her. Was sollte das seltsame Betragen? Als sie nun ein zweites Mal dieses schreckliche Geheul von sich gab, wurde mir angst und bange.

Zum Glück schaute Oma Mummi gerade herein. Sie

tat, als bemerke sie Piris Verhalten gar nicht und drückte mir eine Schüssel mit einem Rest Kuchenteig in die Hand.

„Da, zum Auslecken. Den magst du doch so gern."

„Oma Mummi!" Meine Stimme klang kläglich. „Schau dir Piri an! Hat sie den Verstand verloren? Sie spielt total verrückt!"

„Ach was, das vergeht wieder", brummte Oma Mummi und wandte sich zur Tür. „Wart's nur ab!"

„Aber etwas muß doch mit ihr los sein!"

„Klar ist was mit ihr los. Sie ist rollig."

Der Familienrat tagt

An diesem Abend gab es eine eingehende Diskussion im Familienkreis.

„Piri ist rollig!" platzte ich mit der Neuigkeit heraus, als wir alle um den Abendbrottisch versammelt saßen.

„Piri ist was?" fragte Vati mit erstaunt hochgezogenen Augenbrauen.

„Rollig. Das, was man bei Hündinnen läufig nennt. Sie sucht einen Mann. Ich meine, einen Kater!"

„Ach du lieber Himmel." Mutti blieb vor Schreck ein Stück Schinkenbrot in der Kehle stecken, sie mußte husten. „Kann man was dagegen tun?"

„Was willst du dagegen tun, das ist die Natur", brummte Oma Mummi und warf einen spähenden Blick in die Runde. „Sie wird's überleben und wir auch."

Oma Mummi ist Muttis Mutter und das, was Vati „ein

Gemütsmensch“ nennt. Oma Lene, Vatis Mutter, die früher Lehrerin war und nun auch bei uns lebt, richtete sich kerzengerade auf und sah Oma Mummi streng an. So mußte sie früher ihre Klasse angeschaut haben, wenn zu laut geschwatzt wurde.

„Willst du damit sagen, daß Piri Junge bekommt? Daß wir bald das Haus voller junger Katzen haben werden?“

„Vielleicht, vielleicht auch nicht“, antwortete Oma Mummi vorsichtig, „das kommt darauf an.“

„Das kommt worauf an?“

„Nun, erst einmal müßte sich ja ein Kater einfinden. Und ich habe hier in unserer Nähe noch keinen gesehen. Und zweitens hängt es von unserer Entscheidung ab, ob wir sie einmal werfen lassen wollen oder nicht. Wenn nicht, dann müßten wir sie schnellstens sterilisieren lassen.“

„Wir können sie doch einfach einsperren“, meinte Mutti fröhlich, „das bißchen Rolligkeit wird ja nicht ewig dauern.“

Oma Mummi kicherte.

„Da wirst du aber staunen! Du hast scheinbar noch nie eine rollige Katze erlebt. Vermutlich wirst du die erste sein, die sie rausläßt.“

„Ich, wieso?“

„Weil dein weiches Herz es nicht ertragen wird, deine arme Piri schmachten zu sehen vor Sehnsucht! Wenn sie dir von morgens bis abends die Ohren vollgejault hat, wirst du ihr spätestens abends, nach dem dritten vergeblichen Versuch einzuschlafen, die Tür öffnen.“

„Na, so schlimm kann es doch nicht sein“, widersprach Vati und schnappte sich die letzte Schinkenscheibe von der Platte. „Und hier oben hören wir es ja nicht."

Als hätte sie seine Worte gehört, legte Piri in meinem Zimmer unten mit ihrer Liebesklage los. Der Ton erfüllte das ganze Haus, man konnte eine Gänsehaut kriegen, so schauerlich klagend klang es. Vati verlor vor Schreck die Schinkenscheibe von seiner Gabel. Er räusperte sich.

„Tja, hm, also, was haben wir für Alternativen? Sterilisieren, sagst du?"

„Das würde ich auf jeden Fall tun", antwortete Oma Mummi mit Nachdruck. „Es wäre eine unverzeihliche Dummheit, sie jedes Jahr zwei- bis dreimal werfen zu lassen! Für Piri wäre es eine unzumutbare körperliche Belastung, und wir müßten jedes Jahr mehrmals mit dem Problem fertig werden, wie wir gute Plätze für die Katzenkinder beschaffen! Das ist nicht so leicht, das könnt ihr mir glauben! Schließlich wollen wir ja nicht, daß die Kleinen in irgendeiner obskuren Tierhandlung oder in einem Versuchslabor landen, oder?"

„Um Himmels willen, Piris Kinder dürften nur in ganz erstklassige Hände kommen!" rief Mutti aus. „Ich würde die Leute vorher genau unter die Lupe nehmen und nur die zuverlässigsten auswählen!"

„Eben!" sagte Oma Mummi. „Das würde dir vielleicht beim ersten Mal gelingen, aber es würde von einem Wurf zum anderen schwerer werden. Deshalb sollten wir gar nicht erst damit anfangen, kleine Katzen aufzuziehen."

„Aber es ist so ein Eingriff in die Natur! Ich weiß nicht, so eine schwere Operation, das kann man unserer kleinen Piri doch nicht antun!“ warf Oma Lene kopfschüttelnd ein. „Kann man nicht die kleinen Kätzchen, sofort, wenn sie auf die Welt kommen, schnell und schmerzlos tö ...“

Ein Sturm der Empörung schnitt Oma Lene das Wort ab, ehe sie es überhaupt ausgesprochen hatte. Töten! Nein, zu so einer Grausamkeit würde sich keiner von uns hergeben! Und an Piris Kummer, wenn sie nach ihren Neugeborenen suchte, dachte Oma Lene wohl gar nicht? Wie zur Bestätigung jaulte Piri unten in meinem Zimmer jämmerlich auf.

„Seid vernünftig, Kinder“, mahnte Oma Mummi. „Natürlich sind Katzenkinder etwas ganz Bezauberndes. Trotzdem ist es klüger, Piri sterilisieren zu lassen, sobald die Rolligkeit vorbei ist. Diese paar Tage müssen wir ihr Theater eben ertragen.“

„Es ist ja auch gar kein Kater da“, bemerkte Vati zuversichtlich. „Wir reden hier so, als stünde der Nachwuchs bereits ins Haus, dabei ist es gar nicht sicher, ob überhaupt etwas passiert!“

Damit beruhigten wir uns zunächst alle. Wer konnte denn sagen, ob die erwartete Katzenhochzeit überhaupt stattfand? Und wenn ja, ob sie auch Folgen hatte?

Als ich in mein Zimmer zurückkehrte, sprang mir Piri ungeduldig entgegen. Sie rieb ihr Köpfchen heftig an meinem Bein und bettelte darum, hinausgelassen zu werden. Ich seufzte. Da hatte ich anstrengende Tage vor mir! Wie sollte ich meiner kleinen Katze begreiflich machen, warum ich sie einsperrte und nicht wie gewöhnlich in den Garten ließ?

Zunächst einmal konnte ich sie mit einem Spiel ablenken. Ich knüllte ein Stück Papier zusammen und ließ es über den Teppich rollen. Piri sprang der raschelnden Kugel nach, trieb sie ein paarmal mit heftigen Pfotenhieben kreuz und quer durchs Zimmer, dann packte sie die Beute mit dem Maul und trug sie hinter den Sessel, wo das Papierbällchen unbeachtet liegenblieb. Piri trabte erneut zur Tür und verlangte energisch danach, hinausgelassen zu werden.

Als ich sie nicht beachtete, strich sie an der Fensterwand entlang bis zu der Stelle, an der sich ihr Katzenausgang befindet. In der wärmeren Jahreszeit ist er nur mit einem Stück Teppich bedeckt, jetzt im Winter mit einem festen Holzbrett verschlossen. Piri kratzte ärgerlich an dem Holzbrett und schaute mich auffordernd an, als wollte sie sagen: „Hast du denn immer noch nicht kapiert, was ich will, du scheinst mit offenen Augen zu schlafen!“

„Sei vernünftig, Schätzchen!“ beschwor ich sie. „Ich weiß, es ist nicht schön, den ganzen Tag eingesperrt zu sein, aber es geht nun mal nicht anders. Nur ein paar Tage!“

Piri wandte sich beleidigt ab. Sie marschierte zur Terrassentür zurück und begann nun, diese mit ihren Krallen zu bearbeiten.

„Hör auf, Piri!“ schimpfte ich. „Das ist ganz sinnlos, ich laß dich nicht raus!“

„Na, wie geht's unserer kleinen Prinzessin?“

Mutti war unbemerkt ins Zimmer gekommen und sah sich um. Kaum hatte Piri sie entdeckt, sprang sie ihr entgegen und umschmeichelte sie schnurrend. Dann lief sie zurück zur Terrassentür und schaute Mutti auffordernd an.

„Ich werde mir heute nacht Watte in die Ohren stopfen müssen, du glaubst nicht, was sie für ein Theater macht!" jammerte ich.

„Piri!" flötete Mutti. „Piri, komm her zu Frauchen! Was macht denn meine Kleine für Sachen! Komm her, mein Schätzchen, schön brav sein!"

Piri beachtete Mutti nicht weiter. Sie starrte in den Garten hinaus und ließ eine Jaularie von solcher Lautstärke los, daß Mutti und mir das Blut in den Adern gefror. Das Gespenst von Canterville war eine jubelnde Lerche dagegen.

„Mein armer, süßer Fratz", seufzte Mutti, „du tust mir so leid!"

Ich mußte an Oma Mummis Worte denken.

Piri legte sich vor Mutti auf den Boden und begann sich wild hin und her zu rollen.

„Weißt du was?" sagte Mutti, nachdem sie Piri eine Weile beobachtet hatte. „Ich gehe jetzt in den Garten und schaue mich um, ob irgendwo ein Kater zu sehen ist. Wenn die Luft rein ist, klopfe ich an die Tür, und du kannst sie für einen Augenblick hinauslassen. Bei der Kälte wird sie sicher nicht lange draußen bleiben."

„Wenn du meinst ... versuchen wir's."

Mir war zwar nicht klar, wie Mutti in der Dunkelheit einen Kater erkennen wollte, aber als sie kurz darauf an die Terrassentür klopfte, öffnete ich und ließ Piri hinaus. Piri flitzte in die Dunkelheit. Bald darauf hörten wir ihre Stimme aus dem großen Apfelbaum. Weit hallend klang ihr verzweifeltes Liebesklagen durch die Nacht. Sehr wohl war mir nicht dabei.

Erstaunlicherweise kam Piri tatsächlich nach einer halben Stunde zurück, putzte sich gründlich und legte sich schlafen. Allerdings war es wirklich sehr kalt draußen, und der Gedanke, daß das eisige Winterwetter ihre Liebesglut abzukühlen in der Lage war, beruhigte mich ein bißchen. Bald darauf lag auch ich im Bett und schlief ein.

Das Katerkonzert

Ich erwachte mitten in der Nacht von einem ohrenbetäubenden mehrstimmigen Gekreisch. Atemlos lauschte ich ins Dunkel. Piri saß am Fenster und starrte hinaus. Im Mondlicht erkannte ich die neugierig gespitzten Ohren, den hochaufgerichteten Körper und den aufgeregt hin und her peitschenden Schwanz. Eine Weile blieb draußen alles still, aber dann setzten die Stimmen wieder ein. Erst verhalten und drohend, eine Mischung aus Knurren und Jaulen, dann steigerte sich der Wettstreit zu einem klagenden Gesang, um schließlich wieder in Fauchen und Kreischen überzugehen.

Das Spiel wiederholte sich mehrmals, mal näher, mal ferner. Ich stieg aus dem Bett, wickelte mich in meine Decke und hockte mich neben Piri ans Fenster. Ich war jetzt hellwach. Erstaunlicherweise zeigte sie kein Bedürfnis, in den Garten hinausgelassen zu werden. Sie starrte zu den Büschen hinüber in einer Mischung aus Angst und Faszination. Zwischendurch sah sie mich an, strich an mir entlang und rieb ihr Köpfchen an meiner Schulter, als wollte sie sagen: Ist das nicht aufregend? Fremde Katzen in unserem Garten!

Wieder steigerte sich der Katergesang zu hysterischem Kreischen. Jetzt jagten zwei Gestalten über den Rasen, schrien noch einmal, als ginge es um ihr Leben, dann war alles still.

Waren sie fort? Piri maunzte enttäuscht. Draußen rührte sich nichts mehr. Damit war Piri nun gar nicht einverstanden, sie ließ einen lauten, fordernden Liebesschrei los.

„Ruhe!“ sagte ich streng. „Weißt du eigentlich, wie spät es ist? Mitten in der Nacht! Ich will jetzt schlafen, ich bin todmüde!“

Das interessierte Piri wenig, sie wünschte sich sehnlichst Gesellschaft. Ihr Gesang war herzzerreißend, aber ich blieb stark. Ich kroch in mein Bett, rollte mich in meine Decke und zog mir das Kopfkissen über die Ohren.

Der nächste Tag war ein schulfreier Samstag, und ich konnte ausschlafen. Ich weiß nicht, wie lange Piri ihr Konzert fortgesetzt hatte. Als ich erwachte – draußen war es gerade hell geworden –, lag sie zusammengerollt in der Mulde meiner Kniekehlen und schlief. Vorsichtig zog ich meine Beine weg und stand auf, um die Lüftungsklappe über der Tür zu schließen und einen Blick in den Garten zu werfen.

Was ich draußen sah, verblüffte mich über alle Maßen. Rundum in Büschen und Bäumen, in gebührendem Abstand voneinander, hockten ein halbes Dutzend Kater regungslos wie Stofftiere und dösten vor sich hin. Sie schienen sich auf eine stundenlange Wartezeit eingerichtet zu haben, keiner zeigte die geringste Unruhe oder Anspannung.

Ich betrachtete mir Piris Verehrer kritisch. Der kleine Schwarze dort drüben mußte noch ziemlich jung sein. Ein bildschöner roter Perserkater war dabei, und ein grauer, der fast wie eine Wildkatze aussah. Der Tiger auf dem Schuppendach war entschieden zu dick, und der schwarzweiße auf dem Holzstoß daneben hatte einen schwarzen Fleck über der rechten Kopfseite, der an eine Augenklappe erinnerte und ihm das verwegene Aussehen eines Piraten gab.

Und dann war da noch einer. Er hockte unter der Tanne, genau dem Fenster gegenüber, wie eine überdimensionale Kaffeemütze, sein Fell hatte ein schmutzig graugelbliches Weiß mit ein paar getigerten Flecken und sah zerrauft aus wie das Gefieder einer halb gerupften Henne. Eine Reihe Narben waren zu erkennen, und das linke Ohr fehlte zur Hälfte, er schien es in einem früheren Kampf verloren zu haben. Ich hatte noch nie eine so

Ich hatte noch nie eine so große und so häßliche Katze gesehen

häßliche Katze gesehen, und die Größe des Tieres wirkte beängstigend.

Am besten gefiel mir der kleine Schwarze als Bräutigam für Piri, aber auch der rote Perserkater wäre ihrer würdig gewesen.

Piri war erwacht, sie reckte sich und kam gähnend zu mir herüber, um – scheinbar gelangweilt – einen Blick auf ihre wartenden Anbeter zu werfen. Dann wandte sie sich ab und verlangte energisch nach ihrem Frühstück, dem Fischtöpfchen.

Wenn ich gehofft hatte, Piri hätte das Interesse an einem Bräutigam bereits verloren, so sah ich mich getäuscht. Kaum hatte sie ihr Frühstück verzehrt, verlangte sie nachdrücklich, in den Garten gelassen zu werden. Um allen Mißverständnissen vorzubeugen, setzte ich sie auf ihr Kistchen und erklärte ihr, sie müsse sich auf einen weiteren Tag Stubenarrest einrichten. Zur Strafe für mich verschmähte Piri das Kistchen, machte demonstrativ einen See auf den Badeteppich, als hätte ich ihr Katzenklo nicht gerade eben frisch gereinigt, und schritt hoheitsvoll zum Fenster, wo sie sich – für die Kater gut sichtbar – zu produzieren begann, indem sie sich ausgiebig putzte. Die Kater schienen sie gar nicht zu bemerken, sie dösten mit halb geschlossenen Augen weiter vor sich hin. Doch nach und nach verlegten sie ihre Posten etwas näher zu Piris Standort, einander ständig aus den Augenwinkeln beobachtend.

Oma Mummi polterte die Treppen hinunter und kam ins Zimmer.

„Janni, was ist los, willst du nicht zum Frühstück kommen?“

Sie sah Piri und mich am Fenster, kam näher und betrachtete ebenfalls schmunzelnd den Aufmarsch der samtpfotigen Anbeter.

„Na, komm jetzt, die sitzen auch heute abend noch da. Da rührt sich so bald keiner von der Stelle. Wo die nur alle herkommen? Erstaunlich!"

Mutti, Vati und Oma Lene waren bereits um den Frühstückstisch versammelt. Ich gab jedem einen Kuß und schlüpfte auf meinen Platz. Oma Mummi schenkte mir Kakao ein.

„Hm, frische Semmeln! Und Rührei! Essen ist doch die schönste Sache der Welt, vor allem am Samstagmorgen, wenn man noch das ganze Wochenende vor sich hat!"

Ich widmete mich meinem Frühstück mit solchem Vergnügen, daß ich Piris Verehrer fast vergaß.

„Also – ich habe es mir überlegt!" sagte Mutti plötzlich in einem Ton, der keinen Widerspruch duldete. „Ich bin zu dem Schluß gekommen, daß wir Piri einmal Junge bekommen lassen sollten. Gleich danach werden wir sie dann sterilisieren lassen."

„Ehrlich gesagt, habe ich daran auch schon gedacht", gestand Vati.

„Es wäre ein Jammer, nicht ein einziges Mal die Freude an Katzenkindern erlebt zu haben", fiel Oma Lene erleichtert ein.

Oma Mummi brummte. „Na schön, ihr müßt es wissen." Aber ihr Gesicht sah alles andere als unglücklich aus.

„Spitze!" sagte ich nur.

Zwanzig Minuten später standen wir aufgereiht wie eine Turnerriege am Wohnzimmerfenster und warteten darauf, was passieren würde. Piri hatte ich auf die Terrasse hinausgelassen, wo sie sich eifrig die Pfoten putzte, als wäre weit und breit kein Kater zu sehen. Die Anbeter starrten sie an und rührten sich nicht.

„Welchen sie wohl wählen wird?" Vor Aufregung flüsterte ich, obgleich das ganz überflüssig war. „Sicher den netten Schwarzen!"

„Der rote Perserkater paßt viel besser zu ihr", widersprach Mutti. „Und wir hätten lauter kleine Halbperser mit langem, seidigem Fell!"

„Ich bin für den wilden, gestromten Kater dort! Ein imponierendes Tier!" befand Vati.

„Aber viel zu gefährlich und stark für unsere Kleine, am Ende verletzt er sie!" sorgte sich Oma Lene. „Er sieht so brutal aus! Da!"

Der Wildkater, wie wir ihn von nun an nannten, hatte sich erhoben und schritt auf Piri zu. In einem Meter Abstand legte er sich vor sie hin. Piri sah einmal kurz auf, fauchte zur Warnung und fuhr fort, ihre Pfoten zu putzen.

„Sie will ihn nicht!" rief Oma Lene triumphierend.

„Abwarten", sagte Vati.

Jetzt wagte sich der dicke Tigerkater ein Stück weit vor. Der Wildkater vertrieb ihn sofort, und der Tiger kehrte auf seinen Platz zurück. Piri nahm von dem stummen Zweikampf keine Notiz.

„Mann, lassen die sich viel Zeit", stöhnte ich, nachdem zwanzig Minuten vergangen waren, ohne daß das geringste passiert war.

„Aber jetzt! Paß auf – da! Ach du lieber Himmel, muß es gerade der sein, der häßliche Alte!" stöhnte Mutti.

„Wirst du wohl machen, daß du wegkommst, du

Lümmel!“ rief Oma Lene empört, was ziemlich sinnlos war, denn er konnte sie ja nicht hören.

„Vielleicht ist er der Rangälteste“, überlegte Vati, „und die anderen lassen ihm den Vortritt.“

Möglicherweise hatte Vati recht, denn der Wildkater zog sich zurück. Vermutlich hatte er von dem Alten schon einmal Prügel bezogen. Der häßliche große Kater setzte sich dicht vor Piri hin und sah sie an.

Wieder verging eine halbe Ewigkeit. Schließlich hörte Piri auf, an sich herumzuputzen, stelzte etwas steifbeinig an den Alten heran, begrüßte ihn vorsichtig mit einem zarten Nasenkuß und lief ein paar Schritte weiter, als sei sie nicht sonderlich interessiert.

„Sie mag ihn nicht“, seufzte Oma Lene erleichtert.

Der Kater stolzierte hinter Piri her. Piri blieb stehen, ohne sich nach ihm umzudrehen. Wie zur Probe legte der Kater seine Pfote auf Piris Rücken. Die Wirkung war erstaunlich. Piri drehte sich blitzschnell zu ihm um und gab ihm eine Ohrfeige.

„Bravo!“ Oma Lene applaudierte.

Piri lief ein paar Schritte, dann legte sie sich auf den Rücken, rollte ein paarmal hin und her und schielte zu dem Häßlichen hinüber. Der ließ sich Zeit, schielte zurück, tat gelangweilt und ging gemächlich wieder auf Tuchfühlung. Diesmal erlaubte Piri ihm ein zartes Beschnuppern ihres Halses, doch sobald seine Pfote ihren Rücken berührte, schlug sie zu und floh.

„Na, so ein Biest!“ sagte Vati vergnügt.

„Warum sieht sie sich nicht endlich die anderen an“, meinte Oma Lene ungeduldig.

„Wahrscheinlich kommt er ihr besonders männlich und erfahren vor. So junges Gemüse interessiert sich oft für die reiferen Typen, die was von der Liebe verstehen", bemerkte Vati und erntete dafür einen Rippenstoß von Mutti.

Sie war entsetzt bei dem Gedanken, daß der häßliche Alte mit Piri Hochzeit halten könnte. „Kann man ihn nicht verjagen oder einsperren? Oder den hübschen Perserkater einfangen und mit Piri zusammen einsperren?"

„Mischt euch nicht ein. Das geht alles seinen natürlichen Gang. Wer am Ende wirklich der Vater ihrer Kinder ist, werden wir erst wissen, wenn sie auf die Welt kommen." Oma Mummi stapfte davon, um sich der Vorbereitung des Mittagessens zu widmen. „Außerdem war der Alte in seiner Jugend sicher mal sehr hübsch."

„Eben!" murmelte Vati.

Im Laufe des Tages verkrümelten sich die Bewerber, nur der große Kater blieb ständig in Piris Nähe. Den ganzen Tag hindurch warb er um ihre Gunst. Ließ er damit nach, begann Piri sofort, ihn zu locken und zu reizen, nur um ihn wieder abzuwehren, wenn er sie zu berühren versuchte.

Hin und wieder sangen sie – einzeln oder im Duett. Kaum war es dunkel, meldeten sich auch einige der anderen Kavaliere zurück, herzerweichend klangen ihre Liebesklagen von Bäumen und Zäunen. Da der Mond sich hinter dicken Wolken verborgen hatte, konnte ich nicht weiter verfolgen, was draußen geschah. Piri ließ sich nicht im Hause blicken, sie hatte nichts gefressen und reagierte auf kein noch so schmeichelndes Rufen. Ich entfernte das Brett von ihrem Eingang, damit sie die Möglichkeit hatte, schnell ins Zimmer zu schlüpfen, falls sie gar zu sehr bedrängt wurde.

Irgendwann in der Nacht mußte die Hochzeit stattgefunden haben, denn gegen Morgen kehrte Piri heim und schlief sofort auf meinem Bett ein. Der Kater bewachte den Katzeneingang, sang ihr hin und wieder etwas vor und rührte sich stundenlang nicht von der Stelle. Seine Stimme war inzwischen so heiser, daß man glaubte, eine Krähe krächzen zu hören. Er tat mir leid, und ich stellte ihm ein Schälchen mit angewärmter Magermilch vor die Tür, die er dankbar aufschleckte.

Zwei Tag lang waren Piri und der Kater unzertrennlich. Er wirkte inzwischen recht erschöpft, ganz im Gegensatz zu Piri, die ihn zu immer neuen Annäherungen zu animieren suchte. Sie rollte sich vor ihm hin und her, wackelte mit dem Po, stupste ihn mit der Pfote an und war gar nicht erbaut davon, daß er träge auf der Terrassenmauer lag und döste.

Und dann war plötzlich alles vorbei. Weit und breit war kein Kater mehr zu sehen. Piri erholte sich von den Strapazen der letzten Tage, sie schlief viel, fraß mit großem Appetit und war ganz wie früher.

Der Junge vom Ende der Straße

Gleich am Sonntagmorgen hatte ich Helga die große Neuigkeit mitgeteilt, und wir ergingen uns in stundenlangen Vermutungen über Piris kommenden Nachwuchs.

„Natürlich darfst du dir das Schönste aussuchen!“ sagte ich. „Oder zwei oder drei – soviel du willst!“

„Eines genügt", antwortete Helga lachend, und ich spürte, wie sehr sie sich freute.

Dann holte sie ihr Katzenlexikon und las mir am Telefon alles vor, was es über die Trächtigkeit einer Katze zu wissen gab.

Einmal in der Woche kam Helga zum Mittagessen zu mir, und wir verbrachten den ganzen Nachmittag zusammen. An einem anderen Tag ging ich dann zu ihr. In dieser Woche war es der Dienstag, an dem Helga nach der Schule mit mir kam. Oma Mummi hatte uns Kohlrouladen mit Kartoffelpüree versprochen, unser beider Lieblingsessen, und hinterher Karamelcreme; wir konnten es kaum erwarten, nach Hause zu kommen. Wir bogen gerade in unsere Straße ein, als wir jemanden rufen hörten. Eine Stimme, die so verzweifelt klang, daß wir unwillkürlich stehenblieben und lauschten.

„Wer kann das sein? Kannst du ihn sehen?" fragte ich Helga und spürte eine merkwürdige Unruhe in der Magengrube.

„Es muß vom Grundstück hier rechts kommen. Durch die dichte Hecke kann man nichts sehen."

„Hört sich wie eine Jungenstimme an. Ruft er ‚Mama'?"

„So ähnlich."

Jetzt war die Stimme deutlicher zu hören. Der Junge mußte dicht hinter der Hecke sein, den Schritten nach, die sich auf dem Kiesweg näherten.

„Maja! Maaa – jaaaa!" Ein Laut wie ein trockenes Schluchzen folgte.

Helga und ich standen wie erstarrt und sahen in die Richtung, aus der die Rufe kamen. Plötzlich teilte sich die Hecke, und das Gesicht eines Jungen, kaum älter als wir, schob sich durch die Buchenzweige. Zwei glitzernde Rinnsale neben den Nasenflügeln verrieten, daß er geweint hatte.

„Was steht ihr da und glotzt! Haut ab, ihr blöden Ziegen! Na, macht schon!"

„Entschuldige bitte", sagte Helga sanft, „wir sind nur stehengeblieben, weil wir dachten, wir könnten dir vielleicht helfen!"

„Könnt ihr nicht!" knurrte der Junge und wich hinter die Hecke zurück, blieb aber stehen.

Ich ließ mich nicht einschüchtern. Mein Gefühl sagte

Plötzlich erschien das verweinte Gesicht eines Jungen hinter der Hecke

mir, daß er nur darauf wartete, mit jemandem über das zu reden, was ihn so bedrückte.

„Suchst du vielleicht deinen Hund? Oder deine Katze? Entschuldige, ich möchte mich natürlich nicht einmischen, aber bei uns sind in den letzten Tagen so viele fremde Kater gewesen. Es könnte doch sein, daß ...“

„Eine braun getigerte mit einem hellgelben Bauch?“ unterbrach mich der Junge hastig. „Und mit auffallend großen gelbbraunen Augen?“

„Nun, ich weiß nicht ... es ist eine Kätzin, ja?“

„Ja natürlich! Ach so, du sagtest Kater ... meintest du nur Kater?“

„Ich glaube schon“, mußte ich eingestehen. „Meine Katze war rollig.“

„Dann war Maja nicht bei euch. Sie ist sterilisiert und fürchtet sich vor Katern.“

Der Junge kroch nun ganz durch die Hecke. Mit einer heftigen Bewegung wischte er sich die Tränenspuren aus dem Gesicht. Daß ihm immer noch zum Heulen zumute war, konnte man erkennen.

„Seit wann ist deine Katze verschwunden?“ erkundigte sich Helga mitfühlend. „Vielleicht können wir dir suchen helfen?“

Der Junge seufzte tief und zuckte mit den Achseln.

„Sie ist gestern früh verschwunden, gleich nachdem meine Mutter sie rausgelassen hatte. Sie hielt es einfach drinnen nicht aus. Wir sind erst vor drei Tagen umgezogen. Maja hätte mindestens drei Wochen im Haus bleiben müssen, um sich einzugewöhnen. Aber meiner Mutter ging das Gejammer so auf die Nerven ... na ja, sie hat gemeint, Maja käme sofort zurück, wenn sie sie ruft. Aber Maja kennt sich hier nicht aus, sicher hat sie Angst bekommen und ist wie vom Teufel gejagt davongestürzt."

Der Junge tat mir unheimlich leid, wie er so dastand, die Fäuste in die Hosentaschen gebohrt, und schluckte, um mit den aufsteigenden Tränen fertig zu werden. Er hatte die gleichen mittelblonden Haare wie ich, dunkle Augen, und er war genauso mager, nur daß er etwa einen halben Kopf größer war.

„Hast du schon in der Nachbarschaft rumgefragt?" erkundigte sich Helga.

„Klar. Niemand hat sie gesehen."

„Und hast du im Tierheim angerufen? Und bei der Polizei?"

„Nein, das noch nicht …"

„Dann müssen wir das als erstes tun. Wie heißt du überhaupt?" fragte ich.

„Bernd. Bernd Färber." Bernd hechtete über den Zaun und gab mir die Hand.

„Ich bin Christiane Becker, genannt Janni. Und das ist meine Freundin Helga. Ich wohne auch in dieser Straße, weiter oben. Weißt du, am besten wär's, wir hängen als erstes überall Zettel aus. Bei dem kalten Wetter ist es doch gut möglich, daß jemand deine Maja zu sich ins Haus geholt hat und nun nicht mehr rausläßt, bis er erfährt, wem sie gehört. Und dann rufen wir Polizei und Tierheim an. Und wenn alles nichts hilft, müssen wir eine Annonce in die Zeitung setzen."

Ich gab mich ungeheuer zuversichtlich und energisch, und Bernd lächelte ein bißchen.

„Finde ich super, daß ihr mir helfen wollt."

„Na, hör mal! Wir Katzenfans müssen doch zusamenhalten. Erzähl uns von Maja! Wie sieht sie aus?"

„Als Baby erinnerte ihr Fell an die Biene Maja, so hell- und dunkelbraun gestreift, deshalb der Name. Im Mai wird sie fünf Jahre alt, und sie ist von Anfang an mein bester Freund gewesen. Einmal hat sie sogar unseren Arzt gebissen, weil er mir eine Spritze gab und sie dachte, er wolle mich angreifen. Und wie wir sie gefunden haben, das war auch so eine irre Geschichte …"

„Ja? Erzähl!"

„Es war zu Anfang der Ferien. Weil mein Vater für seine Praxis keine Vertretung bekam, konnten wir nur vier Tage wegfahren. Wir wollten ein bißchen bergwandern. Gleich bei der ersten Rast an der Autobahn haben wir sie gefunden. Ausgesetzt. Sie und noch zwei, neben den Mülltonnen. Sie drängten sich aneinander und schrien kläglich. Meine Eltern waren genauso geschockt wie ich. Wir sind sofort umgekehrt und mit den Kleinen nach Hause gefahren. Die anderen beiden sind gestorben, sie waren schon zu geschwächt. Maja hat's geschafft. Ungefähr drei Wochen müssen sie alt gewesen sein, hat der Tierarzt gesagt.

Bei dem Gedanken, daß es Menschen gab, die hilflose Katzenkinder aussetzten, wurde mir ganz schlecht, und ich brachte für eine Weile kein Wort mehr heraus.

Bernd war neben uns hergelaufen, nun standen wir vor unserem Haus. Oma Mummi schaute aus dem Küchenfenster.

„Habt ihr nachsitzen müssen, oder warum kommt ihr so spät? Oh, ihr bringt noch einen Gast mit. Gut, daß ich so reichlich gekocht habe!"

Bernd sträubte sich erst etwas, als wir ihn einfach mit

ins Haus zogen, vor allem, als er Oma Lene sah, doch schließlich gab er nach. Wie sich herausstellte, war er ohnehin allein zu Hause gewesen, seine Eltern kamen erst abends zurück.

Gleich nach dem Essen riefen wir die Polizeiwache und das Tierheim an, leider ohne Erfolg. Dann gingen wir in mein Zimmer hinunter, um die Zettel zu schreiben. Piri lag auf meinem Bett und schlief. Bernd setzte sich neben sie auf den Boden und begann sie zart zu streicheln und zu kraulen. Piri streckte sich wohlig unter seiner Hand und blinzelte ihn schläfrig an. Sie gähnte genießerisch, und ein dunkles Schnurren zeigte, daß sie sich zu diesem unbekannten Besucher sofort hingezogen fühlte. Ich konnte Piri verstehen. Ich fand Bernd auch sehr nett.

Helga und ich setzten den Text auf, und dann schrieben wir um die Wette. Fünfzehn Zettel wurden es, die wir gleich darauf in einem Umkreis von einem Kilometer an Mauern und Zäune klebten, so daß sie für jeden gut sichtbar waren.

Nach dieser Arbeit gönnten wir uns eine Pause, und Bernd lud uns zu sich nach Hause ein. Das Färbersche Haus sah aus wie ein Haus eben aussieht, wenn Möbelpacker gerade haufenweise Kisten und Kartons abgeladen haben und noch niemand Zeit hatte, etwas auszupacken. Nur in der Küche war es schon sehr gemütlich. Bernd kochte Kakao für uns, und Helga und ich machten Honigbrote, dann saßen wir um den großen runden Tisch und aßen, und Bernd taute richtig auf.

Er erzählte von den Großeltern und dem Hof, auf dem sie bisher gelebt hatten. Sein Vater war Landarzt gewesen und hatte seit Jahren von einem weniger anstrengenden Posten in der Stadt geträumt. Nun hatte es endlich geklappt, und sie hatten das Haus in unserer Straße gekauft. Bernd gefiel das gar nicht, er konnte sich einfach nicht vorstellen, wie man es in der Stadt aushielt, und vor der neuen Schule grauste es ihm so, daß er Bauchschmerzen kriegte, wenn er nur daran dachte.

Helga und ich versuchten ihm Mut zu machen. Eigentlich hätten wir längst unsere Hausaufgaben machen müssen, doch wir saßen wie festgeleimt auf unseren Stühlen. Insgeheim warteten wir alle darauf, daß das Telefon klingeln und eine freundliche Stimme sagen würde: „Ich habe deine Katze, du kannst sie bei mir abholen!" Aber nichts dergleichen geschah.

Schließlich mußten wir uns doch verabschieden. Bernd versprach, bei mir anzurufen, sobald er etwas gehört hatte. Den ganzen Abend wartete ich darauf, aber unser Telefon blieb stumm. Ich fühlte mich ganz elend, wenn ich an Bernds Kummer dachte und schmuste mit Piri doppelt soviel wie sonst, so froh war ich, sie bei mir zu haben.

Am nächsten Morgen, es war noch stockdunkel draußen, und ich kroch gerade aus dem Bett, hörte ich oben im Flur das Telefon läuten. Gleich darauf rief Oma Mummi nach mir. Ich flitzte die Treppe hinauf und riß ihr den Hörer aus der Hand. „Ja, hallo?"

„Janni? Hier ist Bernd. Du, es ist was ganz Verrücktes passiert!" berichtete er atemlos. „Eben hat mich meine Oma angerufen. Maja ist bei ihr! Total erschöpft und halb verhungert ist sie dort angekommen! Oma hat sie unter ihrem Fenster maunzen gehört..., du, sie ist tatsächlich den ganzen Weg zurückgelaufen! Fünfundneunzig Kilometer!"

„Ist ja wahnsinnig! Und? Holst du sie?"

„Ich weiß nicht ..." Bernd schwieg eine Weile nachdenklich, dann sagte er plötzlich: „Nein. Ich glaube, sie kann nur dort glücklich sein. Sie würde hier immer wieder weglaufen. Ich würde es ja genauso machen, wenn ich könnte."

„Aber es wird schrecklich sein für dich ... ohne sie?"

„Das weiß ich. Aber soll sie deswegen leiden? Das könnte ich nicht ertragen. Es ist besser, sie bleibt dort und ... wir können uns ja in den Ferien sehen. Ich weiß, daß sie es dort gut hat, das ist doch die Hauptsache, oder?"

„Ja, schon, aber ... oh, Bernd, ich ... ich freue mich für dich, und ich bin traurig zugleich! Was für eine irre Geschichte! Aber ich bin froh, daß es ihr gutgeht und daß ihr nichts zugestoßen ist!"

„Janni! Du mußt dich anziehen! Du kommst zu spät in die Schule!" mahnte Oma Lene. „Außerdem holst du dir einen Schnupfen, barfuß und im Nachthemd!"

„Ich muß Schluß machen! Sehen wir uns heute nachmittag?"

„Okay, ich ruf dich an. Ciao!"

„Ciao, Bernd!"

Oma Lene runzelte die Stirn. Aber das war mir egal.

Es ist soweit

Wochen waren vergangen. Der Schnee war geschmolzen, und ein warmer Frühlingssturm fegte ums Haus, brachte abwechselnd Regen und Schneeschauer, dann wieder Sonnenschein zwischen Bergen bleigrauer Wolken. Überall bildete das Schmelzwasser Pfützen, und wenn die Sonne herauskam und sich darin spiegelte, bekam die Straße blaue Augen.

Piris Bäuchlein war rund und fest geworden, und wenn ich sie streichelte, spürte ich unter meiner Hand die Bewegungen ihrer Babys. Allmählich begann sie nach dem idealen Platz für ihr Wurflager Ausschau zu halten. Sie kroch in die verstecktesten Winkel, prüfte sie auf ihre Eignung und verwarf die Möglichkeit wieder. Am häufigsten verschwand sie in meinem Schrank, baute

Piri untersuchte die verstecktesten Winkel

sich Nester aus Wäschestücken, Strümpfen und Pullis, die sie nach allen Seiten auseinanderdrückte und mit den Pfoten zurechtschob, dann lag sie eine Weile zur Probe darin und erschien wenig später wieder, um ihren gewohnten Platz auf meinem Bett aufzusuchen.

Helga, Bernd und ich hatten natürlich ganz andere Pläne. Wir hatten lange darüber diskutiert, wie Piris Wurfkiste aussehen sollte und wo der beste Platz dafür sei. Schließlich waren wir zu dem Entschluß gekommen, zwei Holzkisten zu einer großen zusammenzubauen, indem wir jeweils eine der langen Seiten heraussägten. Die eine Hälfte der Kiste bekam einen Betthimmel, der nach allen Seiten zu schließen war und so eine behagliche, vor Licht und Zugluft geschützte Höhle bildete. Die andere Hälfte blieb offen und bot den Kleinen für die erste Zeit genügend Auslauf.

Bernd war ein toller Handwerker. Kein Nagel, kein Splitter stand heraus, alle Kanten waren sorgfältig abgeschmirgelt und glatt wie Seide. Unsere Kiste wurde mit einem festen Stoff ausgekleidet, für den Helga ihr letztes Taschengeld geopfert hatte. Sie hatte ihn in einem Laden entdeckt und sofort gekauft, denn er war mit rosa und himmelblauen Mäuschen bedruckt – genau das Richtige für unsere Kinderstube!

Auf den Boden der Wurfkiste kam eine mehrfach zusammengefaltete Wolldecke, die mit einer Gummiunterlage abgedeckt wurde. Darüber spannten wir ein altes Laken, himmelblau und hübsch zu dem anderen Stoff passend. Die Wurfkiste war ein Prachtstück geworden und ein wahrhaft königliches Lager für meine kleine Prinzessin. Die ganze Familie stand staunend daneben und applaudierte, als wir das fertige Werk vorführten.

Die Kiste hatte nur einen Fehler: Piri ging nicht hinein. Es interessierte sie überhaupt nicht, wie ideal dieses Lager hergerichtet und ausgestattet war, und daß es in der geschütztesten Ecke des Zimmers stand. Wann immer ich sie hineinsetzte und den prächtigen Platz lobte, drängte Piri eilig wieder hinaus.

„Vielleicht geht sie erst hinein, wenn die Jungen auf die Welt kommen", tröstete mich Helga. „Das habe ich schon mal erlebt. Warte nur ab."

„Ich wette, sie will sie schonen und nicht unnötig schmutzig machen", meinte Bernd grinsend. „Schließlich ist sie eine Prinzessin, wie du sagst, nicht irgendeine Straßenkatze, stimmt's?"

„Stimmt genau."

Trotzdem konnten die beiden mich nicht überzeugen. Und da ich immer wieder beobachtete, wie Piri verzweifelt an der Schranktür kratzte, wenn ich aus Versehen einmal abgeschlossen hatte, gab ich schließlich nach und baute ein zweites Nest in dem von ihr bevorzugten Wäschefach in meinem Schrank. Die Schranktür ließ ich von nun an immer einen Spaltbreit offen, so daß sie leicht hineinschlüpfen konnte.

Je näher der große Tag kam, desto nervöser wurde ich. An Piris Körper waren nun die Anzeichen der nahen Niederkunft zu sehen, die Frucht hatte sich gesenkt, an den Flanken waren deutlich die leichten Einbuchtungen zu erkennen.

Ich wagte kaum noch, aus dem Hause zu gehen; in der Schule fiel es mir schwer, mich auf den Unterricht zu konzentrieren. Erklang nach der letzten Stunde endlich der Gong, stürzte ich hinaus und rannte so schnell ich konnte nach Hause. Helga hatte Verständnis dafür, sie und Bernd kamen ohnehin jeden Nachmittag, um nach Piri zu sehen und ausgiebig mit ihr zu schmusen.

„Ob es heute soweit ist?“ fragte ich Oma Mummi beim Frühstück unruhig. „Sie hat keinen Appetit, nicht mal angeschaut hat sie ihr Futter.“

„Nun mach dich doch nicht verrückt!“ Oma Mummi klopfte mir begütigend die Hand. „Wenn du mich fragst, das dauert noch drei oder vier Tage. Schließlich ist es ihr erster Wurf. Vor der kommenden Nacht ist es auf keinen Fall soweit, das verspreche ich dir!“

Erleichtert machte ich mich auf den Weg zur Schule. Der Donnerstag zog sich immer gräßlich in die Länge, denn nach einer Stunde Mittagspause, die wir in der Schule verbrachten, kamen noch einmal zwei Stunden Sport für die Mitglieder der Handballmannschaft. In der Mittagspause glaubte ich vor Nervosität zu platzen und rief schließlich zu Hause an. Oma Mummi beruhigte mich.

„Sie sitzt auf ihrem Lieblingsplatz am Tor und wartet auf dich. Die ganze Zeit schon. Reg dich doch nicht so auf, Kind, Katzen werfen meistens nachts, wenn es niemand sieht und sie ungestört sind.“

Trotzdem ließ die Unruhe nicht nach, und meine Mannschaft hatte allen Grund, mit mir unzufrieden zu sein. Ich sah den Ball nicht, stolperte über meine eigenen Füße, behinderte mehrmals andere Spielerinnen, die gerade im Begriff waren, ein Tor zu werfen, kurz, ich benahm mich, als hätte ich noch nie auf einem Spielfeld gestanden.

Schließlich schützte ich unerträgliche Kopfschmerzen vor und schaffte es, eine halbe Stunde früher aus dem Training entlassen zu werden. In Windeseile zog ich mich an und rannte, bis ich das Gefühl hatte, mein Brustkorb müsse in tausend Stücke zerspringen vor Atemlosigkeit.

Piri wartete noch immer am Tor auf mich. Sie trippelte ungeduldig hin und her, und als sie mich kommen sah, maunzte sie lebhaft auf mich ein, als müsse sie mir eine lange Geschichte erzählen. Sie lief vor mir her zur Haustür, dann wieder zurück und wieder zur Tür, als wolle sie mich antreiben, schneller zu gehen.

Auf mein Klingeln rührte sich nichts. Natürlich, die beiden Omas waren ja heute zum Kaffee bei Frau Holzmann! Ich kramte meinen Schlüssel aus der Schultasche und schloß auf.

Piri schlüpfte ins Haus, lief zur Treppe, sah mich an, dann umrundete sie mich aufgeregt und maunzte wieder auf mich ein. Was wollte sie mir sagen? Hatte sie Hunger? Hatte eine der Omas sie aus Versehen ausgesperrt, oder hatte ein Windzug die Zimmertür zufallen lassen? Oder war es jetzt wirklich soweit?

Eigentlich hatte ich mir in der Küche etwas zu trinken holen und nachsehen wollen, was Oma Mummi mir Gutes bereitgestellt hatte – als Stärkung nach dem langen Schultag. Aber Piri gab keine Ruhe, und so folgte ich ihr seufzend ins Untergeschoß. Ich war wirklich hungrig und durstig; noch nicht mal meinen Mantel hatte Piri mich ausziehen lassen, und mit den schneenassen Moonboots hinterließ ich häßliche Schmelzwasserspuren im Flur und auf der Treppe.

Wir betraten mein Zimmer, und Piri schlüpfte eilig in meinen Kleiderschrank in das für sie vorbereitete Nest. Das wirkte auf mich, als hätten zwölf Wecker auf einmal geklingelt! Ich trat dicht zu ihr heran und streichelte ihr zart über Kopf und Rücken. Und jetzt sah ich, daß in großen Wellen ein Zittern durch ihren Körper lief. Es war soweit – sie hatte Wehen! Die Geburt setzte ein. Piri schnurrte laut und aufgeregt, und mir klopfte das Herz bis zum Hals. Ich hätte weinen und lachen können, so durcheinander war ich.

„Meine Kleine, es ist soweit! Tatsächlich! Warte, ich will nur schnell meinen Mantel aufhängen und mir die Hände waschen!"

Aber Piri duldete nicht, daß ich mich auch nur einen Meter vom Schrank wegrührte. Sie verließ sofort ihr Nest und kam ängstlich maunzend hinter mir her.

„Nicht doch, Piri, Kleines, das geht nicht, du mußt liegenbleiben! Nein, nein, ich gehe ja nicht weg!"

Ich ließ den Mantel fallen, wo ich stand, zerrte die Stiefel von meinen Füßen und schleuderte sie rückwärts ins Zimmer. Dabei redete ich ununterbrochen im beruhigenden Ton auf Piri ein, die mich nicht aus den Augen ließ. Hatte Oma Mummi nicht gesagt, Katzen liebten keine Zuschauer bei der Geburt ihrer Kinder? Und meine Katze hatte gewartet, bis ich bei ihr war, wollte mich ganz dicht neben sich haben, wenn ihre Kleinen auf die Welt kamen. Ich hätte heulen können vor Rührung, daß sie mich in diesem wichtigen Augenblick nicht von ihrer Seite ließ!

Piri war jetzt sehr unruhig und drehte sich mal hierhin, mal dorthin. Immer wieder suchte sie nach einer noch bequemeren Lage. Da – zwischen ihren Hinterbeinen erschien etwas dunkel Glänzendes, glitt wieder zurück, wurde von neuem sichtbar, so ging das eine Weile hin und her, und jedesmal erschien ein bißchen mehr von dem Katzenkind, Köpfchen, Hals, Schultern, und dann, ganz plötzlich, rutschte es heraus, lag da wie tot, eng von der Fruchtblase umschlossen, bis Piri mit energischen Strichen ihrer rauhen Zunge begann, ihr Erstgeborenes abzulecken und trockenzuputzen. Unter den kräftig massierenden Strichen kam Leben in das kleine Geschöpf, es begann zu zappeln, ein zartes Niesen und Schnaufen war zu hören und dann der erste piepsende Laut.

Das kleine Wesen sah eigentlich eher einer Maus ähnlich, mit seinen winzigen Öhrchen und dem dünnen Schwänzchen. Als Piri ihr Kind trockengeleckt hatte, war auch die Farbe des Kätzchens zu erkennen. Schwarze Tigerstreifen, wie mit meinem feinsten Tuschpinsel gezeichnet, auf blaugrauem Grund. Und es war ein kleiner Kater.

„Ist der süß, Piri!" flüsterte ich. „Wir wollen ihn Sascha nennen, ja?"

Wieder ging ein Zittern durch Piris Körper. Das nächste Kätzchen erschien. Piri wandte sich ihm sofort zu. Ich bekam Angst, sie könne den kleinen Sascha erdrükken, weil sie sich nicht weiter um ihn kümmerte. Erst zögerte ich, ihn anzufassen, denn Oma Mummi hatte mir immer wieder eingeschärft, mich nicht einzumischen, wenn es soweit war. Aber hatte mich Piri nicht ausdrücklich in ihrer Nähe haben wollen? Ganz vorsichtig zog ich den kleinen Kerl, der mir schon halb erdrückt zu sein schien, unter Piris Bauch hervor und legte ihn neben das eben geborene Kätzchen.

Das zweite Kätzchen war schwarz. Nur auf der Brust hatte es einen weißen Fleck wie eine verirrte Schneeflokke. Und es war eine Kätzin, ich glaubte es deutlich zu sehen.

Piri hatte Junge: zwei Tigerkater und eine schwarze Kätzin!

„Du bist Flocke!“ sagte ich spontan. „Ist sie nicht bildhübsch, Piri? Sie wird sicher einmal eine Schönheit.“

Aber Piri bereitete sich bereits auf die Geburt eines weiteren Jungen vor. Immer noch schnurrte sie laut und erregt. Ich mußte nicht lange warten, da erschien das Junge. Wieder ein kleiner Tigerkater, ein wenig dunkler als Sascha; und ich nannte ihn Mischa.

Ächzend richtete ich mich auf und rieb mir den schmerzenden Rücken. Die ganze Zeit hatte ich in der gleichen unbequemen Stellung vor dem Schrank gehockt wie im ersten Augenblick, als mir Piri die einsetzende

Geburt klarmachte. Der Mantel lag zusammengeknüllt zu meinen Füßen, ich hatte Hunger und Durst und mußte seit Stunden aufs Klo, das alles hatte ich völlig vergessen.

Piri hatte das letzte Kätzchen trockengeleckt und legte sich jetzt entspannt zurück. Die drei Winzlinge lagen nebeneinander aufgereiht in der wärmenden Mulde ihres Bauches, stupsten mit den Näschen suchend nach der Milchquelle und schliefen darüber ein. Noch waren sie erschöpft von den Anstrengungen der Geburt. Zwei Tigerkater und eine schwarze Kätzin – das mußte ich sofort Helga und Bernd berichten! Piri konnte ich jetzt unbesorgt allein lassen.

Mit einem großen Becher Kakao und einem Käsebrot bewaffnet saß ich wenig später im Wohnzimmer am Telefon und erzählte meinen Freunden in allen Einzelheiten, was ich in den letzten zwei Stunden erlebt hatte. Daß Piri extra auf mich gewartet hatte, wollten sie kaum glauben.

Ich telefonierte fast eine Dreiviertelstunde. Als ich in mein Zimmer zurückkehrte und auf Zehenspitzen zum Schrank ging, traute ich meinen Augen kaum. Da lagen nicht mehr drei Kätzchen an Piris Bauch, sondern vier! Und das vierte war bunt wie eine Frühlingswiese, weiß mit gelben, braunen und schwarzen Tupfen. Ein Katzenmädchen. Piri leckte den kleinen Nachkömmling zärtlich ab.

„Ich weiß, wie wir sie nennen, Piri“, sagte ich, und meine Stimme klang heiser vor lauter Aufregung und Freude. „Blümchen! Weil sie aussieht, als hätte man ihr schönes, weißes Fell mit Blümchen bestreut.“

Sascha, Mischa, Blümchen und Flocke

In den nächsten Tagen wurde mein Zimmer zum Mittelpunkt des Hauses. Mutti, Vati, Oma Lene oder Oma Mummi – einer stand immer vor dem Katzennest im Schrank und schaute mit verzücktem Lächeln auf Piri und ihre Kinder. Noch nie hatte ich meine Familie so eine Fülle alberner Zwitscherlaute von sich geben gehört, und ihr Repertoire an Komplimenten und Schmeicheleien war unerschöpflich.

Mit Spannung erwarteten wir den Tag, an dem sich die Augen der Katzenbabys öffnen würden. Flocke und Blümchen waren ihren Brüdern um einen halben Tag voraus, gleich beim Aufstehen entdeckte ich den schmalen Spalt, in dem es dunkel glitzerte. Ich rief die Familie zusammen, um ihnen das große Ereignis zu zeigen. Am Nachmittag war es auch bei Sascha und Mischa soweit, und am nächsten Tag sahen uns alle vier aus runden, blauschwarzen Knopfaugen an.

Natürlich erkannten sie noch nicht viel, auch die Augenfarbe entwickelte sich ja erst später, genau wie das bei Menschenkindern ist. Vorerst bestand das Leben der jungen Katzen aus Trinken und Schlafen. Ging Piri spazieren und ließ sie für eine Weile allein, drängten sie sich eng aneinander. Kehrte die Mutter ins Nest zurück, dann piepsten sie mit hohen Stimmchen ungeduldig, bis jedes seine Milchquelle gefunden hatte. Entzückt beobachtete ich die winzigen, tapsigen Pfoten, wie sie mit gleichmäßig pumpenden Bewegungen die Milch in die Zitzen drückten. Wie lang und spitz ihre Krallen waren! Tat das Piri nicht weh? Anscheinend nicht, denn sie schnurrte zufrieden.

Und wie reinlich Piris Kinderstube war. Nicht das kleinste bißchen Schmutz duldete sie! Ständig wurden die Kätzchen geputzt, Augen und Ohren gewaschen und der runde Milchbauch mit kräftigen Strichen der mütterlichen Zunge massiert, auch wenn sich die zierlichen Pfoten strampelnd zur Wehr setzten. Piri rollte ihre Kinder auf dem Rücken hin und her wie kleine Pakete, wenn es an die Reinigungsprozedur ging und holte sie energisch zurück, wenn sie davonzukrabbeln versuchten.

Helga und Bernd verbrachten nun jede freie Stunde bei mir. Natürlich hatte jeder seinen Liebling, und Helga hatte ihre Wahl bereits getroffen, welches der Kätzchen eines Tages zu ihr umziehen sollte. Es war Flocke, die sie zärtlich Flöckchen nannte, die kleine Schwarze mit dem weißen Fleck auf der Brust.

Bernd war in Blümchen verliebt, und es machte ihn traurig, daß seine Eltern vorerst keine neue Katze nehmen wollten, solange größere Umbauten bevorstanden und sie monatelang Handwerker im Hause haben würden.

Mein Liebling blieb Sascha, der Erstgeborene. Er war ein bißchen kräftiger und lebhafter als die anderen, vielleicht bildete ich mir das aber auch nur ein. Jedenfalls war er ein Draufgänger und entwickelte sich schnell. Er war der erste, der versuchte, bis zum Rand des Nestes hochzukrabbeln, und er probierte es immer wieder, auch wenn er jedesmal gleich darauf hinunterkugelte.

„Wir müssen sie umquartieren“, meinte Bernd.

„Schau, wie sie da drinnen herumturnen! Wenn sie so weitermachen, fallen sie bald aus dem Nest."

„Vielleicht sollten wir sie jetzt in die Wurfkiste setzen – wozu haben wir uns die Mühe gemacht!" sagte Helga.

„Warum nicht? Da haben sie Auslauf und können sich nicht verletzen. Piri wird bestimmt nichts dagegen haben." Eifrig schob ich den Sessel zur Seite, hinter dem die Wurfkiste ihren Platz gefunden hatte.

Helga stopfte das Laken noch einmal sorgfältig fest, dann setzte Bernd Blümchen und Flocke hinein. Ich nahm Sascha und Mischa und rückte sie dicht an die Schwestern heran, die zitternd und ängstlich schnuppernd über das fremd duftende Laken krochen. Dann ließen wir uns im Halbkreis auf die Knie nieder und beobachteten unsere Lieblinge gespannt.

Piri, die sich einen kleinen Spaziergang durch ihr Revier gegönnt hatte, betrat hocherhobenen Hauptes das Zimmer. Sie steuerte auf den Schrank zu, hielt mitten auf dem Weg inne und schaute uns an. Fast schien es mir, als runzele sie die Stirn. Dann kam sie zu uns herüber, schritt zwischen Bernd und mir hindurch, sprang in die Katzenkiste und ergriff Sascha am Nackenfell. Ohne uns eines weiteren Blickes zu würdigen, transportierte sie ihren Sohn zurück in das Nest im Schrank. Genauso machte sie es mit den drei anderen. Flocke kam als letzte dran. Ehe Piri mit ihr über den Rand der Kiste stieg, sah sie uns der Reihe nach strafend an, als wolle sie sagen: Das macht ihr nicht noch einmal! Ich habe kein Wort davon gesagt, daß ihr sie rausnehmen dürft!

„Hm, mir scheint, da müssen wir uns was anderes einfallen lassen!" murmelte Bernd.

„Schade um unsere schöne Kiste!" Helga strich bedauernd über die liebevoll mit Stoff verkleideten Wände. „Alle Arbeit umsonst."

„Wer sagt das? Wir werden sie schon da reinkriegen, keine Sorge. Wartet mal, ich bin gleich wieder da."

Bernd entschwand eifrig durch die Terrassentür. Bald darauf klopfte er wieder an. Er war schwer beladen, unter den linken Arm geklemmt trug er ein Bündel Bretter und Latten, in der rechten Hand seine Werkzeugkiste.

„Was hast du vor?"

„Das werdet ihr gleich sehen. Ich baue eine Rutsche."

„Eine was?"

„Eine Rutsche. Eine Schräge, die vom Wäschefach oben in die Katzenkiste unten führt. Dann kommen sie auf jeden Fall heil unten an, wenn sie sich aus dem Nest wagen."

„Spitze!"

„Eine tolle Idee! Aber wie willst du die Kiste da dran kriegen?"

„Indem ich die Tür aushänge, ganz einfach. Du mußt eben mal eine Weile ohne Schranktür auskommen."

Bernd machte sich an die Arbeit. Und da er ein geschickter Handwerker ist und Helga und ich ihm eifrig assistierten, war es bald geschafft. Das Wäschefach war jetzt auf der einen Seite durch ein Brett geschützt, auf der anderen führte ein Steg ähnlich einer Hühnerleiter hinunter. Auf halber Höhe gab es ein kleines Podest mit Geländer, von dem aus der Steg im Winkel in die Kiste hinabführte.

„Ich bin gespannt, wer es als erster wagt!" sagte Helga.

„Wollen wir wetten? Ich stimme für Sascha!"

„Du hast schon gewonnen. Da!"

Tatsächlich näherte sich mein kleiner Tiger neugierig dem Laufsteg, reckte das Köpfchen so weit vor, daß der Hals länger und länger wurde, riskierte einen Schritt, einen zweiten und rutschte schließlich ein Stückchen bergab, wobei er sich halb um sich selbst drehte. Das ging wohl ein bißchen zu schnell, denn er krallte sich ängstlich an dem Sackleinen fest, mit dem wir das Brett bespannt hatten, und miaute kläglich.

„Gut, mein kleiner Kater!" lobte ich ihn. „Du bist ein mutiger Junge! Brav, Sascha! Na komm, trau dich nur weiter!"

Ich drehte ihn ein wenig, so daß er auf der Mitte des Brettes saß und das Podest als Ziel vor Augen hatte. Halb rutschend, halb krabbelnd wagte er sich weiter abwärts. Die anderen verfolgten seinen Ausflug vom Rand des Nestes aus.

Wie ein kleiner Sandsack plumpste Sascha auf das Podest hinunter. Er schaute sich verdutzt um, schnupperte, nieste, schaute nach oben, sah die Geschwister und kletterte flink wie ein Wiesel zurück ins Nest. Wir lachten laut auf.

„Ja, bergauf geht's leichter, nicht? Gut hast du das gemacht, mein Kleiner, prima!"

Jetzt war Sascha auf den Geschmack gekommen. Als müßte er den Geschwistern vormachen, was er inzwischen gelernt hatte, machte er sich ein zweites Mal auf den Weg, diesmal schon mutiger, er rutschte auf dem Bauch bis zum Podest hinunter, wobei er sich ein paarmal unfreiwillig um sich selbst drehte, und kletterte blitzschnell wieder hinauf.

Als er zum dritten Mal den Abstieg gewagt hatte und

unten auf dem Podest saß, gab es für Flocke und Mischa kein Halten mehr, sie mußten es dem Bruder nachmachen.

Flocke schaffte den Weg in ganz elegantem Stil, sie gab keinen Muckser von sich, kroch konzentriert und ohne unfreiwillige Rutschpartien und fand sich gleich darauf neben Sascha wieder, der ihr gutmütig auf den Kopf patschte. Mischa folgte der Schwester rasch, stürzte sich entschlossen in das Abenteuer, bekam es aber auf halber Strecke mit der Angst zu tun. Mit verzweifelten Klagelauten klammerte er sich an den rauhen Stoff und traute sich nicht mehr weiter.

Hatte er Sorge, auf dem Podest keinen Platz mehr zu finden? Jedenfalls umging er die beiden anderen, indem er schwungvoll, wenn auch nicht freiwillig, vom oberen Brett glitt, auf das untere plumpste und es in einer rasanten Talfahrt hinter sich brachte.

„Gratuliere, Mischa!“ rief ich lachend. „Du hast als erster den neuen Kontinent betreten! Wie gefällt’s dir da unten?“

Mischa schaute verdutzt um sich und hatte Mühe zu begreifen, was da mit ihm passiert war. Ebenso verdutzt starrte Sascha den Bruder an, den er eben noch über sich auf dem Laufsteg gesehen hatte. Er mußte ihm nach!

Leider entschloß sich Mischa im gleichen Augenblick, in dem Sascha von oben startete, wieder zum Aufstieg. In der Mitte des Brettes saßen sie sich plötzlich gegenüber. Und da der, der von oben kommt, naturgemäß im Vorteil ist, haute Sascha den Bruder kurzerhand auf den Kopf und schubste ihn – als das noch nichts half – einfach hinunter.

Und schon hatten die beiden ein neues Spiel: Runterschubsen. Mit kleinen Froschhüpfern erklommen sie das Brett bis zur halben Höhe, dann bearbeiteten sie sich mit den Pfoten, bis einer von beiden hinunterpurzelte. Bald beteiligte sich auch Flocke an dem Spiel, es war eine ständige wilde Jagd hinauf und hinunter.

Nur Blümchen saß oben auf dem Rand des Nestes und beschwerte sich mit kläglichem Maunzen darüber, daß man sie allein gelassen hatte. Sie war durch nichts zu bewegen, den Abstieg in die Katzenkiste zu wagen.

Der Ernst des Lebens

Einen ganzen Tag brauchte Blümchen, um ihre Furcht zu überwinden. Daß sie es überhaupt versuchte, über den Laufsteg nach unten zu kommen, wo die anderen drei spielten und tollten, war nur Bernds liebevollem Zureden zu verdanken, der jeden ihrer Schritte lobte und bewunderte und sie immer wieder zärtlich streichelte.

Blümchen entwickelte sich überhaupt zu einem kleinen Star. Sie war es, die sich lautstark beschwerte, wenn Piri einmal zu lange ausblieb. Schreiend empfing sie die Mutter, als hätte man sie tagelang hungern lassen. Was für die anderen drei übermütiges Spiel war: in die Ohren zu beißen, in den Bauch zu zwicken, am Schwänzchen festzuhalten, kleine Pfotenhiebe auszuteilen – Blümchen beschwerte sich empört, wenn eins der Geschwister ihr zu nahe gekommen war. Und Bernd tröstete und verteidigte sie. Schnurrend schmiegte sie sich an ihn, wenn er sie wieder einmal dem groben Zugriff der anderen entzogen und auf den Arm genommen hatte.

Nur wenige Tage dauerte es, dann war der Rand der Kiste kein Hindernis mehr für unsere Katzenkinder. Sascha war der erste, der unermüdlich seine Pfoten zum Rand hinaufreckte, seine Krällchen in den Stoff hakte und versuchte, sich hochzuziehen. Während ich über meinen Hausaufgaben brütete, sah ich immer wieder sein freches kleines Tigergesicht in höchster Anspannung hinter dem Kistenrand auftauchen und wieder verschwinden. Sein größtes Problem war es, die Krallen aus dem festen Stoff herauszubekommen, denn Katzenkinder verstehen es in diesem Alter noch nicht, ihre Krallen einzuziehen.

Endlich gelang es ihm. Sascha hing schaukelnd und nicht gerade glücklich bäuchlings über dem Kistenrand, wippte – um sein Gleichgewicht kämpfend – vor und zurück und sah ratlos ins Zimmer. Dann ließ er sich kurzentschlossen fallen, plumpste wie ein reifer Apfel auf den Teppich, saß einen Augenblick benommen da und begann schließlich, auf Wanderschaft zu gehen.

Aus war es mit den Hausaufgaben! Dieses Schauspiel konnte ich mir nicht entgehen lassen!

Sascha wandte sich zunächst nach links und umrundete die Kiste von außen. Dann tapste er zur Terrassentür hinüber. Ich riß eine Seite aus meinem Matheheft, knüllte sie zu einem Bällchen zusammen und ließ es über den Teppich rollen. Genau unter Saschas Nase blieb das Bällchen liegen. Sascha war so erschrocken, daß er sich rückwärts auf den Po setzte. Eine Weile betrachtete er das komische, weiße Ding mißtrauisch, dann richtete er sich auf und tippte es vorsichtig mit der Pfote an. Das Ding lief vor ihm davon und blieb ein Stück entfernt von ihm liegen. Sascha war begeistert. Er tappte hinterher und stieß es noch einmal an. Wieder floh das ulkige Ding vor ihm. Jetzt wollte er die Sache genau untersuchen, er schlich sich an das Bällchen heran und schnupperte. Aber das weiße Knisterding wich ihm aus. Ärgerlich gab Sascha ihm einen tüchtigen Klaps mit der Pfote. Das Bällchen witschte weg und machte einen kleinen Hüpfer. Sascha hüpfte mit einem Bocksprung hinterher.

Nun gab es kein Halten mehr. Kreuz und quer jagte der kleine Kater das Kügelchen durchs Zimmer, rannte, hüpfte, stolperte über seine Pfoten und kugelte über den Teppich. Und das Bällchen raschelte und knisterte so geheimnisvoll, daß er gar nicht aufhören wollte.

Zufällig fiel mein Blick auf die Kiste. Da hingen drei Katzenkinder an die Kistenwand gekrallt, die Köpfchen neugierig über den Rand geschoben und starrten fasziniert auf Sachas wilde Jagd.

Bis zum Abend hatten auch die anderen drei gelernt, über den Kistenrand zu klettern, und tobten durchs Zimmer. Jetzt brauchte ich eine zweite Katzentoilette. Eine befand sich bereits in der Kiste, aber es war nicht anzunehmen, daß unsere Katzenkinder jedesmal den umständlichen Weg über den Kistenrand nehmen würden. Ich fand es ohnehin erstaunlich, mit welcher Selbstverständlichkeit die kleinen Kerle das Plastikkistchen mit der Katzenstreu benutzten. Nur selten gab es ein Malheur, wenn eines über dem Spielen und Toben alles vergaß. Ich holte Piris Katzentoilette aus dem Bad und stellte sie neben die Terrassentür. Dann setzte ich ein Junges nach dem anderen hinein, damit sie das neue Klo kennenlernten.

Unnötig zu sagen, daß von nun an in meinem Zimmer nichts mehr sicher war. Papierkorb, Bücherregal, Bett, Sessel, Gardinen – alles diente als Spiel- oder Turngerät, und was mich betraf, so war es meine Hauptaufgabe, als Kletterbaum zu dienen, sobald ich das Zimmer betrat. Zwei, drei Kätzchen auf einmal hangelten sich blitzschnell wie die Eichhörnchen an meinen Jeans hoch, kletterten bis hinauf auf die Schultern oder setzten mit einem tollkühnen Sprung zum Schreibtisch hinüber, von wo sie mit sichtlichem Entzücken einen Gegenstand nach dem anderen auf den Fußboden warfen. Unten wartete mit staunenden Augen der Rest der Mannschaft

Nichts in meinem Zimmer war sicher vor den jungen Katzen

auf Bleistifte, Radiergummi, Anspitzer oder Tintenpatronen, um sie alsbald durchs Zimmer zu trudeln.

Nicht, daß sie nicht auch richtiges Spielzeug gehabt hätten! Mutti, Vati, die Omas, Bernd und Helga brachten Dutzende von Bällchen, Gummimäusen, Nähgarnrollen und ähnlichem an, doch die Gegenstände auf meinem Schreibtisch schienen viel spannender zu sein.

„Es wird Zeit, daß wir die Kleinen auf festes Futter umstellen", sagte Oma Mummi eines Tages. „Wenn wir Piri jetzt sterilisieren lassen, wird sie keine Milch mehr haben. Außerdem müssen die Jungen geimpft werden, und eine Wurmkur ist auch fällig!"

„Wurmkur? Muß das sein?" fragte ich gedehnt. „Sie sind doch noch nie draußen gewesen!"

„Aber Piri. Und sie kann leicht Würmer übertragen, da sie so viel draußen herumstreift. Für Jungtiere sind Würmer besonders gefährlich, es wäre geradezu fahrlässig, auf die Kur zu verzichten. Aber mach dir keine Sorgen, bei den Kleinen ist so eine Kur überhaupt kein Problem. Und die Impfung – die ist eine Sache von Sekunden!" beruhigte mich die Oma.

Ich sah ein, daß Oma Mummi recht hatte. Am nächsten Tag packte ich die vier Kleinen in den Transportkorb, und Vati fuhr uns zum Tierarzt. Der schaute sich jedes Katzenkind genau an, lobte sein Aussehen und seinen Gesundheitszustand, dann bekam jeder seine Spritze. Das ging wirklich schnell. Stolz schwenkte ich meine vier Impfpässe, als wir wieder nach Hause kamen.

„Jetzt sind sie gegen Katzenseuche und Tollwut geimpft", berichtete ich Oma Mummi. „Das ist doch ein beruhigendes Gefühl. Auch die Wurmpaste hat der Arzt mir gegeben. Damit warten wir noch ein paar Tage, beides auf einmal wäre zu anstrengend für die kleinen Kerle."

Nun ging es darum, unseren Nachwuchs an festes Futter zu gewöhnen. Hin und wieder hatten sie schon von Piris Teller genascht, aber da Piri genug Milch für sie hatte, war das Interesse nicht besonders groß gewesen.

Heute sollten sie nun ihr erstes richtiges Menü bekommen. Helga hatte die Idee gehabt, das Futter mit Babynahrung zu verdünnen, damit sie es leichter annahmen, und mischte höchstpersönlich einen dickflüssigen Brei, den sie ohne Mühe aufschlecken konnten.

„Ist das nicht ein bißchen viel?" meinte Bernd zweifelnd, als sie damit ins Zimmer trat.

„Ja, es ist mehr geworden, als ich dachte", gestand Helga ein, „aber das macht nichts, Piri wird den Rest sicher gern fressen."

„Na schön, dann kann's ja losgehen."

Ich hatte ein altes Badelaken auf meinen Teppich gebreitet, in dessen Mitte Helga jetzt den Babybrei stellte. Dann setzten wir unsere Katzenkinder im Kreis um die köstlich duftende Mahlzeit. Da Piri bereits seit zwei Stunden einen Spaziergang machte, war zu hoffen, daß es an dem nötigen Appetit nicht fehlen würde.

Die Näschen schoben sich schnuppernd über den Tellerrand, die kleinen Hälse reckten sich. Flocke machte einen Schritt vorwärts, senkte das Köpfchen, verlor das Gleichgewicht und landete mit dem Gesicht in dem zartrosa Brei. Sie wich entsetzt zurück, nieste heftig, wobei ein gleichmäßiger Regen auf Saschas Fell niederging.

Sascha fing es schlauer an; er tauchte zunächst prüfend seine Zungenspitze in die fremdartige Mahlzeit, schleckte nachdenklich, entdeckte, daß dies hier ganz nach seinem Geschmack war, und landete mit einem kühnen Sprung mitten im Teller. Mischa, der das für ein neues Spiel hielt, haute mit der Pfote nach dem Bruder, verfehlte ihn und tappte kräftig in den Brei. Da er Sascha nicht getroffen hatte, wandte er sich Blümchen zu und patschte ihr auf den Kopf. Sekunden genügten, um unsere vier Lieblinge in breiverklebte kleine Ungeheuer zu verwandeln, die bald dazu übergingen, sich die schmackhafte Mahlzeit gegenseitig aus dem Fell zu lecken. Wir mußten so lachen, daß wir gar nicht imstande waren, etwas zu verhindern.

„Das war wohl nicht meine beste Idee!“ stöhnte Helga.

Bernd und ich lachten immer noch.

„Mach dir nichts draus“, meinte Bernd schließlich. „Hauptsache, es hat ihnen Spaß gemacht. Du hast auch nicht anders ausgesehen, als man dir deinen ersten Spinat verabreicht hat.“

Am nächsten Tag wiederholten wir den Versuch. Diesmal bekam jeder sein eigenes Schüsselchen, auf den Zusatz von Babynahrung verzichteten wir. Wir verdünnten das Futter statt dessen mit abgekochtem Wasser, so hatte es auch gleich die richtige Temperatur: handwarm. Sicherheitshalber taten wir nur wenig in die Schälchen, vor allem von dem leckeren Fleischgelee, das sich an den Dosenrändern abgesetzt hatte. Und diesmal hatten wir Glück. Unsere vier Kätzchen schleckten schmatzend und voller Gier ihre Mahlzeit auf. Sie waren selbständig geworden!

Die Geschenkpackung

Einige Wochen später – unsere Katzenkinder waren tüchtig gewachsen und machten bereits kleine Ausflüge in den Garten – bekam ich unerwartet Besuch. Bernd war beim Handballtraining, und Helga hatte Klavierstunde, deshalb war ich erstaunt, als jemand an meine Tür klopfte.

„Herein – aber Vorsicht! Mischa sitzt hinter der Tür!"

„Tag Janni! Störe ich?"

„Frau Färber ... na so was!"

Leicht verwirrt sprang ich von meinem Stuhl auf. Ich hatte Bernds Mutter bisher nur zweimal flüchtig gesehen. Daß sie mich hier in meinem Zimmer besuchte, brachte mich ganz durcheinander.

„He, da sind sie ja! Ja, seid ihr süß, ihr kleinen Miezespatzen!" Und schon saß sie auf dem Fußboden. Flokke kletterte ihr auf die Schulter, und Sascha wetzte seine Krällchen an ihrer weißen Leinenhose. Aber das schien Mutter Färber nicht das Geringste auszumachen. Ein Jammer, daß sie keine Katze wollte!

„Ich bin gekommen, um mit dir über Bernds Geburtstag zu sprechen", sagte Frau Färber endlich und pflückte Flocke von ihrer Schulter, um sie in den Arm zu nehmen und mit ihr zu schmusen. „Du weißt ja, daß wir vorerst keine Katze ins Haus nehmen wollten, um ihr die Aufregung beim bevorstehenden Umbau des Hauses zu ersparen. Die vielen Handwerker im

Haus … Farben und Chemikalien, die offen herumstehen können, der Lärm, wir wollten das einem Tier nicht zumuten, zumal man kaum Zeit hat, auf das kleine Wesen aufzupassen. Katzen sind so sensibel und leicht zu verstören."

„Das ist wahr. Ich verstehe Sie sehr gut. Ich glaube, ich würde es auch so machen. Andererseits bin ich ziemlich traurig für Bernd. Ich hätte ihm Blümchen wirklich gegönnt, er hängt so an ihr!"

„Ja, darüber mache ich mir auch Gedanken. Bis wir mit dem Umbau beginnen können, vergehen noch zwei Monate, und bis er beendet ist, fast ein Jahr …" Frau Färber setzte Flocke auf den Teppich und sah mich an. „Ich finde, das können wir Bernd nicht antun, was meinst du? Daß ein anderer seine Katze bekommt, die er so sehr liebt." Sie lächelte ein richtiges Verschwörerlächeln. Sie fing an, mir unheimlich zu gefallen.

„Deshalb wollte ich dich fragen, Janni, ob du uns Blümchen für Bernd verkaufen würdest, wenn es soweit ist. Wo ist sie überhaupt?"

„Sie wollen … oh, Mann, das ist ja super!" Am liebsten wäre ich ihr um den Hals gefallen. „Allerdings", fuhr ich fort und setzte eine todernste Miene auf, „ich meine, es tut mir wirklich leid, aber verkaufen kann ich Ihnen Blümchen nicht. Sie ist unverkäuflich, weil ich sie selber Bernd zum Geburtstag schenken werde."

„Ja, wenn das so ist!" Frau Färber lachte.

Als wäre dies ihr Stichwort gewesen, sprang Blümchen aus dem Schrank, reckte sich, gähnte herzhaft und schlenderte zu Frau Färber hinüber, um ein paar Streicheleinheiten in Empfang zu nehmen.

„Oh, sie ist eine richtige Glückskatze!"
„Eine Glückskatze?"
„Wußtest du das nicht? Nach einem alten Aberglauben bringen vierfarbige Katzen ihren Besitzern Glück."
„Dann hoffe ich, daß Blümchen Bernd ganz besonders viel Glück bringt!" sagte ich mit so viel Nachdruck, daß Frau Färber mich amüsiert betrachtete.
„Ich muß gehen. Wiedersehen, Janni, und ... verrate nichts, hörst du?"
„Eher soll mir die Zunge verrosten! Wiedersehn, Frau Färber!"

Noch am gleichen Abend gab es eine weitere Überraschung. Vati legte das Foto eines wunderschönen Landhauses in einem großen Park mitten auf den Abendbrottisch und sah uns herausfordernd an.
„Ratet mal, was das ist!"
Wir betrachteten das Bild und zuckten ratlos mit den Achseln.
„Keine Ahnung. Was ist es denn?"
„Mischas neues Heim! Das Haus gehört einem kinderlosen Ehepaar, Kunden von mir und auch Katzennarren, was ich bisher nicht wußte. Aber seitdem ich die Fotos unserer Katzenkinder auf dem Schreibtisch habe ... nun, sie stürzten auf das Foto von Mischa und fragten, wie ich an eine Aufnahme ihres verstorbenen Katers Mike käme! Sie wollten gar nicht glauben, daß das unser Mischa sein sollte. Nun ja, und als sie erfuhren, daß wir für ihn einen guten Platz suchen ..."
„Wenn das kein Wink des Schicksals ist!" Oma Lene machte ein ganz andächtiges Gesicht. „Unser kleiner

Mischa. Da wird er es aber gut haben, das spüre ich."

„Nach menschlichem Ermessen ja", sagte Vati. „Das Haus liegt am Waldrand, weit und breit ist keine Durchgangsstraße, keine katzenfeindlichen Nachbarn, besser kann man es sich nicht wünschen."

„Flocke zu Helga, Blümchen zu Bernd und Mischa in dieses schöne Haus, wir haben wirklich Glück", bemerkte Mutti zufrieden.

Eine kleine Stille entstand. Ein Satz lag in der Luft, jeder hatte ihn auf der Zunge, aber keiner sprach ihn aus. Und was wird mit Sascha? Unserem Liebling, unserem wilden, klugen kleinen Draufgänger? Ich wollte, daß Sascha bei uns blieb, aber ich hatte mich bisher nicht getraut, davon anzufangen. Und ich hatte ehrlich gesagt keine Ahnung, wie die anderen darüber dachten. Fest stand nur eins: daß wir Piri nicht alle vier Kinder auf einmal nehmen wollten. Sascha blieb demnach noch eine Frist von ein paar Wochen.

Bernds Geburtstag kam heran. Unsere Katzenkinder waren nun über zehn Wochen alt, und Piri begann sie hin und wieder mit heftigen Pfotenhieben abzuwehren, wenn sie ihr allzusehr zusetzten. Zwar spielte sie viel mit ihnen, brachte ihnen bei, was eine junge Katze wissen muß, aber dann verschwand sie für Stunden, schlief auf Oma Mummis Bett oder in Vatis Wohnzimmersessel. Manchmal lag sie auch auf meinem Schrank, blinzelte zu ihren Kindern hinunter und war vor der temperamentvollen Gesellschaft sicher.

Ich konnte ihre Gefühle verstehen, denn allmählich wuchs selbst mir der Tumult in meinem Zimmer über den Kopf.

So war ich ganz zufrieden, als Mischa abgeholt wurde.

Seine neuen Pflegeeltern holten ihn mit einem Katzentransportkorb, der notfalls für einen jungen Bernhardiner ausgereicht hätte. Mischa machte seine Sache ausgezeichnet, er sprang neugierig auf sein zukünftiges Frauchen los, als dieses das Zimmer betrat; und als sie ihn ansprach, kletterte er wie der Blitz an ihr hoch. Ich erschrak, denn die Dame trug einen eleganten Hosenanzug, der sicher sehr teuer gewesen war, aber sie lachte nur, nahm Mischa auf den Arm und kraulte sein rundes Bäuchlein. Mischa begann mit der Lautstärke einer alten Nähmaschine zu schnurren, und ich seufzte erleichtert auf. Es war klar: In dieser Familie würde Mischa das Leben eines verwöhnten Paschas führen!

Piri schien Mischa nicht zu vermissen. Wenn sie ein Lieblingskind hatte, dann war es Sascha. So war ich auch wegen Blümchens Auszug beruhigt.

Bernds Geburtstag fiel auf einen schulfreien Samstag. Nach einer längeren Regenperiode schien zum erstenmal wieder die Sonne. Es war wie ein glückverheißendes Omen. Helga und ich waren zum Geburtstagsfrühstück eingeladen worden. Helga holte mich ab. Ich erwartete sie mit einer Überraschung.

„Was ist denn das? Noch ein Geschenk für Bernd?"

„Da staunst du, was? Das habe ich gebastelt. Es ist eine Geschenkschachtel."

„Das sehe ich. Und?"

„Da hinein werden wir Blümchen setzen!"

„Die Ärmste! Soll sie ersticken?"

„Keine Spur. Schau – in der Schachtel sind rundherum große Löcher, und die Bespannung ist aus hauchdünner Gaze, die ich bunt angemalt habe. Sie hat ausreichend Luft und Licht. So, mein Schatz", sagte ich und hob Blümchen aus ihrem Nest, wo sie fest geschlafen hatte, „da drinnen kannst du jetzt weiterschlafen, da ist es viel gemütlicher.“

Blümchen beschnupperte erstaunt das Kissen, auf das ich sie gebettet hatte, verhielt sich aber ruhig. Vorsichtig stülpten wir den Deckel auf den Karton und verzierten das Ganze mit einer überdimensionalen roten Schleife. Es sah toll aus.

Frau Färber erwartete uns an der Tür.

„Geht nur hinein, Bernd sitzt schon am Frühstückstisch. Ist sie da drin?“

Helga und ich nickten kichernd. Den Karton zwischen uns, betraten wir das Wohnzimmer, wo an der offenen Terrassentür der Frühstückstisch stand. Bernd und sein Vater beugten sich gerade über ein Buch, das Bernd eben ausgepackt hatte. In diesem Augenblick fiel es Blümchen ein, uns alles zu verderben: Sie maunzte empört und wollte raus aus dem Karton. Helga schaltete sofort.

„Happy birthday to you!“ begann sie mit der Lautstärke einer Trompete zu singen. Ich fiel schnell ein. „Happy birthday to you!“

Blümchen verschlug es vor Schreck die Stimme. Noch während wir sangen, stellten wir den Karton vor Bernd auf den Boden. Zur Sicherheit hatte ich ein Schild *Vorsicht, zerbrechlich, nicht kippen!* auf den Deckel geklebt.

Bernd löste die große Schleife, streifte das Band fast andächtig ab und blinzelte uns verlegen an.

„Was kann das sein? So ein großes Paket?“

„Vielleicht ein Plastikeimer mit Förmchen und Schaufel für die Ferien am Strand!“ neckte ihn sein Vater.

Bernd hob den Deckel ab, der Karton geriet dabei ins Schwanken, Blümchen beschwerte sich mit einem durchdringenden Schrei und kratzte energisch an ihrem Gefängnis, aber da war sie auch schon befreit, hochgehoben – und Bernds Gesicht verschwand in ihrem Fell.

Wir wandten uns dem Frühstück zu, um ihm Zeit zu geben, den Schock zu verdauen.

„Mannomann, damit habe ich wirklich nicht gerechnet!“ brachte er schließlich heraus. „Danke, Janni! Ich glaube, ich brauch dir nicht zu sagen, wie ich mich freue, oder?“

„Wirklich nicht!“ sagte ich lachend. „Außerdem brauchst du dich nicht zu bedanken! Was glaubst du, wie froh wir alle sind, daß ich für Blümchen einen so tollen Platz gefunden habe!“

Jetzt kamen die Eltern Färber mit ihren Geschenken: eine nagelneue Ausrüstung für Blümchen, Korb, Trinknapf und Futterschüssel, Katzentoilette, Kamm und Bürste – alles in Gelb. Ich überreichte Bernd feierlich Blümchens Impfpaß, und während wir die Geschenke betrachteten, war Blümchen von Bernds Schoß auf den Eßtisch geklettert und schleckte mit träumerischem Blick die Kaffeesahne aus dem Kännchen.

Wir blieben bis abends bei Bernd. Zum Mittagessen kamen seine Großeltern und am Nachmittag zwei Klassenkameraden; es wurde ein richtig schönes, rundes Geburtstagsfest.

Als ich abends nach Hause kam, mußte ich die Übergabe meines Geschenkes bis in alle Einzelheiten schildern. Und dann wollten sie wissen, wie Blümchen sich benommen hatte, wie ihr das Haus gefiel und ob sie sich schon eingelebt hatte.

„Helga will nun auch nicht mehr warten“, schloß ich meinen Bericht. „Morgen holt sie Flocke zu sich.“

„Gut“, sagte Mutti, „damit wäre dieser Abschnitt unseres Lebens also abgeschlossen.“

„Und was ist mit Sascha?“ fragte Oma Mummi plötzlich, und ich sah ein verstecktes Lachen in ihren Augenwinkeln.

„Was soll mit ihm sein?“ sagte Vati beiläufig. „Ich denke, es geht ihm gut.“

„Er hat die Trennung von seinen Geschwistern gut überstanden“, stellte Oma Lene fest. „Ein kluger, ganz vernünftiger kleiner Kerl.“

„Ein sehr ausgeglichener Charakter, trotz seines Temperaments“, bemerkte Mutti.

„Nun, das meinte ich eigentlich nicht“, murmelte Oma Mummi, aber niemand tat ihr den Gefallen zu fragen, was sie denn gemeint hatte.

Sie schwiegen eine ganze Weile, und ich schaute ihnen beim Rommépielen zu. Sonst spiele ich leidenschaftlich gern mit, aber heute war ich von einer angenehmen Müdigkeit befallen. Ich hätte ins Bett gehen sollen, aber es war, als wenn noch irgend etwas in der Luft läge, das ich nicht verpassen durfte.

„Wann muß er eigentlich kastriert werden?“ fragte Vati plötzlich.

Nun war es heraus. Oma Lene und Mutti sahen sich schmunzelnd an. Keiner von ihnen hatte es bisher ausgesprochen, aber gedacht hatten es alle: Sascha sollte bleiben.

„Nun“, sagte Oma Mummi, „das hat noch Zeit. Mit einem Jahr etwa. Ihr werdet es schon merken.“

Ich hatte es plötzlich sehr eilig, in mein Zimmer zu

kommen. Piri lag auf meinem Bett und schlief, neben sich Flocke und Sascha. Mit dem Zeigefinger strich ich Sascha über den kleinen Kopf, er öffnete die Augen ein wenig, blinzelte mich an und zeigte sein schneeweißes Raubtiergebiß in einem gewaltigen Gähnen.

„Na, Tiger? Was sagst du dazu? Hast du das etwa gewußt?“

Sascha reckte sich und rollte sich auf die andere Seite. Halb auf dem Rücken liegend schlief er wieder ein, die Augen mit einer Pfote bedeckt. Ich verstand genau, was er mir sagen wollte. ‚Klar!‘ sollte das heißen. ‚Oder hast du im Ernst geglaubt, hier kriegte mich jemand weg?‘

Piri geht auf Reisen

Ein lästiger Gast

„Oma Mummi! Muß denn das sein?"

Ich legte alle Verzweiflung in meine Stimme, derer ich fähig war, aber Oma Mummi ließ den eisernen Vorhang runter, ihre Lippen wurden ganz schmal, und sie schaute zur Seite.

„Ja, das muß sein."

„Aber er ist so gräßlich! Und er interessiert sich doch gar nicht für Kinder! Er will sowieso nur mit euch Erwachsenen zusammensein. Außerdem habe ich eine ganz dringende Verabredung mit Helga und Bernd, sie werden furchtbar enttäuscht sein, wenn ich nicht komme!"

„Das kann ich nicht ändern. Nun geh und zieh dich um, Janni, sie werden gleich da sein."

Auch noch umziehen, das war doch das Hinterletzte! Für diesen Onkel aus Amerika, den keiner leiden konnte. Und Oma Mummi am allerwenigsten. Ich brauchte sie nur anzusehen, wie sie in der Küche hin und her hastete, klirrend das Kaffeegeschirr auf dem Tablett zusammenschob und gleich darauf die Kühlschranktür zudonnerte, als wär's das Tor zur ewigen Verdammnis.

Sie brauchten gar nicht so zu tun, die Erwachsenen. Ich war nicht mehr so klein, daß ich nicht mitbekommen hätte, wie sie aufstöhnten, als das Telegramm kam. Wie sie es mit spitzen Fingern einander zureichten, als sei das Papier mit Juckpulver behaftet. Wie sie die Augen zum Himmel rollten. Ein Besuch von Onkel Eduard bedeutete Tage und Wochen der absoluten Tyrannei. Wo es Onkel Eduard einmal gefiel, ging er nicht so bald wieder weg; und daß es ihm gefiel, dafür wußte er zu sorgen.

Aber das Schlimmste an Onkel Eduard war seine Stimme. Eine hohe, quakende, alles durchdringende Stimme, die keinen Augenblick abgestellt wurde, denn Onkel Eduard redete ununterbrochen. Von morgens um sechs bis Mitternacht oder länger, denn Onkel Eduard brauchte kaum Schlaf, wie er ständig stolz beteuerte.

„Das Furchtbare ist, er merkt nicht, wie er anderen Menschen auf die Nerven geht! Um ihn herum kann alles zusammenbrechen, und er sieht es überhaupt nicht!" klagte Mutti, und Vati fügte hinzu: „Was willst du, er ist einfach zu dämlich dazu!"

Trotzdem taten sie jedesmal alle, als freuten sie sich riesig über seinen Besuch und bemühten sich, den Onkel nach Kräften zu verwöhnen. Keiner ließ sich anmerken, wie sehr er das Ende des Besuchs herbeisehnte. Na ja, vielleicht taten sie es auch aus Rücksicht auf Oma Lene. Onkel Eduard ist nämlich der Sohn von Oma Lenes Schwester, und die ist wahnsinnig stolz auf dieses Musterexemplar von einem Wissenschaftler, der es bis zu einer Anstellung in Amerika gebracht hat.

Oma Lene ist Vatis Mutter. Sie war früher Lehrerin und legt auf Bildung großen Wert, während Oma Mummi, Muttis Mutter, mehr für die irdischen Freuden des Lebens ist, wie sie sagt. Für gutes Essen, für den Garten mit seinen vielfältigen Blumen, Bäumen und Sträuchern, Früchten und Gemüse. Und für Tiere. Zum Glück ist es auch Oma Mummi, die für uns alle kocht; Oma Lene dagegen sorgt dafür, daß der Haushalt in Ordnung ist, während Mutti und Vati sich in ihren Büros abstrampeln.

„Nun zieh dich endlich um, Christiane!"

Auweia. Wenn Oma Mummi Christiane sagt und nicht Janni, ist sie kurz vorm Explodieren, stellte ich besorgt fest und machte, daß ich in mein Zimmer hinunter kam.

Welch ein herrlicher Tag! Die Sonne schien durch die weit geöffnete Terrassentür, es duftete nach Rosen und nach Sommer. Ein leichter Wind bewegte die Zweige der Bäume, Piri und der kleine Sascha räkelten sich im Schatten der Fliederbüsche und sahen verträumt Insekten nach, die über sie hinwegsurrten, und ich sollte im Sonntagsstaat mit den Erwachsenen am Kaffeetisch sitzen und mir Onkel Eduards öde Geschichten anhören. Was für eine Verschwendung!

Da waren sie schon; ich hörte Vatis Auto in die Einfahrt einbiegen, dann hupte er. Wie der Blitz zerrte ich mir Shorts und T-Shirt vom Leib und schlüpfte in den rosa Overall, den Oma Mummi mir vorsorglich aufs Bett gelegt hatte. Zwei Minuten später war ich oben. Sie schleppten gerade Onkel Eduards umfangreiches Gepäck in die Diele.

„Hallo! Christianchen, mein Kind, komm, umarme

deinen alten Onkel!" dröhnte Onkel Eduard und hielt mir seine schlecht rasierte Backe zum Kuß hin.

Ich versuchte so gut es ging erfreut auszusehen und schmatzte irgendwo an seinem Ohr vorbei in die Luft. Auch auf diese Entfernung roch er noch nach Zigarettenmief und ungelüfteten Zimmern.

Onkel Eduard wurde von Mutti und Vati auf die Veranda geschoben und an den Kaffeetisch komplimentiert. An der Lautstärke, mit der sie auf ihn einsprachen, merkte ich, wie genervt sie schon jetzt waren. Onkel Eduard redete ununterbrochen dagegen an, wie himmlisch er es fände, endlich mal wieder ein paar ruhige Tage bei uns verbringen zu dürfen, was er sich alles ausgedacht hätte und was wir zusammen unternehmen müßten. Jeder zweite Satz war ‚Macht bitte keine Umstände!', aber als Oma Mummi ihm Kaffee eingoß, fragte er, ob sie nicht koffeinfreien für ihn hätte, und als sie ihm den gemacht hatte, sagte er, daß er das Zeug eigentlich hasse und überhaupt zum Teetrinker geworden sei. Der Kuchen war eigentlich nicht nach seinem Geschmack, da er Hefekuchen nicht ausstehen könne, aber er aß vier Stück. Die Schlagsahne hatte ihm eigentlich sein Arzt verboten, aber er ließ uns kaum etwas übrig. Kurz – Onkel Eduard zeigte sich als genau die Nervensäge, die er schon immer gewesen war.

Mutti und Vati warfen sich verstohlen Blicke zu. Oma Mummi fand immer öfter einen Grund, in die Küche hinauszueilen, während Onkel Eduard die Schwierigkeiten und unerfreulichen Vorfälle seiner Reise bis in die kleinsten Details vor uns ausbreitete. Nur ihm schien es regelmäßig zu passieren, daß das Taxi nicht kam, das nächste sich verfuhr und in einem Stau steckenblieb, so daß er um ein Haar die Maschine verpaßt hätte, wenn die nicht auch Verspätung gehabt hätte. Nur ihm wurde der schlechteste Platz zugemutet, neben einem Dicken, der ihm während des Fluges mit Krankheitsgeschichten die Ohren vollgeschwatzt hatte, daß ihm jeder Appetit vergangen war.

„Wer möchte schon mit Einzelheiten der Darmtätigkeit eines wildfremden Menschen konfrontiert werden, ganz zu schweigen von den schauerlichen Operationen, die dieser an seinem Verdauungsapparat hat vornehmen lassen müssen!" rief Onkel Eduard mit vor Empörung zitternder Stimme und griff nach einem weiteren Stück Kuchen, bevor er uns in allen Einzelheiten eben diese Geschichten erzählte.

Oma Lene ging leise hinaus.

Vati stand auf und holte den Cognac aus dem Schrank, Oma Mummi lief nach den Gläsern. Nur Mutti saß höflich, starr aufgerichtet Onkel Eduard gegenüber und nickte in regelmäßigen Abständen wie eine aufgezogene Puppe. Ich überlegte verzweifelt, wie ich mich verdrükken könnte, aber da schon drei der Erwachsenen am Tisch fehlten, standen meine Chancen schlecht.

Nun ließ sich Onkel Eduard über die miserablen Start- und Landemanöver des Flugkapitäns aus, über den schlechten Zustand der Maschine, den noch schlechteren des Essens und die langen Wartezeiten beim Umsteigen. Das schlechte Wetter während des Fluges über den Atlantik war eine Zumutung gewesen, ebenso wie diese unerträgliche Hitze in Deutschland.

„Hast du Fotos mitgebracht?" unterbrach Mutti den Redeschwall des von allen Übeln der Welt heimgesuchten Onkels, in der Hoffnung auf Abwechslung.

Hätte sie nur nicht gefragt! Denn jetzt zog er einen dicken Stoß Bilder aus seiner Brieftasche und reichte sie herum, wobei er für die Beschreibung jedes einzelnen Fotos gute fünf Minuten brauchte. Fotos von seinem Labor, von seinen Mitarbeitern, von einem Betriebsfest und von irgendwelchen langweiligen Tests, die kein Mensch verstand.

Vati schenkte sich den dritten Cognac ein, und Mutti schob ihm auffordernd ihr Glas hinüber. Oma Mummi murmelte etwas von Abendbrot-vorbereiten-Müssen, aber Onkel Eduard meinte, das hätte noch Zeit, jetzt müsse sie erst die Fotos sehen, die er von der Familie seines Chefs gemacht hätte.

„Das ist die Mutter seiner Frau. Also seine Schwiegermutter. Oder nein, wartet mal, dies hier ist die Schwiegermutter seiner Frau, die andere ist deren Schwester, ganz entzückende alte Damen. Und das da ist der zweite Sohn seiner ältesten Schwägerin, Jim, ein ziemliches Früchtchen, kann ich euch sagen!"

„So?" fragte ich todesmutig. „Erzähl doch mal, Onkel Eduard, was stellt er denn an?"

Mutti durchbohrte mich mit Blicken.

„Er will nicht ordentlich lernen, der Junge, hat nichts als Baseball im Kopf. Kennt ihr Baseball? Also, das geht folgendermaßen..."

„Wer ist dieses kleine Mädchen?" unterbrach Mutti, die keine Lust auf eine Baseball-Vorlesung hatte, hastig.

„Das ist Hazel! Ach ja, die kleine Hazel", Onkel Eduard lehnte sich zurück, ein verzückter Ausdruck breitete sich auf seinem Gesicht aus. „Da muß ich euch eine reizende Geschichte erzählen! Aber erst einmal, zum Wohl, meine Lieben! Ich freue mich so, ein paar geruhsame Ferienwochen bei euch verbringen zu können!“

Onkel Eduard leerte andächtig sein Cognacglas, während meine Eltern sichtlich zu Salzsäulen erstarrten.

Meine Katze Piri, die sich wohl gewundert hatte, warum ich mich gar nicht im Garten sehen ließ, kam leise herein und sprang auf meinen Schoß. Das tröstete mich ein bißchen, ich begann das schimmernde, goldschwarz gestromte Fell meiner Katze zu streicheln und hörte Onkel Eduard überhaupt nicht mehr zu, der jetzt eine todlangweilige Geschichte über die Intelligenz der kleinen Hazel zu erzählen begann.

„Hatschi!“ machte Onkel Eduard plötzlich.

Piri sprang erschrocken zu Boden.

„Was ist denn das?“ schrie Onkel Eduard entsetzt, und seine Stimme überschlug sich. „Wo kommt dieses Tier plötzlich her?“

„Dieses Tier ist eine unserer Katzen. Piri!“ stellte Mutti vor, und ich sah ein hoffnungsfrohes Glitzern in ihren Augen.

„Ihr habt Katzen? Seit wann denn?“

„Seit einem Jahr.“

„Und ihr haltet sie hier im Haus?“

„Selbstverständlich.“

Onkel Eduard sprang auf, als hätte ihm jemand gesagt, eine Zeitbombe ticke unter seinem Stuhl. Dabei nieste er mehrfach heftig.

„Tut mir leid, meine Lieben, aber ich kann keinen Augenblick länger in diesem Hause bleiben! Es wäre mein Tod. Ich bekomme ja jetzt schon kaum noch Luft! Seid so gut und bestellt mir ein Hotelzimmer und ein Taxi! Schnell! Katzen! Mit Katzen in einem Haus! Unmöglich! Ich hab eine Allergie gegen Katzenhaare! Meine Tabletten, meine Nasentropfen, wo habe ich nur meine Nasentropfen? Meine Augen fangen schon an zu tränen. Nichts wie raus hier!"

Onkel Eduards Abgang konnte man nur als stürmisch bezeichnen. Niemand hielt ihn auf. Vati bestellte ein Taxi, während Mutti die Telefonnummer eines guten Hotels am anderen Ende der Stadt heraussuchte. Die Omas und ich brachten Onkel Eduards Gepäck auf die Straße. Onkel Eduard selbst beachtete keinen von uns, er war mit seiner angeblich angeschwollenen Nase beschäftigt.

Der Abschied war kurz. Onkel Eduard verzichtete auf jede Umarmung, als hätten wir alle eine ansteckende Krankheit. Aus dem Taxi winkend versprach er, noch mal anzurufen, dann war er verschwunden.

Aufatmend ließen wir uns um den Kaffeetisch nieder.

„Die Ägypter verehrten Katzen als Götter", sagte Vati und hob Piri zu sich hoch, um ihr in die Augen zu sehen. „Ich kann sie gut verstehen. Segen bringende, geheimnisvolle kleine Götter! Vielen Dank, Piri!"

„Das muß gefeiert werden!" platzte Oma Mummi heraus.

Onkel Manfred

So bedrückt wir dem Besuch von Onkel Eduard entgegengesehen hatten, so sehr freuten wir uns auf den angekündigten Besuch von Onkel Manfred. Oma Mummi verwandelte die Küche in eine Backstube; drei verschiedene Torten wetteiferten um den ersten Preis, Mohnkuchen und Mandelhörnchen verbreiteten einen Duft, daß einem das Wasser im Munde zusammenlief, und in der Vorratskammer wartete ein ganzes Blech Stachelbeerkuchen. Außerdem produzierte Oma Mummi pfundweise von dem köstlichen Käsegebäck, das Onkel Manfred so liebte.

„Wer soll das nur alles essen?“ fragte Oma Lene kopfschüttelnd.

„Manfred, wer sonst? Du kennst doch deinen Jüngsten!“ antwortete Oma Mummi ungerührt. „Was der so verputzen kann...“

„Und was er nicht schafft, esse ich!“ verkündete ich vergnügt. Mein Appetit und die Tatsache, daß ich trotzdem so ein mageres Hühnchen bleibe, ist das Lieblingsthema der Omas. Neuerdings kam das Erstaunen über mein plötzlich einsetzendes Wachstum dazu. Acht Zentimeter hatte ich im letzten halben Jahr geschafft! „Schließlich wachse ich doch so schnell“, fügte ich schnell hinzu, ehe Oma Lene bemerken konnte, wie ungesund Kuchen sei.

Onkel Manfred war wirklich Spitze! Er brachte nicht nur mir, sondern auch Piri und ihrem Sohn, Kater Sascha, ein Geschenk mit. Ich bekam eine riesige Schachtel mit bunten Bonbons aller Sorten – sogar Schokoladenbonbons waren dabei, die ich am allerliebsten habe, Onkel Manfred vergißt so was nie! – und ein Buch mit Katzengeschichten. Für Piri hatte er eine quietschende Gummimaus in viel raschelndes rosa Seidenpapier gepackt und erregte sofort ihre Neugier, als er das Papier kräftig zusammendrückte und so einen schrillen, hohen Pfeifton erzeugte. Saschas Geschenk war in himmelblaues Seidenpapier gewickelt und bestand aus fünf ausgedienten Tischtennisbällen, die Onkel Manfred für ihn gesammelt hatte. Wir hockten uns in meinem Zimmer auf den Boden und sahen Katzenmutter und Katzensohn zu, wie sie begeistert mit der raschelnden Umhüllung ihrer Geschenke kämpften.

Piri schaffte es zuerst. Sie hielt das eine Ende des halb aufgewickelten Papiers fest, indem sie sich mit dem Oberkörper darauflegte, dann stieß sie ihre kleine schwarzglänzende Nase wie ein Maulwurf unter die lokker aufgewickelte Papierrolle und war bald bis zum Inhalt vorgedrungen. Im Eifer des Gefechts übersah sie, daß ihr Sohn – mit sich und seinem Geschenk beschäftigt – unter ihrem Papier landete. Sie entdeckte die Maus und, fürchtend, sie könne ihr entwischen, sprang ohne lange Vorbereitungen zu. Die Maus quiekte, und Sascha schrie empört auf. Wir lachten, daß wir rückwärts auf den Teppich plumpsten.

„Komm her, mein Kleiner, was hat deine Rabenmutter da mit dir gemacht!" tröstete ich meinen kleinen Tiger und befreite ihn aus Wolken von rosa und himmelblauem Papier. Dann half ich ihm ein bißchen, zum Inhalt seines Päckchens vorzudringen.

Kaum hatte Sascha die Tischtennisbälle entdeckt, ging die wilde Jagd kreuz und quer durch mein Zimmer los. Mit heftigen Tatzenhieben trieb Sascha mal das eine, mal das andere Bällchen vor sich her; sah ein zweites, drittes, viertes in seinem Weg, versuchte es mit mehreren zugleich und wußte bald gar nicht mehr, wo er zuerst hinspringen sollte. Bald ging es aus dem Zimmer hinaus, in den Vorraum, von dort ins Bad und wieder zurück, dann ins Treppenhaus, wo zu Saschas Entzücken ein Ball die

Treppe hinaufsprang, um von dort in großen Hüpfern zurückzukommen. Er erwischte ihn noch im Fluge, drückte ihn zu Boden, der Ball schnellte unter seiner Pfote fort und sprang in den Flurschrank, dessen Tür ich wie so oft aus Nachlässigkeit offengelassen hatte. Dort verschwand der Ball in einem meiner Gummistiefel.

Saschas Augen wurden schmal. Den Bauch flach auf den Boden gepreßt, den Kopf geduckt, das kleine Hin-

Mit geducktem Kopf wartete der kleine Sascha auf den Ball aus dem Stiefel

terteil ungeduldig wackelnd, wartete Sascha auf den Ball, der seiner Meinung nach jeden Augenblick aus dem Stiefel hervorkommen mußte. Aufgeregt peitschte das Schwänzchen hin und her. Onkel Manfred und ich lachten, daß uns die Tränen kamen.

Nun dauerte es Sascha doch zu lange. Vorsichtig schlich er näher, stieg in den Schrank, setzte sich auf die Hinterpfoten und versuchte, über den Rand des Stiefels zu schauen. Der Stiefel purzelte, unter soviel Gewicht, ihm entgegen, und das Bällchen rollte über ihn hinweg. Sascha machte einen Salto rückwärts.

„Warum kommt ihr denn nicht zum Kaffeetrinken?“ kam Oma Lenes klagende Stimme von oben. „Was macht ihr da nur?“

„Wir kommen schon!“ beruhigte ich sie.

„Schade“, sagte Onkel Manfred.

Ich stopfte schnell noch ein Schokoladenbonbon in den Mund, obgleich das angesichts der köstlichen Kuchen eigentlich unklug war.

„Ihr könnt eure Geschenke natürlich auch tauschen, falls sie euch nicht gefallen“, meinte Onkel Manfred augenzwinkernd. „Kommt, Piri, Sascha, Kuchen essen!“

Er nahm Piri auf den Arm, und ich bemächtigte mich des widerstrebenden Sascha. Niemand sagte ein Wort, als Onkel Manfred Piri am Kaffeetisch einfach auf dem Schoß behielt, was eigentlich streng verboten war. Beim Essen gehörten die Katzen unter den Tisch. Aber sie dachten wohl noch an Onkel Eduard und freuten sich, daß Onkel Manfred unsere Katzen so liebte.

Oma Mummis Kuchen schmeckte wie immer toll. Onkel Manfred aß riesige Mengen und häufte sich immer neue Schlagsahneberge auf seinen Teller, die jedes Mal blitzschnell verschwanden. Schließlich hielt ich es nicht mehr aus.

„Onkel Manfred!“ sagte ich streng. „Du meinst es zwar gut, aber du handelst unverantwortlich! Willst du unbedingt, daß sich die Katzen den Magen verderben?“

„Ach das bißchen!“ verteidigte sich Onkel Manfred. „Sie lieben es doch so!“

„Klar lieben sie es, mit Schlagsahne und Kuchen gefüttert zu werden, aber sie haben nun mal nicht so einen robusten Magen wie du!“

Onkel Manfred machte ein so komisch empörtes Gesicht, daß ich gleich wieder lachen mußte.

„Nein, im Ernst! Die meisten Menschen wissen gar nicht, daß so fette Dinge wie Schlagsahne oder auch nur Kuhmilch für Katzen schädlich sind! Sie sollten eigentlich nur Wasser trinken und eine magere, vitaminreiche Kost bekommen. Am besten, man gibt ihnen Dosenfutter und Trockenfutter, ein möglichst abwechslungsreiches Menü natürlich. Fischragout und Schleckertöpfchen, Rind und Wild, Thunfisch und Nierchen… da gibt's tolle Sachen. Hin und wieder mit warmem Wasser verdünnte Dosenmilch, das kann nichts schaden. Aber da gibt es immer noch Leute, die glauben, ihren Katzen etwas Gutes zu tun, wenn sie sie täglich mit roher Leber füttern! Und dann wundern sie sich, wenn die armen Tiere todkrank werden!“

„Ach ja?“ sagte Onkel Manfred und gab Sascha schnell zum Abgewöhnen noch einen Klacks Schlagsahne vom Zeigefinger, den Sascha mit seiner gierigen

Zunge sofort an Onkel Manfreds Hosenbein katapultierte, um sie gleich darauf inbrünstig abzulecken. Ich übersah es großzügig.

„Ja“, fuhr ich in strengem Ton fort. „Wußtest du zum Beispiel, daß rohes Schweinefleisch und rohe Schweine-Innereien für Katzen ein gefährliches Gift sind? Sie können eine Krankheit übertragen, die für Katzen absolut tödlich ist, es gibt kein Mittel dagegen. Überhaupt sollte man nicht zu viel rohes Fleisch füttern. Rinderherz, Beinfleisch oder Milz mögen die meisten Katzen allerdings gern!“

„Kein rohes Fleisch?“ Onkel Manfred zog in komischem Entsetzen die Augenbrauen hoch. „Meine armen kleinen Raubtiere! Keine Mäuse und Ratten mehr!“

„Mit Mäusen ist das etwas anderes“, dozierte Vati, und seine Augen blitzten vor Übermut. „Mäuse sind wie Dosenfutter. Du brauchst sie doch bloß anzusehen! Ausgewogene, vitaminreiche Kost in geschützter, luftdichter Verpackung – und genau richtig temperiert!“

„Ihr seid unmöglich!“ stöhnte ich. „Ein absolut unmöglicher Onkel und ein absolut unmöglicher Vater!“

„Schon gut!“ Mutti streichelte mir über den Kopf. „Janni hat ganz recht mit ihrer Mahnung. Ich freue mich, daß sie diese Dinge so ernst nimmt und sich so gründlich mit den Fragen der Katzenhaltung beschäftigt hat.“

„Sehe ich ja ein“, gab Onkel Manfred zu. „Aber was passiert denn nun, wenn sie zuviel Schlagsahne fressen?“

„Ganz einfach: sie kriegen Durchfall.“

„Na also, von dem bißchen! Ich glaube nicht, daß ihnen das schadet."

Onkel Manfred glaubte es tatsächlich nicht. Sonst wäre er gewiß nicht so leichtsinnig gewesen, Sascha bei sich über Nacht im Gästezimmer schlafen zu lassen.

Morgens gegen vier klopfte es an meine Tür. Gleich darauf stand ein verzweifelter Onkel Manfred vor meinem Bett, mit strubbeligem Haar, im Schlafanzug und barfuß. Ich sah gerade noch, wie Sascha durch den Katzendurchschlupf in den Garten flitzte.

„Kannst du mir mal helfen, Janni? Uns ist ein kleines Unglück passiert. Schimpf nicht mit ihm, es war meine Schuld."

„Wohin?" fragte ich nur und angelte nach meinen Pantoffeln.

„Ziemlich überall", gestand Onkel Manfred kleinlaut. „Wo finde ich einen Eimer und einen Wischlappen?"

„Ich mach das schon", sagte ich schicksalsergeben. „Da sieht man's mal wieder: Der Mensch lernt nur aus seinen Fehlern, wie Oma Lene immer so schön sagt!"

Anglerfreuden

Am Sonntag wollte Onkel Manfred zum Angeln gehen. Wir alle sollten mitkommen, ein großes Familienpicknickunternehmen sollte es werden, verkündete er – und wenn wir Glück hätten, könnten wir im Freien die von ihm gefangenen Hechte grillen. Oma Mummi legte skeptisch den Kopf schief, und Oma Lene schüttelte lachend den Kopf, aber Onkel Manfred beteuerte, er hätte eine Einladung von einem reichen Klienten, der ihm wegen einer gut ausgegangenen Gerichtssache zu Dank verpflichtet sei. Dieser Mann besäße in unserer Nähe ein Stück Land mit Wald, Wiesen und einem See, der ein fabelhafter Fischgrund wäre. Wir würden schon sehen. Immerhin, räumte Onkel Manfred ein, könne es nicht schaden, wenn Oma Mummi ein umfangreiches Picknick vorbereiten würde, denn wer wollte schon den ganzen Tag Fisch essen!

Den Samstag verbrachten wir mit der Vorbereitung des Ausflugs. Oma Mummi verschwand für Stunden in der Küche, Vati reparierte das Leck im Schlauchboot, eine Arbeit, die er seit zwei Jahren immer wieder vor sich hergeschoben hatte. Mutti machte die Einkäufe – vom Mückenspray bis zur Grillkohle –, und Oma Lene reinigte den alten Gartengrill, denn der neue war zu schwer und zu groß, um ihn mitzunehmen. Als sie fertig war, entschied sie sich, doch den großen zu nehmen, der alte war völlig verrostet.

Ich durfte Onkel Manfred in die Stadt begleiten, wo er noch einiges für seine Anglerausrüstung zu besorgen hatte. Nachdem wir bereits eine halbe Stunde in dem Laden rumstanden und Onkel Manfred sich alles zeigen ließ, was man vom Fang einer Forelle bis zum Harpunieren eines Wales alles brauchen konnte – so kam es mir jedenfalls vor –, begann ich mich zu langweilen und zog mich in eine Ecke auf einen Stuhl zurück. Ich döste vor mich hin und träumte von einem riesengroßen Eisbecher, zu dem mich Onkel Manfred hoffentlich gleich einladen würde, als er mich rief.

„Komm, Janni, wir sind fertig. Kannst du mir tragen helfen?“

Er packte mir ein paar Pakete auf den Arm und griff selbst nach einem Behälter mit Wasser.

„Was ist denn das?“

„Da sind meine Köderfische drin.“

„Köderfische? Sind die nicht ein bißchen groß?“

„Na hör mal! Ich will ja auch große Fische fangen! Wenn ich mit so kleinen Dingern am Angelhaken ankomme, verzieht der Hecht doch bloß spöttisch das Gesicht!“

„Hast du eigentlich schon mal geangelt?“

„Na ja“, meinte Onkel Manfred gedehnt. „Hin und wieder mit einem Freund. Ich hab ihm sozusagen geholfen.“

Den Eisbecher mußten wir verschieben, denn mit den Köderfischen konnten wir schlecht ins Café, jedenfalls fand Onkel Manfred das nicht so gut. Er versprach mir dafür, das nächste Mal zwei Eisbecher zu spendieren. Wir fuhren nach Hause, und die Köderfische kamen in eine große Wanne, da hatten sie es nicht so eng.

Am nächsten Tag war der Himmel blitzblau, es versprach ein wunderbarer Tag zu werden. Die beiden Omas strahlten mit der Sonne um die Wette und konnten die Abfahrt kaum erwarten, während Mutti, Vati und Onkel Manfred zu dieser frühen Stunde noch recht einsilbig und schläfrig waren. Kein Wunder, sie hatten auch bis in die Nacht hinein auf der Veranda gesessen, Bowle getrunken und geredet.

Oma Mummi schleppte Körbe voller geheimnisvoller Leckerbissen zum Auto, Oma Lene sorgte dafür, daß weder die Decken noch die Strandhandtücher, weder der

Grill noch das Schlauchboot vergessen wurden. Endlich war alles eingeladen, es sah aus, als wollten wir eine dreiwöchige Urlaubsreise machen. Ich durfte bei Onkel Manfred mitfahren, in dessen Sportflitzer es hinten nur Notsitze gab, so daß die beiden Omas zu Vati und Mutti einstiegen.

Je weiter wir uns von der Stadt entfernten, desto wacher wurde Onkel Manfred. Allerdings muß ich gestehen, daß ich einiges dazu tat: Ich sang, erzählte ihm lustige Geschichten von meinen Katzen und schrie alle Augenblicke entzückt auf, weil ich einen blühenden Baum, einen bunten Garten, ein leuchtendgelbes Feld oder ein paar Pferde auf einer Weide entdeckte. Auch hübsche alte Bauernhäuser begeisterten mich, Brunnen und Kirchen, und bald stimmte Onkel Manfred in meine Begeisterung ein. Wir sangen um die Wette, und unsere Laune hätte überhaupt nicht besser sein können.

„Hoffentlich hat Oma Mummi Zitronen mitgenommen", sagte Onkel Manfred plötzlich.

„Zitronen?"

„Ja, für den Hecht. Am besten schmeckt er natürlich, wenn man ihn mit Speck spickt. Dann schön braun braten und mit Zitrone beträufeln!"

„Bist du denn so sicher, daß du einen fängst?"

„Na hör mal! Ist doch wohl logisch, oder?"

Der See war wirklich wunderschön, er lag ganz versteckt in einem Wald. An der einen Seite gab es einen schmalen Sandstreifen mit einer kleinen Wiese dahinter, nicht weit davon ein Bootshaus mit einem Steg. Das übrige Ufer war von einem breiten Schilfgürtel begrenzt. Im Wald rundum hörte man vereinzelte Vogelstimmen, sonst war es so still, als sei außer uns niemand auf der Welt.

Wir parkten die Autos ein wenig abseits auf einem Waldweg, damit sie das Natur-Idyll nicht beleidigten. Dann begannen wir auszupacken. Für unser Picknick wählten wir einen schattigen Platz neben dem Bootshaus, von dem aus man über den See schauen konnte. Die beiden Omas stellten ihre Liegestühle dort auf, während Vati und Mutti sich am Ufer in die Sonne legten und sofort begannen, sich gegenseitig mit Sonnenöl einzureiben. Ich schaute Onkel Manfred zu, der sein Angelgerät auspackte und sich schweigend und in höchster Konzentration daran machte, die richtigen Teile auszuwählen und zusammenzusetzen. Er hatte mir gestern auch die Fachausdrücke genannt und mir die Funktion jedes einzelnen Teils erklärt, aber ich muß gestehen, ich hatte nicht richtig zugehört, denn eigentlich taten mir die Fische leid, und ich wollte gar nicht unbedingt, daß Onkel Manfred den schönen großen Hecht erwischte, von dem er so geschwärmt hatte.

„So“, sagte er, „und jetzt die Köderfische. Kannst du sie mir mal bringen?“

„Gern. Wo sind sie?“

„Na im Kofferraum, denke ich doch.“

„Im Kofferraum? In deinem Kofferraum? Da waren sie aber nicht!“

„Ach, dann sind sie bei deinem Vater im Auto, kann schon sein.“

„Gut, ich hole sie.“

Ich ließ mir von Vati die Autoschlüssel geben und rannte los. Vatis Kofferraum war leer. Vom Werkzeug und dem Ersatzreifen mal abgesehen, jedenfalls waren keine Köderfische drin. Ich schaute in den Innenraum des Wagens. Keine Spur von Köderfischen. Sicherheitshalber schaute ich doch noch mal in Onkel Manfreds Wagen nach. Nein, da waren sie auch nicht. Ich lief zurück.

„Oma Lene, hast du Onkel Manfreds Köderfische da irgendwo rumstehen?"

„Onkel Manfreds Köderfische? Aber nein, wie kommst du darauf?"

„Ich dachte nur..."

Mir schwante nichts Gutes. Sicherheitshalber fragte ich noch mal bei Vati und Mutti nach. Nein, auch sie hatten die Köderfische nicht gesehen.

Onkel Manfred sah mir erwartungsvoll entgegen.

„Na? Gib her!"

„Ich hab sie nicht."

„Du hast sie doch nicht ausgeschüttet?" fragte Onkel Manfred bestürzt.

„Nein. Sie sind gar nicht da! Weder in deinem noch in Vatis Auto. Und niemand hat sie gesehen!"

„Was heißt: niemand hat sie gesehen! Ich hab sie doch mitten in die Diele gestellt!"

„Na, da stehen sie dann wohl jetzt noch."

Onkel Manfred stöhnte auf. Immerhin war er so fair, niemandem die Schuld zu geben, denn um sein Angelzeug hatte er sich schließlich selbst zu kümmern. Er murmelte einen nicht gerade stubenreinen Fluch, dann ließ er seine Angelrute fallen und stapfte zum Auto zurück.

„Ich komme mit", sagte ich kameradschaftlich und schlüpfte auf den Beifahrersitz.

„Lieb von dir."

„Wir müssen noch schnell was holen", riefen wir im Chor den besorgten Omas zu, dann trat Onkel Manfred aufs Gaspedal.

Die Rückfahrt schafften wir in Rekordzeit. Niki Lauda wäre blaß geworden vor Neid. Eine Dreiviertelstunde später hielten wir vor unserer Haustür.

„Erzähl mir jetzt bitte nicht, du hättest keinen Hausschlüssel bei dir", sagte Onkel Manfred grinsend.

„Wofür hältst du mich!"

Wir nahmen zwei Stufen auf einmal und kamen zugleich vor der Haustür an. Ich schloß auf.

Die Wanne stand mitten in der Diele. Rechts und links von der Wanne saßen Piri und Sascha, sie sahen äußerst zufrieden aus und schauten uns freudig entgegen. Dann fuhr Piri fort, ihre Pfoten zu lecken.

In der Wanne war nicht ein einziger Köderfisch mehr, dafür war der Boden um die Wanne voller kleiner Wasserlachen. Und auf den dunklen Wasserflecken im Teppich deutlich zu erkennen lagen die sauber abgenagten Gräten und ein einzelner Fischkopf, den Sascha jetzt mit der Pfote berührte, als wolle er mir sagen: ‚Schau mal, was ich hier habe!'

„Oma Mummi hat einen kalten Schweinebraten zum Picknick mitgenommen", sagte ich tröstend zu Onkel Manfred, dessen Gesichtsfarbe in rascher Folge zwischen blaßweiß und kirschrot wechselte. „Und Leberpastete."

„Na, dann wollen wir keine Zeit verlieren", sagte Onkel Manfred trocken. Dann prustete er los. Er lachte so, daß er kaum noch Luft bekam. „Anglerglück!" stöhnte er. „Wer's hat, der hat's. Petri Heil, Piri!"

Der Hüter des Hauses

Mindestens einmal in der Woche kamen meine Freundin Helga und Bernd vom Ende der Straße mit ihren – oder besser gesagt Piris – Katzenkindern zu mir zu Besuch. Dann saßen wir in meinem Zimmer zusammen, verglichen die Fortschritte unserer Lieblinge, erzählten uns, was sie für Streiche verübt, was sie inzwischen gelernt hatten. Wir tauschten Erfahrungen aus und gaben uns gegenseitig gute Ratschläge.

Piri beachtete ihren fast erwachsenen Nachwuchs kaum. Für sie waren die Kinder nun selbständig und brauchten sie nicht mehr. Sie zog sich zurück und ging ihre eigenen Wege. Anders die Geschwister untereinander. Sie tobten nach Herzenslust miteinander herum, jagten durch den Garten, kletterten auf Büsche und Bäume, kugelten über den Rasen und wurden nicht müde, immer neue Spiele zu erfinden.

Die schwarze Flocke mit dem weißen Fleck auf der Brust, Helgas Kätzchen, stand an Wildheit meinem Sascha kaum nach. Blümchen, Bernds vierfarbige Katze, wollte wie eh und je ständig im Mittelpunkt stehen, schrie aber jämmerlich, wenn die anderen gar zu rauh mit ihr umgingen. Sie war ein richtiger kleiner Angsthase, aber Bernd liebte sein Prinzeßchen, wie er sie zärtlich nannte, über alles.

Eben trudelte Sascha übermütig einen der Tischtennisbälle quer durchs Zimmer. Blümchen, die damit beschäftigt gewesen war, eines ihrer Hinterbeine zu putzen, erschrak über das weiße Ding, das ihr da plötzlich an die Nase sprang und machte einen entsetzten Satz rückwärts. Ärgerlich fauchte sie das Bällchen an, und als sich das nicht rührte, ging sie vorsichtig näher und gab ihm einen raschen, harten Hieb mit der Pfote. Das Bällchen schnippte in die Luft und sprang ein paarmal vor Blümchens Augen auf und ab. Blümchen folgte mit dem Kopf seinen Bewegungen, kam aber gar nicht so schnell mit, so daß es aussah, als sei sie aus dem Takt geraten. Wir mußten alle drei lachen, und Blümchen zog sich beleidigt in die hinterste Ecke des Zimmers zurück, wo sie fortfuhr, sich hingebungsvoll zu putzen.

„Sie ist so süß", seufzte Bernd, „nicht auszudenken, was ich tun würde, wenn ihr eines Tages was zustieße!"

„Ja", gestand Helga ein, „daran muß ich auch oft denken. Man kann noch so gut auf sie aufpassen, hundertprozentig sicher sein kann man ja doch nie."

„Jedenfalls nicht, wenn man sie hinausläßt", fügte ich hinzu. „Aber wer möchte seine Katze schon ständig einsperren!"

„Noch dazu, wenn man so einen schönen Garten hat!"

„Wenn ich jemanden erwischte, wie er meine Katze klaut, ich glaube, ich würde mich auf ihn stürzen wie ein wildes Tier!" sagte Bernd heftig. „Und wenn er zehnmal stärker wäre als ich, ich würde auf ihn einschlagen, bis er Blümchen loslassen muß! Ich würde mich an ihm festbeißen, ich würde ihn..." Bernd brach ab, er war ganz blaß geworden bei der Vorstellung.

„Ja", sagte Helga, „ich auch. Aber man erwischt sie ja

nie. Sie sind so raffiniert! Wie viele Leute haben schon verzweifelt nach ihrem verlorenen Tier geforscht, haben hohe Belohnungen versprochen – und es hat alles nichts genützt. In der letzten Woche habe ich wieder drei solche Anzeigen gelesen, ich hätte heulen können!"

Bei dem Gedanken, Piri oder Sascha könnten einem Katzenfänger in die Hände geraten und in einem dieser schrecklichen Labors landen, in dem die Tiere bei sinnlosen Versuchen langsam zu Tode gequält werden, wurde mir ganz schlecht. Unwillkürlich zog ich Sascha an mich und streichelte ihn so wild, als wolle man ihn mir jeden Augenblick entreißen. Der kleine Kerl wehrte sich, festgehalten werden mochte er gar nicht.

„Piri hat Gott sei Dank Angst vor Fremden. Je älter sie wird, desto vorsichtiger wird sie. Wenn jemand, den sie nicht kennt, auf sie zugeht, um sie zu streicheln, haut sie erst einmal ab."

„Das ist immer noch der beste Schutz", meinte Helga, „hoffentlich erbt Sascha diese Eigenschaft von ihr!"

„Der? Der ist so neugierig, daß er jedem nachläuft. Deshalb lasse ich ihn auch vorläufig nur unter Aufsicht raus."

„Lange wird er sich das nicht mehr gefallen lassen."

„Das fürchte ich auch. Zum Glück sind unsere Nachbarn ganz begeistert von ihm und haben auch ein Auge auf ihn, wenn er bei ihnen im Garten auftaucht. Hast du übrigens Blümchen inzwischen tätowieren lassen?" fragte ich Bernd.

„Ja, hier – schau: im einen Ohr die Nummer dreihundertneunundsechzig, im anderen meine Anfangsbuchstaben, die ja auch die ihren sind."

„Blümchen Färber!" Helga lachte.

„Das ist gut so", sagte ich. „Es ist doch eine gewisse Garantie dafür, daß ihr nichts geschieht. Kein verantwortungsvoller Laborant wird eine eingetragene Katze zu Versuchszwecken nehmen."

Aber ein ungutes Gefühl blieb. Denn wer garantierte, daß all die vielen Leute, die da in den Labors arbeiteten, wirklich so verantwortungsbewußt waren? Wie vielen von ihnen waren die Tiere total gleichgültig! Konnte jemand, der Tiere liebte, überhaupt so eine Arbeit tun?

Der Gedanke daran ließ mich auch in den nächsten Tagen nicht los, und ich verdoppelte meine Aufmerksamkeit und Fürsorge, was meine Katzen betraf.

Sascha entwickelte sich inzwischen zu einem unglaublich wagemutigen Kletterer. Wie der Blitz war er in den höchsten Bäumen, und ehe man sich Sorgen machen konnte, ob er da je wieder herunterkommen würde, hatte er bereits den Rückweg angetreten und war genauso schnell wieder unten. Oma Mummi meinte lachend, irgendwo unter seinen Ahnen müsse es wohl mal einen Fehltritt mit einem Eichhörnchen gegeben haben, anders könne sie sich das nicht erklären. Denn bald fing er auch an, von der Kastanie aufs Hausdach zu springen und auf dem gleichen Weg zurückzukehren.

Was den Omas weniger gefiel, war, daß Sascha auch innerhalb des Hauses an allem hochkletterte, was seinen kleinen Krallen Halt gab. Schränke, Gardinen, das Bücherregal – nichts war vor ihm sicher. Ein besonders beliebter Schlafplatz war neuerdings das Hut-Ablagebrett über dem Garderobenspiegel. Sascha hangelte sich an den Mänteln hoch und sprang von den Kleiderhaken auf das Brett, wo er sich zwischen Mützen, Schals und Oma

Lenes Sonntagshut ein gemütliches Nest für sein Mittagsschläfchen baute.

Oma Lene war furchtbar ärgerlich, als sie ihren Hut am Tag darauf aufsetzen wollte und sein Aussehen einem breitgetretenen Heidelbeerkuchen glich. Sie schimpfte mit Sascha, der den Kopf schieflegte und sie interessiert betrachtete. Dann legte sie den Hut an seinen Platz zurück, denn nun konnte sie ihn sowieso nicht mehr gebrauchen, brummte, man solle der Katze so etwas wirklich abgewöhnen, und fuhr in die Stadt, um sich einen neuen Hut zu kaufen, während Sascha es sich auf dem alten Hut wieder gemütlich machte. Ich wette, Oma Lene beschrieb jeder Hutverkäuferin in den leuchtendsten Farben, was mit ihrem schönen Sonntagshut passiert war, vermutlich nicht ohne auch die Fotos von dem kleinen getigerten Ungeheuer zu zeigen.

Daß Sascha durch seine Vorliebe für diesen Platz noch zum Held des Tages werden sollte, ahnten wir damals noch nicht.

Es war an einem Freitagmittag. Die beiden Omas waren gemeinsam in die Stadt gefahren, um die Wochenendbesorgungen zu erledigen und sich außerdem nach Sommergarderobe umzusehen. Ich hatte mir gerade einen großen Teller Müsli mit viel Kakao zusammengerührt, um es an Stelle der von Oma Mummi bereitgestellten Gemüsesuppe zu verzehren, als es an der Haustür klingelte.

Einen Augenblick überlegte ich, ob ich so tun solle, als sei niemand daheim. Dann fiel mir ein, daß es ja auch Bernd sein könnte, der irgendein Problem mit Blümchen hatte, also ließ ich den Teller seufzend stehen und ging zur Tür.

Draußen stand eine Frau, ein bißchen jünger als die Omas, mit einem hageren Gesicht und kleinen dunklen Mäuse-Augen. Sie trug einen Hut und ein abgetragenes graues Kostüm, das lose um ihre Figur hing wie an einem Kleiderständer. An ihrem Arm hing eine große Einkaufstasche, und in der Hand hielt sie eine Liste. Die Frau lächelte süßlich.

„Guten Tag! Ich komme von der Stadtmission und möchte um eine kleine Spende bitten."

„Stadtmission? Ja, Moment mal!"

Ich überlegte. Die Frau gefiel mir nicht, und am liebsten hätte ich gesagt, es täte mir leid, es sei niemand zu Hause, und ich hätte kein Geld. Andererseits wußte ich, daß Oma Mummi immer recht freigebig Spenden gab, wenn jemand bei uns klingelte. In der Schublade unter dem Garderobenspiegel lag ein altes Haushaltsportemonnaie bereit, in dem sich jede Menge Kleingeld für solche und ähnliche Fälle befand; für den Postboten, den Schornsteinfeger oder das Busgeld zum Beispiel, damit man nicht immer durchs Haus rennen und nach einem Portemonnaie suchen mußte. Aber wieviel sollte ich der Frau geben? Drei Mark? Fünf Mark? Ich entschied mich für drei Mark, schließlich war ich noch minderjährig, und drei Mark waren für mich eine Menge Geld. Ich holte das Portemonnaie aus der Schublade, suchte drei Markstücke zusammen und legte das Portemonnaie zurück.

„Wo muß ich unterschreiben?"

„Hier bitte. Das ist sehr nett von dir, ich danke dir sehr herzlich!" sagte die Frau mit übertriebener Rührung in der Stimme. „Oh! So ein Pech! Der Bleistift ist abgebrochen, das habe ich gar nicht gemerkt! Hast du zufällig einen anderen? Oder einen Anspitzer, das wäre noch besser!"

„Ja, natürlich. Einen Augenblick."

Gut erzogen wie ich bin, rannte ich los. Vati hat auf seinem Schreibtisch einen Anspitzer, den wollte ich holen. Als ich vor dem Schreibtisch stand und gerade die Hand nach dem Bleistift-Anspitzer ausstreckte, durchzuckte mich glühendheiß ein schrecklicher Gedanke. Wenn die Frau nun eine Katzendiebin war? Die große Einkaufstasche fiel mir ein – wozu brauchte sie die, wenn sie von Haus zu Haus ging, um Geld zu sammeln? War sie überhaupt von der Inneren Mission? Auf der Liste hatte nichts dergleichen gestanden, es war ein handbeschriebenes Papier gewesen, wie ich es selbst jederzeit hätte machen können!

Und Sascha schlief auf seinem Lieblingsplatz auf dem Garderobenbrett! Ein Griff, eine Sekunde genügte, ihn in die Einkaufstasche zu stopfen und durch die weit offene Tür davonzulaufen.

„Moment, ich hab ihn gleich!" rief ich, schlüpfte aus meinen Schuhen und schlich auf den Zehenspitzen zur Wohnzimmertür. Durch den Türspalt beobachtete ich die fremde Frau.

Vor Aufregung stockte mir der Atem. Nicht zu fassen! Die Frau stand mitten in der Diele und lauschte an der Küchentür, wobei ihre Augen flink in alle Richtungen wanderten, um sicherzugehen, daß sie nicht beobachtet wurde. Dann war sie mit einem Schritt an der Spiegelkommode und zog lautlos die Schublade auf. Schon hatte sie das Portemonnaie in der Hand und ließ es in ihrer Tasche verschwinden. Keine Katzendiebin – eine Trickdiebin! Na, die sollte was erleben.

Plumps! ließ sich Sascha auf den Hut der Frau fallen

Doch noch ehe ich mir klar wurde, ob ich sie stellen oder lieber die Polizei rufen sollte, war Sascha zur Tat geschritten. Vermutlich hatten ihn unsere Stimmen geweckt, er war erwacht, erhob sich nun gähnend und schaute interessiert nach unten. Was er dort sah, schien ihm wie eine eigens für ihn dort aufgestellte Leiter. Ein Hut auf einer langen Stange. Sascha ließ sich zunächst einmal – plumps! – auf den Hut fallen, kam ins Rutschen und ruderte mit seinen kleinen Krallen nach einem Halt, wobei er die Nase der fremden Frau erwischte.

Die schrie wie am Spieß. Sascha erschrak und ergriff die Flucht, indem er sich an der Frau hinunterhangelte und wie der Blitz in meinem Zimmer im Untergeschoß verschwand. Die Frau ließ ihre Tasche fallen und raste davon, ihre Hände auf die blutende Nase gedrückt.

Ich schloß – zugegeben: mit zitternden Knien – die Haustür und rief die Polizei an.

„Ich möchte eine Meldung machen", sagte ich feierlich. „Mein Tiger hat eine Trickdiebin überwältigt!"

Irgendwie kam das nicht so richtig an. Für schlechte Scherze seien sie nicht zuständig, sagte der Polizeibeamte säuerlich und knallte den Hörer auf. Ich mußte ein zweites Mal anrufen und alles genau erklären. Aber dann kamen sie sofort. Ich mußte die ganze Geschichte noch einmal erzählen und die Frau genau beschreiben. Sie untersuchten die Tasche und fanden drei weitere Portemonnaies, vier Ringe und einen goldenen Füllfederhalter.

Schließlich mußte ich Sascha holen. Er war ziemlich mißtrauisch, aber der Polizist hatte eine angenehme dunkle Stimme und durfte ihn schließlich sogar streicheln, nachdem er ihn ‚Hüter des Hauses' und ‚Held des Tages' genannt hatte.

Dann kamen die Omas aus der Stadt zurück, und ich mußte noch einmal von vorn anfangen. Nur Sascha war nicht mehr dazu zu bewegen, auf das Ablagebrett der Garderobe zu klettern.

Zwei Großmütter

Die Sommerferien rückten näher. In der Schule waren die letzten Schulaufgaben geschrieben, und der Arbeitseifer ließ merklich nach, jetzt wo die Noten feststanden. Dafür wurde eifrig für das Schulkonzert geprobt, der ‚Tag der offenen Tür' vorbereitet – mit Pantomimen, Ausstellungen, einer Modenschau, mit Sportveranstaltungen, Pizzeria und Wiener Café, und was man sich in den einzelnen Klassen sonst noch so ausgedacht hatte.

Zu Hause drehten sich die Gespräche um die bevorstehende Sommerreise. Vati hatte ein Ferienhaus am Meer in Italien gemietet. Es war zwar ein bißchen groß für Mutti, ihn und mich, denn Oma Lene wollte zur Kur in den Harz, und Oma Mummi würde Haus und Katzen hüten. Aber Vati hatte das Haus von einem guten Bekannten vermittelt bekommen, und der Preis war günstig. Ganz einsam zwischen Hügeln und neben einem Pinienwäldchen sollte es liegen, und tief unten, knapp zwei Kilometer entfernt, lag der Strand an einer weiten Bucht. Es mußte sehr schön sein, auf den Fotos jedenfalls sah es super aus.

Das einzige, was meine Freude auf die Reise etwas dämpfte, war der Gedanke, Piri und Sascha so lange nicht sehen zu können. Aber die Erwachsenen hatten natürlich recht, die Reise war für die beiden zu anstrengend. Und wenn sie sich in der fremden Umgebung nicht wohl fühlten und bei der ersten Gelegenheit davonliefen? Da war es schon besser, sie hier zu Hause zu lassen.

Auch Oma Lene schien über den Gedanken, bald zur Kur zu fahren, nicht gerade glücklich zu sein. Ihr Arzt hatte darauf bestanden, und Oma Lene war eine vernünftige Frau, die auch unangenehme Dinge ohne Klagen hinter sich brachte. Immerhin war es auffallend, wie sie ständig neue und überaus wichtige Gründe fand, die Kur zu verschieben. Vati und Mutti allerdings blieben eisern, wenn das Thema darauf kam.

„Wäre es nicht klüger, die gute Gelegenheit zu nützen und in eurer Abwesenheit das Wohnzimmer und die Diele neu tapezieren zu lassen?“ fragte Oma Lene zum Beispiel. „Mummi und ich könnten hinterher alles gründlich saubermachen, und wenn ihr zurückkommt, ist alles wieder schön!“

„Vielleicht“, sagte Vati ungerührt. „Aber du fährst zur Kur!“

„Mummi hat eine Erholung viel dringender nötig als ich“, sagte sie später. „Es ist besser, sie fährt dieses Jahr zur Kur und ich erst im nächsten.“

„Gib dir keine Mühe“, antwortete Vati grinsend. „Der Arzt hat gesagt, du sollst fahren, und du wirst auch fahren.“

„Ach der!“ murmelte Oma Lene ärgerlich. „Was weiß der schon.“

„Sicher lernst du eine Menge netter Leute dort kennen, Oma Lene!“ tröstete ich sie. „Das ist mal eine

Abwechslung. Denk doch an die interessanten Gespräche!"

„Interessante Gespräche! Über ihre Krankheiten werden sie reden, sonst nichts! Das kennt man doch", widersprach Oma Lene schlechtgelaunt. „Und sicher wird es die ganze Zeit regnen."

„Nun sei nicht so pessimistisch!" polterte Oma Mummi los. „Man sollte meinen, wir schicken dich ins Gefängnis!"

„Du hast gut reden! Du kannst schließlich gemütlich hierbeiben und die Ka… und den Garten genießen."

Jeder von uns hatte den Versprecher gehört. Die Katzen genießen, hatte Oma Lene sagen wollen, das war klar. Aber wir schwiegen. Und ich beschloß, für Oma Lene ein kleines Fotoalbum mit Bildern von Piri und ihren Kindern herzustellen, damit sie sie auf der Reise anschauen konnte.

Als ich am nächsten Tag aus der Schule nach Hause kam, war weit und breit keine Oma zu entdecken. Ich suchte in allen Zimmern, im Garten, im Geräteschuppen und schließlich bei den Nachbarn, niemand hatte sie gesehen.

Piri und Sascha lagen auf meinem Bett und schliefen. Nun ja, sie konnten mir auch schlecht Auskunft geben. Ich wartete eine Weile, schmuste mit den Katzen und holte die Lektüre aus meiner Schultasche, die wir bis morgen lesen sollten, doch dann packte mich wieder die große Unruhe, und ich ging in die Küche hinauf. Seltsam. Kein Mittagessen war vorbereitet, der Tisch nicht gedeckt, keine Nachricht für mich. Sie konnten sich doch nicht in Luft aufgelöst haben?

Ich stand gerade vor dem Kühlschrank und überlegte,

was ich essen sollte, als ein Auto vor der Einfahrt hielt. Ein Taxi! Also waren die beiden schon wieder zu Einkäufen in der Stadt gewesen und hatten sich verspätet. Ich knallte die Kühlschranktür zu und lief hinaus, um ihnen die Pakete und Einkaufstüten abzunehmen.

Aber da gab es weder Tüten noch Pakete. Oma Lene stieg aus dem Wagen und beugte sich zu Oma Mummi hinunter, um ihr beim Aussteigen zu helfen.

„Oma Mummi hat einen Unfall gehabt!“ verkündete sie, und der leise Triumph in ihrer Stimme war nicht zu überhören. „Sie ist in der Waschküche ausgerutscht und hat sich den Arm gebrochen. Unter diesen Umständen kann ich natürlich nicht zur Kur fahren, ich werde sie pflegen müssen.“

„Da wäre ich nicht so sicher“, murmelte ich und half Oma Mummi ebenfalls beim Aussteigen, was bewirkte, daß sie hoffnungslos in der Tür festgeklemmt wurde, denn ihr Umfang plus zwei Helfer rechts und links paßten einfach nicht in die Öffnung.

„Nun laßt schon los, ich bin doch keine hundertjährige Greisin!“ murrte Oma Mummi. „So ein Theater wegen dem bißchen Gips-Arm!“

Wir ließen beide los, mit dem Erfolg, daß Oma Mummi zurück auf den Sitz plumpste und sich aus eigener Kraft nicht mehr hochrappeln konnte.

„Vielleicht sollte besser einer von hinten schieben!“ brummte sie, und so schafften wir es tatsächlich, Oma Mummi aus dem Auto zu bugsieren.

„So, und jetzt brauche ich erst einmal etwas Kräftiges in den Magen!“ verkündete Oma Mummi, als wir im Haus waren. „Mir ist schon ganz schlecht vor lauter Hunger.“

„Du solltest dich lieber ein bißchen hinlegen!" mahnte Oma Lene, die sichtlich danach lechzte, die Krankenpflege bei Oma Mummi zu übernehmen; aber den Gefallen tat ihr Oma Mummi nicht.

„Hinlegen solltest du dich, so wie du dich aufgeregt hast! Und das bei deinem schlechten Kreislauf. Janni und ich werden jetzt in die Küche gehen und das Mittagessen machen. Wir rufen dich dann. Komm, Janni."

Oma Lene ging, um Vati und Mutti anzurufen und ihnen die aufregende Neuigkeit mitzuteilen. Vermutlich wollte sie die Gelegenheit nutzen, ihnen zu sagen, daß sie unbedingt Oma Mummi pflegen müsse, ohne daß Oma Mummi widersprechen konnte.

Oma Mummi setzte sich an den Küchentisch, und sofort erschien Sascha und sprang auf ihren Schoß. Welch ein herrliches neues Kratzbrett sie da um den Arm hatte! Sascha probierte es sofort begeistert aus.

„Ja, mein Kleiner, das ist fein, nicht?" sagte Oma Mummi vergnügt und streichelte ihm über den Kopf. Dann wurde sie dienstlich. „Janni, nimm den mittelgroßen blauen Topf heraus und setz ihn mit ein bißchen Wasser auf. Nicht zuviel. So, jetzt gehst du ans Tiefkühlfach und schaust ganz hinten links in die Ekke. Da ist ein Behälter mit Gulasch. Das tust du da rein, und dann leg den Deckel drauf. Auf der rechten hinteren Platte stellst du den großen Topf mit Wasser auf, der ist für die Nudeln. Und inzwischen machen wir den Salat."

Mit Oma Mummis Hilfe schaffte ich es tatsächlich, ein perfektes Mittagessen zu kochen, mit Nachtisch, Vanillecreme mit Erdbeeren. Oma Mummi meinte, auf den Schreck hin hätte sie ein gutes Essen verdient.

Wir saßen gerade beim Nachtisch, als Vati in der Tür erschien. Er sah verblüfft auf Oma Mummi, die vergnügt ihre Vanillecreme löffelte.

„Nanu? Ich dachte, du wärst todkrank?"

„Ja", sagte Oma Mummi und warf Oma Lene einen amüsierten Blick zu. „Das siehst du ja."

„Ich komme extra aus dem Büro her, um..." Vati unterbrach sich und schaute prüfend auf Oma Lene. „Oh, ich verstehe! Die Kur! Nein, Mutter", sagte er streng, „tut mir leid, aber die Kur wird nicht verschoben. Ich habe es deinem Arzt versprochen."

„Aber du kannst doch die arme Mummi nicht in diesem Zustand hier allein lassen! Und eure Ferienreise abzusagen, das geht auch nicht!"

„Wer sagt, daß wir sie allein lassen? Dann fährt sie eben mit, das Ferienhaus ist ja groß genug."

„Und die Katzen?" riefen wir alle drei im Chor.

„Die müssen auch mit. Irgendwie wird das schon gehen. Ich werde mich gleich darum kümmern."

Oma Lene machte ein so unglückliches Gesicht, daß ich aufsprang und sie umarmte.

„Mach dir nichts draus, Oma Lene! Es ist doch wichtig, daß du wieder richtig gesund wirst. Und zum Trost bringen wir dir auch etwas Schönes mit!"

Eine Großfamilie geht auf Reisen

Oma Lene war die erste von uns, die sich auf den Weg machte. Vati und ich brachten sie zum Bahnhof. Mit wehmutsvollem Märtyrergesicht stieg sie in den Zug und sagte uns so traurig Lebewohl, als sei es für immer. Vati und ich kriegten ein schlechtes Gewissen. Hätten wir Oma Lene nicht vielleicht doch nach Italien mitnehmen sollen? Aber sie hatte ja selbst gesagt, die Hitze bekäme ihrem Kreislauf nicht.

„So“, sagte Vati, als wir wieder ins Auto stiegen. „Jetzt haben wir ein paar Tage harter Arbeit vor uns. Wir müssen nämlich austüfteln, wie wir das Gepäck für vier Personen und zwei Katzen in den Wagen bekommen, außer den vier Personen, zwei Katzen, einem Katzenklo und genügend Spielraum für eben diese Katzen während der langen Fahrt.“

„Ich weiß etwas Besseres! Mieten wir einen Lastwagen.“

„Das würde die Sache in der Tat ungeheuer vereinfachen.“

Noch am gleichen Abend begannen wir, mit einer Anzahl leerer Koffer und Reisetaschen zu üben. Aber wir konnten sie schichten, kippen, aufstellen, querstellen, drücken und pressen wie wir wollten, der Erfolg war gleich Null.

„Könnten wir nicht einen großen Koffer mit der Bahn vorausschicken?“ fragte Mutti kleinlaut.

„Vorausschicken? Der kommt am Ende drei Tage vor unserer Rückfahrt an. Nein, nein, wir müssen uns eben auf das Allernotwendigste beschränken“, erwiderte Vati mit einem Seitenblick auf Oma Mummi, die dafür bekannt war, stets ‚nur mit ganz kleinem Gepäck‘ zu reisen, das bei näherem Hinsehen aus einem halben Dutzend prall gefüllter Plastiktüten bestand, in die sie stopfte, was in ihrem kleinen Koffer keinen Platz gefunden hatte. „Also fangen wir noch mal an.

Zuerst die allerwichtigsten Dinge, das Katzenklo und die beiden Katzenkörbe. Dann die Tasche mit den Katzenfutterdosen. Hier, dieser Koffer muß für uns beide reichen. Und die Tasche dort für Mummi und Janni."

„Fabelhaft!" stöhnte Mutti. „Und damit sollen wir vier Wochen auskommen! Das heißt, daß ich jeden Tag Wäsche waschen darf!"

„Herrgott noch mal, ich kann's doch auch nicht ändern!" rief Vati.

„Also gut, Kinder, dann bleibe ich eben zu Hause", sagte Oma Mummi mit Grabesstimme.

„Du weißt genau, daß das nicht in Frage kommt!" wütete Vati.

„Warum leihen wir uns eigentlich keinen Dachgepäckträger?" mischte ich mich zaghaft ein.

In so einer Situation weiß man nie, ob nicht auch die bestgemeinten Ratschläge zu einer neuen Explosion führen.

„Weil...", brüllte Vati denn auch los, unterbrach sich aber sofort. „Jannilein, Schätzchen, das ist das Ei des Kolumbus. Einfach genial! Warum leihen wir uns keinen Dachgepäckträger? Dann können wir sogar das Schlauchboot mitnehmen! Schluß für heute – ich werde mich morgen sofort darum kümmern."

Sichtlich erleichtert gingen wir zu Bett. Trotzdem konnte ich vor Reisefieber schon jetzt nicht schlafen. Wie würden Piri und Sascha die vielen Stunden im Auto überstehen? Würden sie die ganze Zeit schreien und toben? Vati bis zum totalen Nervenzusammenbruch treiben? Und wenn ihnen nun schlecht wurde? Wenn sie Durchfall bekamen? Der Gestank würde Vati zum Wahnsinn bringen. Und wenn wir an einer Parkbucht hielten, um Pause zu machen und die beiden voller Panik aus dem Auto fliehen und auf die Autobahn laufen würden? Nicht auszudenken!

Am nächsten Tag ging ich blaß und mit dunklen Schatten unter den Augen meinem letzten Schultag entgegen. Nicht einmal das Zeugnis, das wesentlich besser ausgefallen war als erwartet, konnte mich aus meiner trüben, angsterfüllten Stimmung reißen.

An diesem Abend schien Vati überhaupt nicht nach Hause kommen zu wollen. Wir warteten eine Stunde mit dem Abendessen, dann fingen wir ohne ihn an.

„Er scheint Schwierigkeiten bei der Beschaffung des Dachgepäckträgers zu haben. Hoffentlich klappt es überhaupt", meinte Mutti bedrückt.

Meine Stimmung sank noch um einige Grade unter den Gefrierpunkt.

Plötzlich wurde draußen in der Einfahrt wild gehupt.

„Vati kann das nicht sein, das ist nicht unsere Hupe", sagte ich. „Wartet mal, ich sehe nach."

Es war doch Vati. Er saß am Steuer eines Kombi mit riesiger Ladefläche, die durch ein Netz vom vorderen Teil des Wagens getrennt war.

„Was ist denn das?" stotterte ich verblüfft.

Vati grinste, er stieg aus, und der Stolz über diesen gelungenen Streich war ihm an der Nasenspitze abzulesen.

„Autotausch. Gehört einem Kollegen von mir. Der fährt erst im Herbst in Urlaub, mit seinen zwei Schäferhunden. Deshalb braucht er den Wagen jetzt nicht. Ich hab ihm meinen dafür dagelassen."

„Mann, die Ladefläche! Für Piri und Sascha ist das ja der reinste Rummelplatz! Und total gut abgesichert!"

Ich war ganz aus dem Häuschen. Alle Sorge war wie

weggeblasen. Auf der Ladefläche konnten wir sogar das Katzenklo aufstellen. In diesem Augenblick begann ich mich ganz irrsinnig auf die Reise zu freuen.

Am nächsten Abend setzten wir Piri und Sascha zur Probe in den fremden Wagen. Der Hundegeruch gefiel meiner kleinen Prinzessin gar nicht, mit gesträubtem Fell beschnupperte sie jeden Winkel. Erst als sie festgestellt hatte, daß sich weder hinter den Sitzen noch in der Werkzeugtasche ein Schäferhund versteckt hielt, beruhigte sie sich.

Am folgenden Abend wiederholten wir das Manöver. Diesmal setzte ich mich zu meinen Lieblingen in den Wagen, und wir spielten eine Weile miteinander. Bald hatten sie sich an die neue Umgebung gewöhnt. Und als Vati eine kleine Probefahrt zur Tankstelle machte, stellten sie sich interessiert auf die Hinterpfoten und sahen aus dem Fenster.

Am Morgen darauf ging die Reise los.

Nun war der Spielplatz nicht mehr ganz so groß, denn unser Gepäck mußte schließlich auch untergebracht werden. Aber Piri und Sascha fanden es viel lustiger so, denn nun gab es etwas zum Draufklettern, und sie konnten bequemer aus dem Fenster schauen.

Oma Mummi und ich nahmen auf der Rückbank Platz und setzten uns so, daß wir die beiden ständig im Auge behalten konnten. Aber bald zeigte sich, daß das gar nicht nötig war. Piri und Sascha schien das Autofahren großes Vergnügen zu bereiten, sie schauten eine Weile hinaus, dann rollten sie sich zusammen und schliefen so friedlich, als lägen sie zu Hause auf meinem Bett.

Wir kamen gut vorwärts. Nur einmal gab es einen kleinen Aufenthalt, als Oma Mummi verschwunden war.

Wir hatten die Autobahn verlassen und fuhren auf Nebenstraßen unserem Ziel entgegen. Vati und Mutti beschlossen, daß jetzt der richtige Augenblick für eine Pause sei, und so kehrten wir in einem kleinen Landgasthof ein, wo wir das Auto gleich neben dem schattigen Garten parken und so Piri und Sascha im Auge behalten konnten. Wir aßen Spaghetti und Riesenportionen Salat, einen großen gegrillten Fisch, von dem wir natürlich etwas für unsere Katzen abzweigten, und hinterher Eis.

„So, dann wollen wir mal wieder", sagte Vati und trank seinen Espresso aus. „Alles fertig?"

„Klar. Soll ich jetzt ein Stück fahren?" fragte Mutti.

„Gute Idee, dann kann ich einen kleinen Mittagsschlaf halten."

„Ich kann's kaum erwarten, unser Haus zu sehen!" sagte ich und lief zum Auto hinüber.

„Entschuldigt mich eine Minute, ich bin gleich zurück!" Oma Mummi verschwand im Inneren des Gasthofs.

„Die Treppe runter und dann rechts!" rief ich ihr nach.

Wir setzten uns ins Auto und warteten. Drei Minuten, fünf Minuten, zehn Minuten, zwölf, fünfzehn...

„Du lieber Himmel, konnte sie nicht eher gehen?" seufzte Vati. „Na ja, ich schlaf schon mal 'ne Runde."

„Ich sehe mal nach."

Ich stieg wieder aus und ging durch das Lokal die Treppe hinunter. Im Gastraum saß ein einzelnes Paar und hielt sich an den Händen, der Wirt lehnte am Tresen und studierte eine Sportzeitung. In der Küche wurde geschwatzt und gelacht.

Hier unten war es dunkel und kühl. Ich öffnete die

Tür zur Damentoilette und sah hinein. Keine Oma Mummi!

„Oma Mummi, bist du da?" rief ich zur Sicherheit.

„He, Janni!" flüsterte es hinter mir aus dem Dunkel. Ich fuhr erschrocken herum. In einer Nische im Schatten der Treppe stand eine dunkle Gestalt, die jetzt auf mich zukam.

„Oma Mummi! Was machst du denn da! Spielst du Verstecken mit jemandem? Wir warten schon stundenlang auf dich!"

„Es ist mir so unangenehm", murmelte Oma Mummi. „Warte einen kleinen Augenblick, ich bin gleich wieder da."

Sie verschwand in der Toilette und kam bald darauf zurück.

„Was war denn bloß los?"

„Ach, weißt du", Oma Mummi kicherte verlegen. „Die Aufschriften auf den Türen, sie sind sich so ähnlich! Signori, Signore, wer soll da wissen, welches die richtige Tür ist? So habe ich mich eben versteckt und gewartet, bis jemand das gewisse Örtchen aufsucht und ich erkenne, durch welche Tür ich gehen muß!"

Der Rest der Fahrt verlief ohne Panne. Gegen sechs kamen wir in dem Ort an, in dem wir uns den Schlüssel zu unserem Häuschen abholen mußten. Sogar den Laden fanden wir, ohne stundenlang im Kreis zu fahren, ein kleines Lebensmittelgeschäft, in dem wir auch gleich die wichtigsten Dinge einkaufen konnten, frisches Brot, Milch, Butter, Eier, Käse und Obst und natürlich Wein und Mineralwasser.

Das Häuschen zu finden war schon schwieriger, es lag wirklich sehr einsam. Schließlich merkten wir, daß wir schon dreimal daran vorbeigefahren waren, einfach weil wir nicht glauben konnten, daß die tolle Villa unser Ferienhäuschen sein sollte. Wir waren fassungslos, als wir auf der großen Veranda standen und auf den Ort und das Meer hinuntersahen, und Vati machte sofort die Weinflasche auf, damit wir unsere Nerven beruhigen konnten und nicht vor Freude überschnappten.

Piri und Sascha bekamen ein eigenes Zimmer. Nur für den Anfang, bis sie sich eingewöhnt hatten, denn wir hatten keine Lust, bei der Hitze sämtliche Türen und Fenster geschlossen zu halten. Piri protestierte ein bißchen, und ich setzte mich lange zu ihr und erklärte ihr alles. Ich breitete meine Decke über das Bett, damit es wie zu Hause roch, legte mich darauf und lockte Piri, die wie wild an der Tür kratzte, zu mir. Und ehe ich mich versah, war ich fest eingeschlafen.

Vatis Mondscheinkatze

Etwa drei Tage brauchten Piri und Sascha, um sich in unserem Feriendomizil vollkommen zu Hause zu fühlen. Nachdem wir die erste Nacht gemeinsam im Katzenzimmer verbracht hatten, durften sie am nächsten Tag das ganze Haus in Besitz nehmen. Wir hatten Türen und Fenster geschlossen und beobachteten ihr Verhalten genau.

Es zeigte sich, daß unsere beiden Katzen ausgesprochen vorsichtig waren. Nichts von einem panischen Aus-dem-Haus-Drängen, wie ich es mir vorgestellt hatte. Meter für Meter untersuchten sie die neue Umgebung höchst aufmerksam, beschnupperten jedes Möbelstück, untersuchten Schränke, Kommoden, Sessel und Stühle, inspizierten die Küche und den Vorratsraum, prüften Badewanne und Duschkabine, Besenschrank und Kamin. Dann machten sie es sich auf dem Sofa bequem.

Daß sämtliche Fenster und Außentüren über Fensterläden oder Rollos verfügten, machte es einfach, sie im Haus einzusperren. So war es zwar drinnen stockfinster, aber es kam genügend frische Luft ins Haus.

Am dritten Tag durften sie auf die Terrasse. Und auch hier zeigte es sich, daß sie äußerst vorsichtig waren. Mit gesträubtem Fell, die Nasen weit vorgestreckt, den Bauch flach auf dem Boden, eroberten sie sich das unbekannte Gebiet, bereit, bei jedem beunruhigenden Geräusch sofort zurück ins Haus zu fliehen.

„Na also!“ sagte Oma Mummi zufrieden. „In Zukunft könnt ihr tagsüber beruhigt an den Strand fahren und könnt uns drei hier oben lassen.“

Und das taten wir. Nach einem üppigen Frühstück ließen wir Oma Mummi auf ihrem Liegestuhl im Schatten einer Pinie zurück und fuhren an den Strand. Am späten Nachmittag kauften wir im Ort ein, was wir zum Abendessen brauchten, und kehrten zurück zu unserer Villa, wo Mutti und ich in der Küche verschwanden, um gemeinsam ein leckeres Mahl zusammenzubrutzeln. Oma Mummi protestierte zwar, behauptete, ihr Arm wäre sicher längst geheilt und sie könne sich des lästigen Gipsverbandes entledigen, aber wir hörten einfach nicht hin. Wir lächelten nur, brachten ihr ein Glas Wein und erlaubten ihr höchstens, mit der gesunden Hand den Tisch zu decken.

Beim Abendessen erzählte sie uns von Piris und Saschas Abenteuern, mit einer Eidechse etwa oder einem frechen Vogel, der sie geneckt hatte. Und wir berichteten, was wir am Strand erlebt hatten. War das Geschirr gespült und weggeräumt, bekamen wir meistens noch Lust auf einen kleinen Spaziergang ins Dorf, um ein Eis zu essen, einen Espresso zu trinken und die Leute auf der Strandpromenade zu beobachten. Manchmal gingen Vati und ich allein, an anderen Tagen zu dritt oder zu viert, wenn Oma Mummi das Bedürfnis hatte, mal ein bißchen unter Menschen zu kommen.

An so einem Tag war es, als wir Vatis Mondscheinkatze zum ersten Mal sahen.

Wir hatten uns entschlossen, heute einmal nicht zu kochen, sondern in unserer Lieblingstrattoria essen zu gehen. Wir bekamen einen schönen Tisch in einer Ecke des Gartens, in der es einigermaßen ruhig war und von der aus man das Geschehen an den anderen Tischen und draußen auf der Straße gut überblicken konnte. Wir bestellten Antipasti als Vorspeise, dann Lasagne, Salat und eine gemischte Grillplatte mit allen Sorten von Fisch und futterten solche Mengen davon, daß ich fürchtete, keinen Platz für den Nachtisch mehr zu haben.

Geredet wurde nicht viel. Wir waren zu sehr damit beschäftigt, die knusprigen Fische von den Gräten zu knabbern, dazwischen einen Schluck Wein zu nehmen, den ich – mit viel Mineralwasser verdünnt – hier in Italien auch trinken durfte, weil er angeblich die beste Medizin gegen das ungewohnte Essen war, und ab und zu die köstliche Knoblauchsoße mit einem Stück Brot aufzustippen.

„Ich weiß nicht“, sagte Vati plötzlich, „ich habe die ganze Zeit das Gefühl, als würde ich beobachtet!“

„Stimmt!“ sagte ich und lachte. „Schau mal da rüber!“

Da saß er. Ein schneeweißer, etwa sechs bis sieben Monate alter Kater, mager und hochbeinig und mit riesigen spitzen Ohren, die Augen starr auf Vati gerichtet. Er hatte sich einen Platz unter einem Strauch gewählt, der ihn einigermaßen vor den Blicken der übrigen Gäste des Lokals und der Kellner schützte. Wie ein Denkmal saß er da, bettelte nicht, machte sich nicht an uns heran, schaute nur Vati an.

Eine Weile versuchte Vati weiterzuessen, als sei gar nichts los, aber ich merkte, daß er zunehmend nervöser wurde. Schließlich legte er die Gabel hin, schob den Stuhl ein wenig zurück und erwiderte den Blick des kleinen Katers. Der Kater saß so still, daß ich für einen Augenblick zweifelte, ob er überhaupt lebendig war.

„Na schön, Charly, komm her und iß mit“, seufzte Vati.

„Wieso Charly?“

„Er erinnert mich an Charles Lindbergh. Wegen der Segelfliegerohren. Ach, ich weiß auch nicht, das fiel mir eben so ein.“

Vati löste ein Stück Fisch von den Gräten, entfernte die fette Haut und hielt es dem Kater hin. Der Kater stand langsam auf und reckte sich. Er gähnte, schaute nach rechts und nach links und schritt sehr langsam näher.

„Na komm schon, mir wird gleich der Arm lahm!“

„Er wird schon öfter Prügel bezogen haben von den Kellnern“, meinte Oma Mummi.

„Ach was“, wehrte Vati ab. „Er ist ein Aristokrat und sehr, sehr vornehm.“

„Ein ziemlich runtergekommener Aristokrat. Schau nur, wie mager er ist!“ bemerkte Mutti und zweigte auch von ihrer Portion ein Stückchen Fisch ab, um es dem Kater zu reichen.

Doch der beachtete sie nicht. Sehr zart nahm er Vati das Stück Fisch aus der Hand und schritt zurück auf seinen Platz, wo er den Bissen langsam und genießerisch verzehrte. Erst nach längerem Bitten geruhte er, auch von Mutti einen Bissen entgegenzunehmen, sozusagen, um sie nicht zu beleidigen.

„Seltsames Tier“, murmelte Vati und konnte den Kater nun nicht mehr aus den Augen lassen. „Er sieht aus wie eine altägyptische Tempelkatze!“

„Dann solltest du ihn lieber Tutenchamun nennen“, meinte Mutti.

„Nein“, widersprach ich, „Sir Charles paßt gut zu ihm. Charles Lindbergh – in den Adelsstand erhoben. Gute Freunde dürfen ihn Charly nennen. Auf Ihr Wohl, Sir Charles!“

„Ihr solltet dem Kind keinen Wein mehr geben“, protestierte Oma Mummi. „Gib mir doch noch einmal die Speisekarte, ich muß nachdenken, ob ich noch Platz für eine Süßspeise habe. Vielleicht ein kleiner Obstsalat.“

Auch wir anderen befaßten uns nun mit dem Nachtisch und hatten den Kater für eine Weile vergessen.

„Er ist weg!“ stellte Vati plötzlich bestürzt fest. „Schade.“

„Laß nur, es ist besser so“, tröstete ihn Oma Mummi. „Am Ende hättest du dein Herz an ihn verloren.“

„Unsinn.“

Wir saßen noch eine Weile, beobachteten die Leute auf

„Hallo, Charly!“ sagte Vati zu dem Kater, als sei er mit ihm verabredet

der Straße, und die Erwachsenen tranken ihren Espresso. Dann zahlte Vati, und wir schlängelten uns zwischen den vollbesetzten Tischen hindurch zum Ausgang. Wir wandten uns nach links, wo eine enge Gasse in den Weg überging, der zu unserer Villa hinaufführte.

Am Ende der Gasse saß der Kater und wartete auf uns.

„Hallo, Charly“, sagte Vati, als seien sie hier verabredet gewesen.

Charly erhob sich langsam und ließ uns an sich vorbeidefilieren. Dann folgte er uns in einigem Abstand, gemessenen Schrittes, wie ein Hirt seiner Herde folgt.

„Siehst du, das hast du nun davon!" brummte Oma Mummi.

Vati antwortete nicht.

In der Villa angekommen, sprang der Kater auf die Terrassenmauer und legte sich dort hin, als ob dies seit Jahr und Tag sein Stammplatz sei. Wir sagten uns gute Nacht und gingen zu Bett, nur Vati blieb auf der vom Mondlicht erhellten Terrasse sitzen, ein paar Meter von dem kleinen weißen Kater entfernt und ganz still.

Mutti schaute durch das Fenster meines Zimmers hinaus. Dicht neben ihr, mit langgereckten Hälsen und gespitzten Öhrchen, saßen Piri und Sascha. Erstaunlicherweise knurrten und fauchten sie nicht; vielleicht fühlten sie, daß dort draußen etwas Besonderes vor sich ging.

„Wie ein Kringel aus Mondlicht sieht er aus, der Kater", sagte Mutti amüsiert.

„Vatis Mondscheinkatze! Was tun sie?"

„Gar nichts. Sie sitzen still da und schauen vor sich hin."

„Vielleicht unterhalten sie sich in Gedanken miteinander?"

„Wer weiß."

Ein Geschenk für Ihre Majestät

Am nächsten Morgen war der Kater verschwunden. Aber als wir am Abend unseren Gang ins Dorf machten, wartete er am Ende des Weges auf uns. Er blieb dort, bis wir den Heimweg antraten. Dann folgte er uns wie am Abend vorher. Wieder legte er sich auf die

Terrassenmauer, wieder setzte sich Vati nicht weit entfernt in seinen Korbsessel.

„Der Ärmste muß doch Hunger haben", sagte ich bedrückt zu Oma Mummi, die trotz ihres Gipsverbands immer noch etwas zum Aufräumen in der Küche fand. „Auch wenn er zu vornehm ist, es zu zeigen!"

„Wenn wir anfangen ihn zu füttern", erwiderte Oma Mummi streng, „dann gewöhnt er sich an uns, und wir werden ihn nie wieder los. Und was soll dann aus ihm werden, wenn wir abreisen?" Oma Mummi schnaufte und ließ in scharfem Strahl Leitungswasser in Piris Futternapf laufen, um die angetrockneten Reste abzuweichen. „Im übrigen kannst du sicher sein, daß dein Vater ihn nicht verhungern läßt", fügte sie brummend hinzu.

Als Charly Lindbergh, Vatis Mondscheinkatze, uns am nächsten Tag an der gleichen Ecke erwartete, erkundigte sich Vati vorsichtig bei dem Wirt unserer Trattoria, wem der Kater gehöre. Der Wirt lachte. Niemandem gehört der Kater. Seine Mutter war eine dorfbekannte Streunerin, ein raffiniertes, kämpferisches Tier, soweit wir sein Italienisch verstanden. Sie warf dreimal im Jahr und selten weniger als sechs, sieben Junge, die sie so geschickt versteckte, daß es noch niemandem gelungen war, ihr die Kleinen wegzunehmen. Nur die kräftigsten und klügsten allerdings überlebten ihren ersten Winter. Ob der Kleine da, der weiße, dazugehören würde, wer konnte das wissen?

„Das ist die Natur", sagte Oma Mummi, als Vati sehr schweigsam an ihrer Seite den Weg zur Villa hinaufstieg. „Es wäre unklug, sich da einzumischen. Am besten, du beachtest ihn gar nicht."

„Ja, ja“, sagte Vati, einen Hauch von Ungeduld in der Stimme.

Wie immer nahm Charly Lindbergh auf der Terrasse Platz. Und wie immer war er am nächsten Morgen verschwunden. So dachten wir wenigstens. Während Vati, Mutti und Oma Mummi sich am Frühstückstisch auf der Terrasse niederließen, servierte ich Piri und Sascha schnell ihre Mahlzeit im Schatten der Terrassenmauer auf dem Rasen. Piri folgte mir, maunzend vor Ungeduld.

„Sascha, komm frühstücken. Sascha! Wo steckst du denn?“

Ich sah mich um. Und plötzlich entdeckte ich ihn. Unter den weitausladenden Zweigen der Platane blitzte es abwechselnd weiß und dann wieder grau-getigert, hinauf und hinunter jagten sie sich, als wolle jeder dem anderen vorführen, was er konnte. Mal saß der eine still, mal der andere und schaute dem Genossen interessiert zu.

Vati, Mutti und Oma Mummi hatten die beiden noch nicht entdeckt. Ich schlich in die Küche zurück und holte ein drittes Schälchen mit Geflügelragout.

„Kinder, nun kommt endlich frühstücken!“ rief ich im Oma-Lene-Ton. Dann setzte ich mich an den Tisch.

Sie merkten es nicht. Sie sahen nicht, daß Sascha angaloppiert kam und Charly gemessen folgte. Sie sahen auch nicht, daß statt zwei Katzen drei ihr Schüsselchen mit Genuß leerschleckten. Erst als Charly sich müde und satt auf den Rasen plumpsen ließ und Sascha erlaubte, mit seiner zuckenden Schwanzspitze Mäusefangen zu spielen, schrie Mutti erstaunt auf. Vati sagte gar nichts. Und wie immer in den letzten Tagen bekam er diesen merkwürdig grüblerischen Ausdruck im Gesicht, so als nähme er überhaupt nicht wahr, was um ihn herum vorging.

Von nun an blieb Charly unser Gast. Nur für Stunden verschwand er und tauchte wieder auf, wenn wir gerade begonnen hatten, uns um ihn zu sorgen. Mit Sascha war er unzertrennlich, die beiden tobten und spielten miteinander wie die Lausbuben, auch wenn Charly bei allem, was er tat, eine gewisse Würde bewahrte, als müsse er zeigen, daß er der ältere und vernünftigere Kater war.

Piri sah einfach durch Charly hindurch. Für sie schien der weiße Kater nicht zu existieren. Charly seinerseits hielt vorsichtig Abstand von ihr und wich ihr aus, wenn sie seinen Weg kreuzte oder einen Platz ansteuerte, auf dem er gerade lag. Sie machte keine Anstalten, ihn zu vertreiben, sie setzte einfach voraus, daß er ihr den Vortritt ließ, und er tat es.

„Sie benimmt sich wie die Königin von England persönlich", meinte Mutti. „Allerdings könnte sie ruhig mal ein bißchen huldvoller sein."

„Vielleicht muß er ihr erst einen Ritterdienst erweisen? Damit Ihre Majestät geruhen, ein gnädiges Auge auf den jungen Pagen zu werfen...", alberte ich, ohne zu ahnen, wie recht ich behalten sollte.

Am nächsten Morgen stürzte Oma Mummi schreiend aus der Küche. Voller Empörung zeigte sie auf etwas, das vor ihr her aus der Tür flitzte und im Gras verschwand. Mit einem Satz war Charly zur Stelle und setzte dem Tier nach.

„Das ist doch die Höhe!" ächzte Oma Mummi und fuchtelte mit dem nicht bandagierten Arm wie wild in der Luft herum. „Eine Ratte! Hier gibt es Ratten!"

Wir nahmen uns kaum Zeit ihr zuzuhören, als sie nun erzählte, wo ihr die Ratte entgegengesprungen war. Unsere Aufmerksamkeit war von Charly gefesselt, der die Ratte gepackt und hochgehoben hatte, sie aber wieder fallen lassen mußte, da sich das Tier wild zur Wehr setzte. Die Ratte rannte ein Stück weit, aber schon hatte Charly sie von neuem gepackt. Wieder mußte er sie loslassen, aber diesmal drehte sich die Ratte um und griff an. Sie schien zuzubeißen, aber im letzten Augenblick machte Charly einen Satz in die Luft und landete über ihr, packte sie mit den Zähnen und beutelte sie.

Noch einmal konnte die Ratte entkommen. Wie der Blitz kletterte sie die Platane hinauf, Charly folgte ihr. Die Ratte raste einen Zweig entlang bis zur äußersten Spitze, Charly hinterher. Jetzt ließ sich die Ratte fallen, ebenso Charly. Im Fluge erwischte er sie und tötete sie, am Boden angekommen, mit einem schnellen, scharfen Biß.

„Mein Gott", stöhnten wir wie aus einem Munde, wie versteinert standen wir da.

Charly saß einen Augenblick regungslos, als sei er sich nicht sicher, ob der Feind unter seinen Fängen nicht plötzlich wieder zum Leben erwachen würde. Dann stand er auf, beschnupperte seine Jagdbeute, rollte sie vorsichtig mit der Pfote hin und her und schaute auffordernd zu Piri hinüber.

Piri hatte die Jagd zitternd vor Spannung, mit weit aufgerissenen Augen, den Körper eng an den Boden gedrückt, verfolgt. Jetzt sah sie interessiert zu Charly hinüber, rührte sich aber nicht von der Stelle. Charly nahm die Ratte auf und trabte vorsichtig näher. Einen halben Meter von Piri entfernt ließ er seine Beute fallen, ging einen Schritt rückwärts und legte sich brav nieder, den Kopf abwartend auf die Vorderpfoten gedrückt.

Sehr langsam stand Piri auf; sie beschnupperte das Geschenk, berührte es mit der Pfote und packte es schließlich. Dann drehte sie sich um und raste ganz unmajestätisch davon. Eine halbe Stunde lang konnten wir beobachten, wie sie die Ratte in die Luft warf, sich an sie anschlich, um sie mit einem kühnen Sprung zu packen und wieder wegzuschleudern.

Doch als Piri am späten Nachmittag zu Sascha und Charly hinüberging, die eng aneinandergeschmiegt im Schatten schliefen, fuhr sie nicht nur Sascha, sondern auch Charly mit ihrer Zunge mütterlich über den Kopf. Charly mit den hohen Beinen und den spitzen Ohren hatte Gnade vor ihren Augen gefunden.

Der Schmuggler

Unsere Ferien neigten sich dem Ende entgegen. Wir sprachen nicht darüber und verdrängten den Gedanken an unseren Abschied so gut es ging. Vor allem an den Abschied von Charly.

„Er ist ein kluges Kerlchen, er ist hier geboren, Sohn einer ausgefuchsten erfahrenen Katze, er wird sich schon durchschlagen“, tröstete Oma Mummi mich, als ich doch einmal davon anfing.

„Die Leute, die nach uns hier einziehen, sind sehr nett“, fügte Vati hinzu. „Ich kenne sie. Sie werden sich sicher auch um ihn kümmern. Wir können ihnen ja eine Nachricht hinterlassen – und ein bißchen Futter, für den Übergang."

Mutti nahm meine Hand zwischen ihre beiden Hände und sah mir in die Augen.

„Weißt du, Janni, ich glaube, wir fühlen alle dasselbe. Aber wenn es danach ginge, müßten wir uns um Tausende von herrenlosen Katzen sorgen, die auf diese Weise in Italien und in anderen Mittelmeerländern leben, im Sommer von Touristen durchgefüttert werden und im Winter ums Überleben kämpfen müssen. Aber Charly ist schlau, er ist zäh und geschickt. Denk daran, wie er die Ratte gefangen hat! Der schafft es bestimmt."

„Du hast recht", sagte ich tapfer. „Wir können unmöglich alle herrenlosen Tiere mit nach Hause nehmen. Vielleicht sehen wir ihn nächstes Jahr wieder."

„Da kommt einer auf einem Fahrrad", Oma Mummi wies die Straße hinunter. „Will der zu uns?"

„Das ist der Postbote. Vielleicht ein Brief von Oma Lene. Ich gehe schon."

Es war kein Brief, sondern ein Telegramm. Und es kam auch nicht von Oma Lene, sondern war an Vati gerichtet. Etwas Geschäftliches, wie ich Vatis ärgerlichem Brummen entnehmen konnte.

„Ist es etwas Schlimmes?" erkundigte ich mich vorsichtig.

„Nein, nein, schlimm nicht, nur lästig. Ich soll einen Kollegen vertreten, der krank geworden ist. Es geht um einen Kongreß in Rom, der übermorgen beginnt."

„Dann kannst du gar nicht mit uns zurückfahren?"

„Nein. Ich werde mich hier in den Zug nach Rom setzen und von dort aus nach Hause zurückfliegen."

„Können wir nicht einfach alle mitkommen? Rom, das muß doch toll sein!"

„Nein, Liebes, das geht nicht. Denk doch an Piri und Sascha! Ich werde auch nicht viel von der Stadt zu sehen bekommen. Ich werde den ganzen Tag auf diesem Kongreß sein und mir Vorträge anhören müssen. Und abends auf offizielle Empfänge gehen."

Nein, da hatte es natürlich keinen Sinn mitzufahren. Vati hatte recht.

Mutti war nicht gerade begeistert, den ganzen Weg zurück allein fahren zu müssen, aber was half es. Am übernächsten Tag ging das große Packen los. Piri und Sascha machten sich ein Vergnügen daraus, immer wieder in die geöffneten Koffer zu springen und sich zwischen Wäsche, Pullis und Blusen ein Nest zu bauen. Wollte man sie herausheben, schauten sie einen an, als wollten sie sagen: Kommt bloß nicht auf die Idee, uns hier zu vergessen!

Während Mutti mit Oma Mummi, die seit einigen Tagen ihren Gipsverband los war und nur noch eine elastische Binde um den Arm trug, das Haus gründlich reinigte, nahmen Vati und ich Charly und fuhren mit ihm ins Dorf hinunter. In der Trattoria setzten wir ihn auf seinen Lieblingsplatz unter dem Strauch, und Vati kaufte ihm einen gegrillten Fisch. Dann gab er dem Wirt ein bißchen Geld und bat ihn, nett zu Charly zu sein und ihm hin und wieder etwas zu fressen zu geben.

Ich schaute Charly nicht mehr an, als wir gingen. Ich wußte, ich hätte angefangen zu heulen, und davon hätte Charly auch nichts gehabt. Vati schien es genauso zu gehen, er schaute in die andere Richtung, und ich sah, wie sich seine Backenknochen unter der braungebrannten

Haut anspannten, als müsse er ein Stück Eisen durchbeißen.

Am Abend brachte Mutti Vati zum Bahnhof in der nächsten Stadt, wo er einen Zug nach Rom bestieg. Ich blieb bei Oma Mummi und nahm mir meine Postkarten vor, die ich bereits am ersten Tag gekauft, aber in meiner Ferienfaulheit bis heute nicht geschrieben hatte. So konnte ich sie wenigstens morgen hier noch in den Briefkasten werfen.

Die ganze Zeit hatte ich Angst, Charly könnte kommen, und es würde dann morgen ein ganz schlimmer Abschied werden. Aber er kam nicht. Er war eben klug. Vielleicht hatte er ja auch schon neue Bekanntschaften geschlossen und war anderen Feriengästen gefolgt? Der Gedanke machte mich ganz elend, obgleich es für Charly sicher das Beste war.

Wir fuhren sehr früh am nächsten Tag ab und kamen gut voran. Zwischendurch machten wir öfter Pause, vertraten uns die Beine, aßen und tranken eine Kleinigkeit, und Mutti legte sich für eine Viertelstunde auf dem Rücksitz hin und schlief ein bißchen.

Abends gegen sieben waren wir zu Hause; Piri und Sascha flitzten durchs Haus und schauten nach, ob noch alles in Ordnung war. Danach inspizierten sie den Garten und setzten ihre Duftmarken an Bäume und Sträucher, damit die Katzen aus der Nachbarschaft wußten, daß sie von der Reise zurück waren.

Gegen zehn Uhr rief Vati an; er stöhnte, wie anstrengend der Kongreß sei und sagte uns, von welcher Maschine wir ihn in drei Tagen abholen sollten.

„Erst in drei Tagen?“ fragte Mutti erstaunt.

„Ja, wir machen noch eine Besichtigungsfahrt zu einem neuerbauten Werk in der Umgebung. Es gibt da ein paar für uns sehr interessante Neuerungen, über die ich in der Firma berichten will."

„So, ja, rufst du noch mal an?"

„Ich weiß nicht, ob es geht. Vielleicht. Sonst sehen wir uns in drei Tagen abends im Flughafen. Bring Janni mit, ja?"

„Mache ich."

Vati meldete sich nicht noch einmal. Mutti sagte nichts, aber ich spürte, daß sie ein bißchen verärgert war.

Freitagabend fuhren wir zum Flughafen. Die Ankunftshalle war überfüllt, denn alle zehn Minuten landete eine Chartermaschine und spuckte Hunderte von braungebrannten Urlaubern aus. Wir mußten uns mit Gewalt bis an die Sperre durchschieben, hinter der der Zollbeamte saß, um Vati gleich entdecken zu können.

„Da ist er!" rief ich. „Mann, der hat sich eine neue Reisetasche gekauft, irre!"

„Pst!" machte Mutti. „Am Ende muß er noch Zoll draufzahlen, wenn du das so ausposaunst!"

Zum Glück hatte der Zollbeamte es nicht gehört.

Vati sah angestrengt aus, richtig nervös. Er starrte den Zollbeamten an, ohne uns zu sehen. Der Beamte fixierte ihn mißtrauisch. Vati merkte es und wurde noch ein bißchen blasser. Jetzt hob der Zollbeamte die Hand. Wollte er Vati tatsächlich kontrollieren? Nein, er winkte ein junges Paar heran, das dicht hinter Vati ging, als wollte es Deckung nehmen. Vati konnte den Zoll ungehindert passieren.

„Gott sei Dank!" flüsterte er und küßte Mutti flüchtig. „Nur raus hier!"

Eilig drängte er sich durch die Menge und verließ die

Ankunftshalle; wir konnten ihm kaum folgen, so schnell ging das.

„Wo steht der Wagen?"

„Gleich da drüben!"

„Gut."

Vati streckte die Hand nach dem Autoschlüssel aus und eilte uns voraus zum Auto.

„Sag mal, was ist eigentlich los?" fragte Mutti beunruhigt. „Du begrüßt uns kaum, zitterst vor Nervosität, der Schweiß steht dir auf der Stirn, hast du etwas angestellt?"

„Geschmuggelt habe ich etwas", sagte Vati und atmete tief ein. Dann grinste er zufrieden. „Geschmuggelt. Uff, das wäre geschafft."

„Geschmuggelt? Das hast du doch noch nie getan?"

„Eben, deshalb habe ich ja auch so wenig Übung."

Vati schloß die rückwärtige Tür auf und stellte seine Tasche hinein.

„Fahr du", sagte er zu Mutti. „Janni kann sich neben dich setzen, ich setzte mich hinten rein."

Mutti und ich schauten uns an.

„Du scheinst in Rom ja eine Menge eingekauft zu haben", bemerkte ich, „die Tasche ist doppelt so groß wie deine alte!"

Vati machte es sich auf dem Rücksitz bequem, dann öffnete er vorsichtig den Reißverschluß der Tasche. „Alle Fenster und Türen zu? Na dann... komm her, mein Kleiner."

Vorsichtig hob er etwas aus der Tasche. Etwas Weißes, Kleines. Charly. Einen total verschlafenen Charly.

„Er hat vom Tierarzt ein leichtes Beruhigungsmittel bekommen", entschuldigte Vati den Zustand des Katers. „Wir wollten nichts riskieren, Robby und ich. Robby, das ist der Captain der Maschine, müßt ihr wissen. Wir haben uns in Rom kennengelernt, in der Hotelbar. Ich hab ihn gefragt, wie man eine Katze nach Deutschland bringen kann. Na ja, und da hat er mir angeboten, wenn ich mit seiner Maschine fliege, zwei Augen zuzudrücken und mir behilflich zu sein. Kaum hatte ich seine Zusage, habe ich mir ein Auto gemietet und bin zurückgefahren. Charly wartete an der gewohnten Ecke auf mich. Wir waren beim Tierarzt, ich habe ihn impfen lassen und... da sind wir nun!"

Mutti und ich waren sprachlos. Ehrlich, wir brachten erst einmal kein Wort heraus. Aber tief in mir spürte ich, wie eine riesige, heiße Freude in mir hochstieg. Mein Vater! Ich wußte, warum ich ihn so lieb hatte.

Charly kuschelte sich in Vatis Arm wie ein kleines Kind, ganz vertrauensvoll, er schlief ruhig weiter. Und zu Hause warteten Sascha und Piri.

Piri und die alte Katze

Gestatten, Charles Lindbergh!

An diesem Tag war ich richtig sauer auf Vati. Wie konnte er uns nur so in Aufregung versetzen! Na ja, er hat es dann ja auch eingesehen und uns in die Pizzeria eingeladen – alle zusammen.

Am Morgen war noch alles okay, ein richtig schöner Feriensommermorgen, die Septembersonne hatte Mittelmeerqualität, wie wir es von Italien gewohnt waren. Eine Woche war es nun her, daß wir von dort zurückgekehrt waren. Oma Mummi hatte den Frühstückstisch auf der Terrasse gedeckt, und unsere Katzen, Piri, ihr Sohn Sascha und unser eingeschmuggelter Italiener Charly, saßen erwartungsvoll in der Nähe, für den Fall, daß einer von uns auf die Idee kommen sollte, doch einmal heimlich etwas vom Tisch fallen zu lassen.

Wir hatten alle eine Superlaune, sogar Vati, der heute wieder ins Büro fahren mußte. Nur Oma Lene war ein bißchen verärgert über Charlys Jagdeifer und seine Angewohnheit, ausgerechnet ihr seine Beute zu Füßen zu legen – oder an Plätze, von denen er meinte, sie seien für Geschenke besonders geeignet.

„Stellt euch vor, eine ausgewachsene Ratte hat er mir heute morgen gebracht!“ empörte sie sich und rührte erregt in ihrem Kaffee.

„Lebendig?“ erkundigte sich Vati.

„Nein, das nicht ...“

„Außerdem war sie noch jung“, berichtigte ich.

„Also schön, eine ausgewachsene junge Ratte. Er hat sie mir aufs Kopfkissen gelegt!“ Oma Lenes Stimme zitterte vor Entrüstung.

„Eine Art Ritterdienst“, erklärte Mutti. „Er will dir seine Tüchtigkeit beweisen, zeigen, daß er ein richtiger Mann ... äh, ein richtiger Kater ist.“

„Natürlich“, stimmte Vati ihr strahlend zu. „Das mußt du verstehen, es ist so was ... so was wie die Mannbarkeitsriten bei gewissen Negerstämmen ...“

„Mannbarkeitsriten! Aber nicht in meinem Bett!”

„Dagegen gibt's doch ein ganz einfaches Mittel“, brummte Oma Mummi. „Laß ihn halt nicht mehr in dein Zimmer!“

„Wenn er aber so höflich an meiner Tür kratzt ... und maunzt? Ich kann ja nicht wissen, ob er nicht vielleicht Hilfe braucht –“

„Wenn er Hilfe braucht, dann kommt er zu mir“, behauptete Vati und sah sich nach seinem Liebling um.

Der saß schräg hinter ihm auf der Terrassenmauer und sah ihn an, als hätte er jedes Wort verstanden. „Also gut, mein Sohn, wenn du in Zukunft ein Geschenk für Oma Lene hast, dann überreiche es ihr bitte hier auf der Terrasse, ist das klar?“

„Mau!“ machte Charly, da er sich angesprochen sah, und rückte ein wenig näher, um einen auffordernden Blick auf die Leberwurst zu werfen. Nicht vergeblich, wie sich herausstellte.

„Dann kriegen Piri und Sascha aber auch was!“ protestierte ich. „Gleiches Recht für alle.“

„In den Ferien ist manches erlaubt, was sonst nicht erlaubt ist“, entschied Mutti und schnitt eine große Scheibe von der Kalbsleberwurst ab, um sie in kleine Bröckchen zu zerlegen.

Von rechts und links legte sich eine Pfote mit sanftem Nachdruck auf ihren Schoß, ein schwarz-gelb gestromter und ein getigerter Katzenkopf schoben sich bis zur Tischkante vor.

„Piri, komm zu mir!“ lockte ich meine Katze. „Mutti kann Sascha füttern.“

Piri folgte der Aufforderung freudig, schnurrend sprang sie auf meinen Schoß und verfolgte mit den Augen, wie ich eines der Bröckchen von Muttis Teller angelte und über den Tisch hob. Ich hielt es ihr vor die Nase, und sie schnupperte in aller Ruhe daran, ehe sie es zu verspeisen begann, wobei sie meine Hand als Unterlage benutzte. Zum Schluß schleckte sie mit ihrer rosigen, rauhen Zunge die Innenfläche meiner Hand ab, es kitzelte, und ich mußte lachen.

„Ich geh dann“, sagte Vati. „Tschüs, ihr Lieben, bis heute abend!“

Wir hörten kaum hin, denn Sascha hatte gerade den Versuch gestartet, auf den Tisch zu springen und die ganze Leberwurst zu erbeuten. Zu viert schimpften wir auf ihn ein und erklärten ihm energisch, daß dies zu den absolut verbotenen Dingen gehörte und daß er sich ja nicht trauen sollte, so etwas noch einmal zu probieren. Sascha zog sich erschrocken in den hintersten Winkel der Terrasse zurück.

„Reg dich nicht auf, mein Kleiner, ihr bekommt ja gleich euer Frühstück!" tröstete ich ihn. „Und das ist viel leckerer! Ein köstliches Herzragout gibt's heute – oder möchtest du lieber Trockenfutter? So was ist ohnehin viel gesünder für euch! Diese Leberwurst ist viel zu fett für einen kleinen Katzenmagen! Genauso ungesund wie Schlagsahne oder frische Kuhmilch . . ."

Oma Mummi lachte.

„Jetzt hält Janni wieder ihren Ernährungsvortrag. Der Jammer ist nur, daß ihnen gerade die ungesunden Sachen so besonders gut schmecken. Aber das ist bei euch Kindern schließlich genauso."

„Ich bin kein Kind mehr, schließlich werde ich in drei Monaten dreizehn!"

„Nein, aber futtern tust du immer noch am liebsten Süßigkeiten oder Pommes frites mit Ketchup."

„Ich esse alles gern. Fast alles. Ich hab eben immer Hunger, weil ich so schnell wachse, das ist doch ganz natürlich!"

„Siehst du, und genauso sagt sich Sascha, ich wachse so schnell, also brauche ich hin und wieder ein Stück Leberwurst außerhalb der Mahlzeiten."

Ich liebe Oma Mummi. Ich mag ihre Wärme und ihre Fröhlichkeit und auch, daß sie so gut für uns alle kocht und den Garten so schön versorgt, so daß er immer bunt aussieht – gerade auf der Mitte zwischen verwildert und gepflegt. Oma Mummi ist Muttis Mutter. Oma Lene, Vatis Mutter, ist ganz anders, sie sieht sehr auf gute Manieren und ist mächtig gebildet, denn sie war früher Lehrerin. Die beiden Omas führen uns den Haushalt, während Vati und Mutti im Büro sind. Natürlich mag ich auch Oma Lene sehr gern, nur eben anders.

Über unseren Gesprächen hatten wir gar nicht bemerkt, daß Charly nicht mehr auf der Terrasse saß. Erst als ich jetzt das Futter für meine drei Lieblinge in die Näpfchen füllte und Piri und Sascha schnurrend um meine Beine strichen, fiel mir auf, daß er nicht da war. Ich rief ein paarmal nach ihm, und als er nicht kam, ging ich durch das ganze Haus und den Garten, um ihn zu suchen. Ich schaute in sämtliche Schlafzimmer, auf den Speicher, in alle Kellerräume, kurz, ich ließ keinen Winkel des Hauses aus.

„Reg dich nicht auf, Janni“, tröstete Oma Mummi mich, „er wird einen kleinen Spaziergang in die Nachbarschaft gemacht haben.“

„Aber zum Fressen ist er doch immer da!“

„Er wird einer Maus auf der Spur sein –“

Damit ließ ich mich beruhigen. Ich holte mir meinen Lieblingsschmöker und legte mich auf den Rasen in die Sonne. Aber ich konnte mich nicht richtig konzentrieren. Immer wieder hielt ich nach dem schneeweißen Kater Ausschau. Charly war schließlich erst seit einer Woche bei uns, wie leicht konnte er sich da verlaufen! Außerdem war er bis jetzt ständig mit Piri und Sascha zusammengewesen, und es war ungewöhnlich, daß er allein davonspazierte.

Ich sprang auf, zog mir mein T-Shirt über und lief auf die Straße. Weit und breit war keine Spur von Charly zu sehen. Ich rief ein paarmal laut seinen Namen, aber der einzige Erfolg war, daß Herr Wurster seinen Kopf aus dem Fenster streckte. Seinem Ausdruck war leicht zu entnehmen, daß ich ihn bei der Arbeit gestört hatte.

„Entschuldigen Sie bitte, Herr Wurster", rief ich mit einer ganz kleinen, hilfsbedürftigen Stimme, „haben Sie zufällig unseren weißen Kater gesehen?"

„Weißen Kater? Ich denke, deine Katze ist schwarzgelb gestromt?"

„Das ist Piri, ja, und ihr Sohn Sascha ist grau getigert. Und Charly ist schneeweiß, wir haben ihn aus Italien mitgebracht."

„Drei Katzen – ist das nicht ein bißchen viel?" fragte Herr Wurster, genau wie ich befürchtet hatte.

„Nun ja, der Meinung waren wir auch, aber wissen Sie, er hatte so ein schreckliches Schicksal, wir konnten ihn einfach nicht zurücklassen!"

Das war ja nun ein bißchen übertrieben, aber irgendwie mußte ich Herrn Wurster mit unserer dritten Katze versöhnen. Ich gebe mir überhaupt viel Mühe, uns sein Wohlwollen zu erhalten, seit er Piri im Verdacht hatte, seine Vögel zu ermorden. Zum Glück unbegründet.

Ich verabschiedete mich höflich und klingelte bei unseren Nachbarn auf der anderen Seite, den Hackingers. Sie lieben unsere Katzen, und es hätte mich nicht gewundert, wenn Charly das schamlos ausgenützt und bei ihnen gebettelt hätte. Aber auch Hackingers hatten ihn nicht gesehen.

Jetzt wurde mir mulmig zumute. Ich rief Oma Mummi durchs offene Küchenfenster zu, daß ich auf einen

Sprung zu Bernd ginge. Bernd wohnt vorne an der Straße, und unsere Katzenliebe hat uns zu dicken Freunden gemacht. Außerdem lebt Piris Tochter Blümchen bei Bernd. Es war Liebe auf den ersten Blick, deshalb habe ich sie ihm zum Geburtstag geschenkt. Bernd lag – wie ich vor kurzem – auf dem Rasen und schmökerte. Er lag auf dem Bauch, und in der Mulde unter seinem Kinn lag Blümchen und schlief. Ich hockte mich zu den beiden und erzählte von meiner Sorge. Bernd sprang sofort auf, und Blümchen warf ihm einen beleidigten Blick zu.

„Komm, wir rufen Helga an, und dann machen wir uns auf die Suche!"

Helga ist meine beste Freundin und genauso ein Katzennarr wie Bernd und ich. Auch sie hat eines von Piris Kindern, die schwarze Flocke mit dem schneeweißen Fleck auf der Brust. Helga hatte ihrer Mutter gerade geholfen, Zwetschgen für ein großes Blech Kuchen zu entsteinen, aber als sie hörte, was los war, kam sie sofort.

Gemeinsam durchkämmten wir die Gärten, klingelten, fragten, riefen nach Charly, alles vergebens. Meine Sorge, ein Katzenfänger könnte ihn mitgenommen haben, steigerte sich zur Panik. Mutti, die heute noch frei hatte, und die beiden Omas beruhigten mich zwar, aber ich sah ihnen die Sorge an den Gesichtern an. Mutti rief bei der Polizei und im Tierschutzverein an, und als das nichts ergab, setzte sie sich ins Auto und fuhr langsam die Straßen der Umgebung ab.

„Nun macht euch doch nicht verrückt!" polterte Oma Mummi. „Wahrscheinlich hat er sich in irgendeinen unzugänglichen Winkel verkrochen und schläft selig und süß!" Sehr überzeugend klang das nicht.

Das Mittagessen fiel aus. Wir waren zu sehr mit unserer Suche beschäftigt, außerdem war uns der Appetit vergangen. Noch einmal klingelten wir bei unseren Nachbarn, baten sie, in die Keller schauen zu dürfen und überall dorthin, wo sich eine Katze verkriechen konnte. Es war alles vergebens.

„Mein Gott, wie bringen wir das nur Vati bei!" jammerte Mutti. „Charly bedeutet ihm so viel! Und das, nachdem er ihn über die Grenze geschmuggelt hat!"

„Wenn ihn nun wirklich jemand mitgenommen und in einer engen Kiste in eins dieser Labors geschickt hat – ich darf gar nicht daran denken!" Oma Lenes Stimme zitterte.

Als Vati am Abend nach Hause zurückkehrte, fand er eine völlig verstörte Familie auf der Terrasse vor. Mein verheultes Gesicht sprach Bände.

„He, was ist denn hier los, ist was passiert?" fragte Vati erschrocken.

„Charly ist weg", sagte Mutti mit erloschener Stimme.

Und dann erzählte sie in allen Einzelheiten, wie wir den Tag verbracht hatten – mit Suchen und Rufen, Telefonieren und Nachforschen, ohne Pause, ohne an irgendwas anderes zu denken, nicht mal ans Essen. Sie sprach so schnell und heftig, daß Vati gar keine Gelegenheit hatte, sie zu unterbrechen.

„Moment mal!" rief er schließlich energisch. „Was redest du denn da, Charly ist doch . . ."

In diesem Augenblick kam Charly majestätisch die Terrassentreppe heraufspaziert. Fassungslos starrten wir ihn an.

„Er war mit mir im Büro", sagte Vati, als sei es die selbstverständlichste Sache der Welt. „Er wollte sich gerne vorstellen. Er ist heute früh ins Auto gestiegen, sprang auf meine Schulter, und als wir auf dem Parkplatz ankamen, ließ er sich von mir mit in den dritten Stock hinaufnehmen. Dann ist er als erstes in die Buchhaltung marschiert und hat gesagt: ‚Gestatten, Charles Lindbergh mit den Fliegerohren' ... nein, das habe natürlich ich gesagt."

„Vati!" Ich stürzte mich auf ihn und boxte ihn gegen die Brust. „Du bist so unmöglich! Wir haben uns halb totgesorgt! Warum hast du nicht angerufen?"

Charly kam majestätisch die Treppe heraufspaziert

„Warum habt ihr mich nicht angerufen, wenn ihr beunruhigt wart?“

„Weil ... ich glaube, wir hatten alle Angst, es dir zu sagen. Schließlich ist Charly deine Katze und ...“

Vati sah uns der Reihe nach an und seufzte tief.

„Du lieber Himmel, ihr seht wirklich aus, als hättet ihr eben einen Schiffbruch überstanden! Ich gebe zu, ich hätte euch Bescheid sagen sollen. Es ist meine Schuld. Also – was für eine Strafe schlagt ihr vor? Ihr habt den ganzen Tag noch nichts gegessen? Was haltet ihr davon, wenn ich euch alle zum Italiener einlade? Eine kleine Italien-Gedächtnis-Feier sozusagen.“

„Das ist das erste Vernünftige, was du an diesem Tag tust, mein Schatz!“ sagte Mutti. „Aber Charly bleibt zu Hause! Und daß ihr mir ja die Türen und Fenster schließt!“

Der Sonntagsausflug

Wann immer wir von unseren Ferien in Italien schwärmten, sahen wir mit einem Gefühl schlechten Gewissens zu Oma Lene hinüber. Sie hatte uns nicht begleiten können, denn der Arzt hatte sie zur Kur geschickt, während wir uns am Meer vergnügten. Oma Lene hatte sich bis zuletzt gegen diesen Kuraufenthalt gesträubt, aber jetzt stellte sich heraus, daß die Wochen für sie ein voller Erfolg geworden waren. Nicht nur, daß sie sich prächtig erholt hatte, nein, sie hatte auch gleich ein halbes Dutzend neuer Freunde gefunden, von denen sie uns nun bei jeder Gelegenheit erzählte. Und nicht nur das: Täglich kamen Briefe und Anrufe, Oma Lenes Leben bekam ungewöhnlichen Auftrieb.

„Stellt euch vor", eröffnete sie uns an diesem Wochenende, „die Schwestern Uschkureit sind auf der Durchreise in der Stadt, ich habe sie für morgen zum Kaffee eingeladen!"

„Das ist nett", sagte Mutti ohne rechte Begeisterung, denn sie hatte sich auf einen erholsamen Sonntagnachmittag eingestellt und warf Vati einen bittenden Blick zu.

Vati schaltete sofort.

„Ach, dann wirst du morgen gar nicht mitkommen können, das ist schade. Na ja, ihr habt es auch viel gemütlicher, wenn ihr unter euch seid. Wir würden bei euren Gesprächen nur stören."

„Ich wußte gar nicht, daß ihr morgen wegfahrt?" bemerkte Oma Lene erstaunt.

Ich auch nicht, wollte ich sagen, hielt aber eisern meinen Mund. Oma Mummi schien es ähnlich zu gehen, ihre Lippen klappten auseinander und wieder zusammen; es sah aus, als hätte ein Frosch eine Fliege verschluckt.

„Ja, bei dem herrlichen Wetter und weil doch nun Jannis Ferien zu Ende gehen, wollten wir noch einmal einen schönen Ausflug machen", erfand Vati blitzschnell, und es klang wirklich überzeugend. „Eine kleine Bergwanderung mit anschließendem Bad im See. Und dann irgendwo hübsch zum Essen gehen."

„Ach ja?" Oma Lene sah ein bißchen enttäuscht aus, aber dann siegte die Vorfreude auf den Besuch. „Wahrscheinlich hast du recht, ihr würdet euch doch nur langweilen bei unseren Gesprächen."

„Eben. Ich werde euch ein, zwei schöne Kuchen bakken und alles für dich vorbereiten“, sagte Oma Mummi lebhaft. „Bei dem herrlichen Wetter könnt ihr draußen sitzen, das wird deinem Besuch gefallen.“

„Du fährst auch mit?“

„Ja, natürlich.“ Oma Mummi sah uns mit einem Blick an, der flehte: Verlangt bloß nicht von mir, daß ich hier bei Lenes Kaffeekränzchen bleiben muß! „Du wärst doch auch mitgekommen, wenn du nicht gerade Gäste bekämst!“

„Stimmt“, erklärte Oma Lene, und damit war die Sache klar.

Am nächsten Tag machten wir uns früh auf den Weg. Oma Mummi hatte wie immer ein viel zu reichliches Picknick eingepackt, das wir nun wohl oder übel mitschleppen mußten, obwohl Vati doch gesagt hatte, wir wollten unterwegs einkehren. Wir wanderten zur Widderkopfhöhe hinauf, bewunderten vom Gipfel aus die fabelhafte Aussicht, aber weil Oma Mummi schwindlig wurde und ein recht kühler Wind einem um die Ohren pfiff, daß man glaubte, sich gleich in die Lüfte zu erheben, suchten wir uns etwas unterhalb in einer geschützten Mulde einen Platz für unser Picknick.

Von hier aus war die Aussicht genauso toll. Wir konnten die Drachenflieger beobachten. Ich dachte an meine Katzen und wie schön es wäre, wenn man sie wie Hunde zu so einem Ausflug mitnehmen könnte. Aber vielleicht hätten sie sich gar nichts aus der tollen Aussicht gemacht.

Beim Abstieg sangen wir sogar, so eine Superlaune hatten wir, und Vati erzählte Anekdoten aus seiner Kindheit, auch welche, die wir noch nicht kannten.

Am See war es rappelvoll, wir mieteten uns ein Tretboot und badeten mitten im See vom Boot aus, da hatten wir Platz genug. Oma Mummi hielt derweil in unserem Auto ein verspätetes Mittagsschläfchen.

Später landeten wir dann doch noch in einem Lokal, auf einer hübschen Hotelterrasse, aßen erst Eisbecher, fanden es einsame Spitze hier, mit dem Blick auf die Berge oben und den See unter uns, und weil wir so lange saßen, bestellten wir uns schließlich noch ein warmes Abendessen.

Es ging schon auf halb neun, als wir auf die Autobahn zurückkamen. Der dichte Ferienverkehr hatte ein wenig nachgelassen, die meisten waren wohl um diese Zeit schon zu Hause.

„Vati ... macht's dir was aus, am nächsten Parkplatz mal zu halten? Ich glaub, ich habe zuviel Cola und Saft getrunken", sagte ich kleinlaut.

„Du warst doch gerade vor einer Viertelstunde im Lokal? Na schön, wenn's sein muß."

Wir mußten noch drei Kilometer fahren, dann bog Vati in eine Parkbucht ein, und ich kletterte aus dem Wagen.

„Ich beeil mich."

„Schon gut."

Ich stolperte auf dem direktesten Weg durchs Gestrüpp in den Wald. Das war keine so gute Idee, denn es gab jede Mengel Brennesseln und Brombeergesträuch, ich zerkratzte mir ganz ekelhaft die Beine. Also machte ich auf dem Rückweg einen Bogen und suchte mir einen Pfad, auf dem mich allenfalls die Mücken attackierten. Ich kam irgendwo weiter oben bei den Mülltonnen heraus und wollte den anderen gerade zuwinken, als mir ein

Fellbündel hinter einer der Tonnen ins Auge fiel. Eine merkwürdige Unruhe kroch in mir hoch, wie unter Zwang ging ich näher.

Ich erschrak so sehr, daß ich am ganzen Körper zu zittern anfing. Vor meinen Füßen lag eine Katze. Sie war groß und dick, keineswegs verhungert wie die Katzen, die wir in Italien gesehen hatten. Ihr verschmutztes Fell war vermutlich hellrot, die langen Haare waren zu Strähnen verkrustet. Die linke Seite ihres Kopfes, Hals und Schulter waren blutverklebt. Wie sie da saß, völlig apathisch, mit halbgeschlossenen Augen, der Kopf fast auf die Erde gesunken, der Rücken von Fieberschauern geschüttelt – das machte mich ganz krank, ich hätte am liebsten laut aufgeheult.

Vati war im Schrittempo bis zu mir vorgefahren und lehnte sich aus dem Fenster.

„Was ist los, Fräulein, wir möchten heute noch mal nach Hause kommen!"

„Vati, Mutti, schnell, kommt her ..." Mehr brachte ich nicht heraus.

Die drei stiegen aus dem Wagen, und – als hätte sie es geahnt – Oma Mummi war zuerst zur Stelle.

„Mein Gott!"

Sie beugte sich zu der Katze hinunter und sprach leise beruhigend auf sie ein, dann berührte sie vorsichtig Kopf und Rücken und tastete das Tier streichelnd ab. Schließlich faßte sie es behutsam mit beiden Händen und hob es hoch.

„Ausgesetzt?" fragte Mutti, die nicht richtig sehen konnte, was da vor sich ging, weil wir ihr die Sicht verdeckten.

„Das glaube ich nicht", antwortete Oma Mummi.

„Ich nehme eher an, daß sie angefahren worden ist. Wer weiß, wie sie auf die Autobahn geraten ist."

„Oder beides", meinte Vati. „Erst ausgesetzt und dann angefahren."

„Oder sie ist aus einem fahrenden Auto gesprungen", gab ich zu bedenken. „Vielleicht sollte sie mit in den Urlaub und hat es mit der Angst gekriegt."

„Nun, egal, was ihr zugestoßen ist, jetzt braucht sie Hilfe!" beendete Oma Mummi die Diskussion. „Laßt uns fahren, damit wir so schnell wie möglich nach Hause kommen!"

Oma Mummi nahm die verletzte Katze auf den Schoß und streichelte sie sanft. Die Katze begann leise zu schnurren, sie fühlte anscheinend, daß sie nun in Sicherheit war und ihr geholfen werden würde. Wir schwiegen alle vier, aber wir dachten vermutlich das gleiche: Wie konnten Menschen nur so grausam sein und ein verletztes Tier hilflos neben einer Mülltonne liegenlassen – wie Abfall!

Als wir vor der Garage hielten, stand Oma Lene bereits in der Haustür.

„Ich habe die Katzen alle drei in Jannis Zimmer gesperrt, damit mir Charly nicht am Ende entwischt, während ihr weg seid", rief sie. „Die Aufregung wollte ich mir ersparen. Du liebe Güte, was ist denn das? Müßt ihr von jeder Fahrt eine neue Katze mitbringen?"

„Sie ist verletzt. Wir haben sie neben der Autobahn gefunden", erklärte Mutti, während Oma Mummi an ihr vorbei ins Haus lief und mit der Katze in ihr Zimmer hinaufging.

„Bring mir ein Schälchen verdünnte Dosenmilch

rauf, Janni! Und auch ein Schälchen mit Wasser und ein bißchen Futter. Ich will mir erst einmal ihre Wunde genauer ansehen."

„Okay."

Ich verzichtete darauf, als erstes Piri, Sascha und Charly zu begrüßen, und beeilte mich, Oma Mummis Auftrag auszuführen. Als ich mit dem Tablett in ihr Zimmer trat, lag die Katze auf Oma Mummis Bett auf einem sauberen Badetuch, das Blut war mit einem feuchtwarmen Lappen so gut es ging abgewaschen worden, und die Wunde sah nun gar nicht mehr so schlimm aus.

„Es ist eine recht alte Katze", erklärte Oma Mummi leise. „Die Verletzung ist nicht schlimm, sie scheint nichts gebrochen oder gestaucht zu haben, nur diese Schürfwunde – und einen gewaltigen Schock hat sie. Ich werde morgen früh gleich mit ihr zum Tierarzt gehen."

Während sie sprach, hielt sie ihrem Schützling das Schüsselchen mit der verdünnten Dosenmilch vor die Nase. Die Katze schnupperte erst vorsichtig, trank zwei, drei winzige Schlucke, dann stürzte sie sich gierig darauf und trank alles bis auf den letzten Rest aus.

„Na also", sagte Oma Mummi zufrieden. „Nun probieren wir es mal mit dem Essen."

„Krabbenragout!" lobte ich das appetitlich duftende Katzenmenü, das ich für unseren Neuling ausgewählt hatte. „Ideal als Krankenkost!"

Der Meinung war die Katze offensichtlich auch, sie nahm ein paar tüchtige Happen. Dann allerdings schien sie erschöpft zu sein, sie drehte sich weg, zog sich in eine Ecke des Bettes zurück und begann sehr langsam und mit großer Mühe, sich zu putzen.

„Und wie soll sie heißen?“ fragte ich.
„Hm . . . also, ich finde, sie sieht aus wie Hermine.“
„Wer ist Hermine?“
„Keine Ahnung, ich kenne keine. Aber so stelle ich sie mir vor.“
„Also gut. Hermine.“

Oma Mummis Hexenkünste

Am nächsten Morgen fuhr Oma Mummi mit Hermine zum Tierarzt. Als sie zurückkam, bebte sie vor Zorn. Unser Tierarzt war nicht dagewesen, er machte Urlaub. Oma Mummi hatte nur seine Vertretung in der Praxis angetroffen, einen noch jungen Anfänger, wie sie verächtlich sagte.

„Stellt euch vor, was dieser Unmensch mir geraten hat!“ berichtete sie entrüstet. „Ich soll sie einschläfern lassen! Bei einem so alten Tier lohne sich die Mühe doch nicht mehr, hat er gemeint! Dabei ist nichts gebrochen, nur ein paar Prellungen hat sie und die Schürfwunde – und einen gewaltigen Schock. Na, dem habe ich was erzählt! Für so einen Unfug brauche ich keinen Tierarzt, habe ich ihm gesagt, da kann ich meine Katze auch allein gesund pflegen. So ein liebes, freundliches Tier! Vielleicht würden Sie *mir* das auch empfehlen, habe ich gesagt, schließlich bin ich über siebzig – da lohnt es sich doch auch kaum noch!“

„Und dann?“ fragte ich.

„Dann habe ich Hermine in den Korb gesetzt und bin gegangen.“

„Das hat er nun davon."

Oma Mummi öffnete den Korb und nahm die völlig apathische Katze heraus.

„Komm, mein Mädchen. Dafür die ganze Anstrengung und Aufregung ... Busfahren, im Wartezimmer hocken, zwischen all den Hunden ... Jetzt ruhen wir uns erst mal aus. Ich werde dich schon hochpäppeln."

Oma Mummi stieg mit Hermine die Treppe hinauf. Auf der obersten Treppenstufe saßen Piri, Sascha und Charly wie die Orgelpfeifen und reckten neugierig die Hälse. Der Geruch der fremden Katze beschäftigte sie seit Stunden, und in Oma Mummis Abwesenheit hatten sie ihr Zimmer gründlich inspiziert. Das ging schließlich nicht, daß da so ein Fremdling ungefragt und ohne sich vorzustellen ins Haus zog!

Hermine, die wohlgeborgen auf Oma Mummis Armen lag, reckte den Kopf ein wenig, schaute auf die Versammlung hinunter und fauchte sie zur Vorsicht einmal kräftig an. Laßt mich ja in Ruhe! hieß das. Piri begann sich augenblicklich zu putzen, als wäre die fremde Katze überhaupt nicht vorhanden. Dann haute sie unvermittelt Sascha eine runter und sprang die Stufen hinab. Sascha folgte ihr verdutzt, während Charly neugierig beobachtete, wie Hermine jetzt auf ihr Lager gebettet und beruhigend gestreichelt wurde.

„Na, was ist ... ab in den Garten, geh spielen!" brummte Oma Mummi und schloß hinter Charly die Tür.

Hermine nahm es zufrieden zur Kenntnis.

In den folgenden Tagen sah man Oma Mummi selten. In der Küche braute sie einen Kräutersud, maß Tropfen ab oder zerbröselte halbe oder viertel Tabletten und mischte sie unter Tatar oder feingehackten rohen Fisch. Sie bereitete Leckerbissen, rührte Salbe an, deren Zutaten sie auf der Briefwaage abmaß. Ich schaute ihr über die Schulter, wenn sie in ihrem Buch über homöopathische Heilmittel für Katzen blätterte. „Du bist eine richtige Hexenmeisterin“, meinte ich lachend. „Ich wußte gar nicht, daß du von diesen Dingen etwas verstehst.“

„Das meiste habe ich auch jetzt erst gelernt“, gestand Oma Mummi. „Ich habe kürzlich darüber einen Artikel in der Zeitung gelesen. Sie schrieben über einen Tierarzt, der seine Patienten nur noch mit Homöopathie heilt. Du weißt, daß ich ohnehin mehr von der Naturheilkunde halte als von den gebräuchlichen Methoden – und bei Katzen scheint mir das besonders einleuchtend. Sie sind so sensibel.“

Nach einer Woche war Hermine noch etwas dicker als vorher. Ihr Fell glänzte wie Seide, und die Augen waren groß und klar. Wie die Königinmutter persönlich begann sie durchs Haus zu schreiten, über die Terrasse in den Garten hinunter, wo sie sich ihren Lieblingsplatz unter dem dichtbelaubten Fliederbusch wählte. Hier lag sie auf weichem Moos und feinen Gräsern, vor allen Blicken geschützt, und konnte doch genau beobachten, was im Garten vor sich ging.

Kreuzte eine der anderen Katzen ihren Weg, fauchte sie kurz und unmißverständlich, um sich die Jüngeren vom Leibe zu halten. Piri tat weiterhin, als sei Hermine gar nicht vorhanden, sie ging ihr aus dem Weg. Wenn sie doch zufällig mit ihr zusammentraf, machte sie sich nicht die Mühe zurückzufauchen, sondern drehte den Kopf weg. Sie setzte sich hin und putzte sich, vollkommen in sich versunken.

Sascha und Charly beobachteten die alte Katze neugierig aus der Ferne. Aber da man mit ihr nichts anfangen konnte, wurde sie ihnen bald langweilig, und auch sie begannen, Hermine einfach zu übersehen.

Das Wetter blieb sommerlich warm, und mit der Genauigkeit einer Uhr kam Hermine nach ihrem Frühstück die Treppe hinunter und marschierte in den Garten. Bis zum Abend schlief sie auf ihrem Lieblingsplatz, dann machte sie eine kleine Runde durch den Garten, inspi-

Hermine fauchte, um sich die jüngeren Katzen vom Leib zu halten

zierte alle Ecken und Winkel, betrachtete sich auch einmal den Katzeneingang in der Tür zu meinem Zimmer, benutzte ihn aber nicht, sondern stieg die Stufen zur Terrasse hinauf.

Gegen sieben Uhr begab sie sich wieder in Oma Mummis Zimmer, wo sie ihr Abendessen serviert bekam. Dann machte sie es sich auf dem Bett gemütlich. Wenn Oma Mummi zu Bett ging, schmusten die beiden noch eine Weile, dann schliefen sie friedlich nebeneinander ein.

Es war klar, daß Hermine bei uns bleiben würde. Mutti hatte im Tierschutzverein angerufen und nachgefragt, ob sich ein Besitzer gemeldet hatte. Auch auf der Polizeiwache hatten wir hinterlassen, daß sich eine alte Katze mit hellrotem langen Fell bei uns befand, die wir an der Autobahn verletzt gefunden hatten. Und selbstverständlich hatten wir das auch der Polizeiwache, die für die Autobahn zuständig war, mitgeteilt. Aber niemand schien Hermine zu vermissen. Also war sie wohl doch ausgesetzt worden. Ich konnte es nicht fassen!

Ein kühler Regentag kam, und Hermine beschloß, im Haus zu bleiben. Es ging schon auf den Abend zu, und die Stunde kam, in der Hermine ihren kleinen Spaziergang zu machen pflegte. Sie wanderte durchs Haus, warf einen Blick ins Wohnzimmer, besuchte Oma Mummi in der Küche, wo sie eine Viertelstunde auf dem Fensterbrett zubrachte und auf die Straße hinausstarrte, dann verlangte sie, Vatis und Muttis Schlafzimmer zu sehen. Oma Mummi öffnete ihr die Tür, und Hermine durchschritt einmal den Raum, schnupperte an den Schränken, an den Betten und an Charlys Korb, der neben Vatis Nachttisch auf dem Boden stand. Ihr Blick streifte die

Gardinen, als wollte sie sagen: Recht hübsch! – dann ging sie wieder.

In diesem Moment betrat ich das Haus. Oma Mummi erzählte mir schmunzelnd von Hermines Erkundungsgang und verschwand in der Küche, um das Abendessen zu bereiten. Hermine beachtete uns nicht, sie saß an der Treppe, die nach unten zu meinem Zimmer und zu den Kellerräumen führt, und überlegte. Dann stand sie kurz entschlossen auf und machte sich auf den Weg nach unten.

„Na du? Willst du Piri und Sascha einen Besuch abstatten? Sie liegen sicher auf meinem Bett und schlafen“, sagte ich und folgte ihr leise.

Hermine nahm sich Zeit. Im Flur unten beschnupperte sie die geschlossenen Türen zum Heizungs- und Vorratskeller und zur Waschküche. Dann näherte sie sich zögernd dem Eingang zu meinem Reich und betrat den kleinen Schrankraum. Den Kopf weit vorgestreckt, die Ohren gespitzt, setzte sie langsam Pfote vor Pfote; wandte sich erst nach links dem Duschraum zu, durchmaß ihn bis in den letzten Winkel, schnupperte an der Katzentoilette, sah an den Wänden, am Duschvorhang und zum Waschbecken hinauf, dann war dieser Teil der Inspektion beendet, und sie kehrte in den Vorraum zurück und wandte sich meinem Zimmer zu.

Sie schien zu fühlen, daß sie beobachtet wurde. Sehr langsam, fast steifbeinig, den Kopf hoch erhoben, wanderte sie durch mein Zimmer, ging zur Tür, die in den Garten führt, betrachtete interessiert den Katzenausgang, machte eine Runde um den Schreibtisch, zum Schrank hinüber, warf einen Blick in den Puppenwagen, in dem Piri auch jetzt noch hin und wieder schlief, strich um den großen Sessel und am Bücherregal entlang. Nur zum Bett ging sie nicht.

Dort saßen hochaufgerichtet und regungslos in einer Reihe nebeneinander Piri, Charly und Sascha und verfolgten Hermines Besichtigungstour. Hermine tat, als bemerke sie sie nicht. Sie setzte sich mitten auf den Teppich, putzte sich in aller Ruhe die Pfoten und den Bauch, dann stand sie auf und verließ das Zimmer.

Kaum war Hermine draußen, sprangen Sascha und Charly vom Bett und liefen ihr bis zur Tür nach, von wo sie ihr mit langgereckten Hälsen und witternden Nasen nachblickten. Piri rollte sich zusammen und schloß die Augen.

„Ich begreife nicht, warum es keinen Kampf zwischen Piri und Hermine gibt! Um die Vormachtstellung, meine ich. Daß Piri sich das so einfach gefallen läßt!“ sagte ich später zu Oma Mummi.

„Ganz einfach“, erklärte sie mir, „Piri spürt, daß Hermine eine sehr alte Katze ist. Sie bringt ihr nur die gebührende Achtung entgegen. Und Hermine fühlt, daß sie hier Gast ist und verpflichtet, höflich zu sein. Nur mein Zimmer betrachtet sie als ihr Gebiet. Vergiß nicht: Katzen sind königliche Tiere.“

Seltene Früchte

Ein großes Fest stand ins Haus: Oma Lenes Geburtstag.

Nach wenigen Regentagen strahlte die Sonne wieder kräftig von einem wolkenlosen Himmel, deshalb beschlossen wir, das Fest im Garten zu feiern. Oma Lene lud ihre alten und neuen Freundinnen ein, und wir anderen zerbrachen uns die Köpfe, wie wir diesen Tag besonders schön gestalten konnten.

Zu meiner Freude hatten Vati und Mutti Onkel Manfred eingeladen, Oma Lenes Jüngsten, der mein Patenonkel ist. So hatte ich allen Grund, mich auf den Tag zu freuen. Onkel Manfred erschien als Geburtstagsüberraschung zum Frühstück, und wir sangen im Duett „Happy birthday to you!“ Zweistimmig. Nicht, daß einer von uns die zweite Stimme gekonnt hätte, aber irgendwie trafen wir nicht denselben Ton.

Dann rollte Vati den kleinen Teetisch heran, auf dem die Geburtstagstorte mit den brennenden Lichtern und die Geschenkpäckchen lagen. Oma Lene pustete die Lichter aus, ehe sich Sascha die Barthaare daran verbrennen konnte, denn er kam ihnen immer wieder gefährlich nahe, neugierig darauf, was da so aufregend flackerte.

Oma Mummi hatte ein tolles Geburtstagsfrühstück gemacht, sie wußte ja, welch ungeheure Mengen Onkel Manfred verputzen kann. Das muß ich von ihm haben. Zum Schluß bekam jeder schon mal ein Probierstück von der Torte, dann packte Oma Lene ihre Geschenke aus und las die Geburtstagspost vor. Piri, Sascha und Charly bekamen das Knisterpapier und die Bänder zum Spielen, und die beiden Kater schnürten im Eifer des Gefechts Piris Schwanz ein, was sie gar nicht komisch fand.

Nach dem Frühstück machten Onkel Manfred und ich uns daran, den Garten für das große Ereignis herzurichten. Im Schatten der Buche wurde eine lange Tafel aufgestellt, die hatten wir uns in Vatis Firma ausgeliehen. Wir bespannten sie mit rotweiß kariertem Papier von der

Rolle, und als wir fertig waren, nahm – ehe wir es verhindern konnten – Sascha einen großen Anlauf und sprang auf die Tafel. Er schlitterte ein paar Meter und schob dabei das Papier in Fetzen vor sich her. Unsere Tischdecke war hin.

„Ich hole von Mutti zwei weiße Laken. Weiß paßt sowieso besser zu Oma Lene", tröstete ich Onkel Manfred.

„Okay, ich hänge inzwischen die Luftballons auf und stelle den Grill bereit."

„Gut, aber bring sie so an, daß die Kater mit ihren Krallen nicht dran kommen, sonst denken alle, wir hätten ein Dauerfeuerwerk."

„Wenn ich das Fleisch auf dem Grill habe, werden sie sich nicht mehr für Luftballons interessieren."

„Vielleicht flüchten sie überhaupt vor dem Massenansturm an fremden Leuten", sagte ich zuversichtlich. „So einen Betrieb mögen sie überhaupt nicht."

Ich holte die Laken und deckte den Tisch. In die Mitte stellte ich eine Reihe flacher Schalen mit buntem Herbstlaub und Astern in allen Farben, das sah wunderschön aus. Onkel Manfred befestigte die Luftballons in den Zweigen und für den späteren Abend eine Kette mit Lampions. Er bewies eine Menge Phantasie, was die Kletterkünste unserer Katzen betraf – nicht einer hing so, daß sie ihn mit ihren Krallen hätten erreichen können.

Danach gingen wir in die Küche, um Oma Mummi zu helfen, das heißt, Onkel Manfred dachte vielleicht mehr ans Naschen, aber sie warf ihn raus und behielt nur mich da. Ich sollte einen riesigen Berg Kartoffeln für einen Salat schälen. Das fand ich wieder nicht so gut, aber Onkel

Manfred tröstete mich, er würde sich inzwischen im Keller um die Getränke kümmern und die Bowle ansetzen.

„Aber daß du mir ja meine Kuchen in Ruhe läßt!" drohte Oma Mummi.

„Was denkst du denn von mir!" entrüstete sich Onkel Manfred.

„Gar nichts. Ich kenn dich."

Oma Mummi hatte recht. Onkel Manfred ist zwar längst über dreißig und ein angesehener Rechtsanwalt, aber in solchen Dingen benimmt er sich wie ein kleines Kind. Da bin sogar ich vernünftiger.

Kurz bevor die ersten Gäste kamen, inspizierte ich noch einmal meine schön gedeckte Tafel. Es war ein herrlicher, windstiller Tag, nicht mal die Papierservietten waren davongeflogen, wie ich es befürchtet hatte. Oma Mummi brachte Kuchen und Torten heraus, sorgfältig mit Plastikhauben abgedeckt, damit die Wespen nicht jetzt schon angelockt wurden. Es gab zwar nicht viele in diesem Jahr, aber bei so vielen leckeren Süßigkeiten rührten sie bestimmt im Umkreis von hundert Kilometern ihre Buschtrommeln, um die gute Nachricht weiterzugeben.

„So, das Grillfleisch habe ich auch vorbereitet."

Onkel Manfred erschien, eine von Oma Mummis Küchenschürzen vor dem Bauch, auf der Bildfläche.

„Und wo sind die Katzen?"

„Keine Ahnung. Vorhin haben wir ein bißchen zusammen getobt und sind geklettert. Sie werden sich ausruhen."

„Ich schau lieber mal nach ihnen", sagte ich und steuerte auf mein Zimmer zu.

„Da werden sie nicht sein."

„Nicht?“
„Ich glaube, sie sind noch hier oben.“
Onkel Manfred zeigte fröhlich in die Zweige der Buche hinauf. Ich schaute nach oben. Da saßen sie, Sascha und Charly, hoch oben im grüngelblichen Blätterdach. Jeder hatte sich eine bequeme Astgabelung ausgesucht und döste ermattet vor sich hin.
„Das finde ich gar nicht gut“, sagte ich streng. „Sie werden Blätter und trockene Äste von oben in den Kuchen und in die Kaffeetassen schmeißen.“

Sascha und Charly saßen gemütlich im Baum und dösten

„Unsinn. Sie rühren sich doch gar nicht."
„Das wird nicht lange dauern."
„Wenn's ihnen langweilig wird, kommen sie sowieso runter. Spätestens, wenn die ersten Gäste Platz nehmen."
„Ich weiß nicht ... He, ihr da oben! Sascha! Charly! Kommt runter da, aber ein bißchen fix! Na los, kommt schon!"
Natürlich dachten sie nicht daran. Sie blinzelten verschlafen zu mir hinunter, und Charly gähnte herzhaft. Seufzend gab ich auf.
„Da ist ein Auto vorgefahren, es geht los!"
Onkel Manfred lief zum Haus und band sich im Gehen die Schürze ab. Ich warf einen letzten Blick auf den Tisch und folgte ihm.
Bald füllte sich die Terrasse mit lachenden und schwatzenden Menschen. Piri ergriff die Flucht und rollte sich unten in meinem Zimmer im Puppenwagen zusammen. Vermutlich hielt sie das für die beste Tarnung – zwischen all meinen Stofftieren –, falls jemand auf die Idee kommen sollte, mein Reich bewundern zu wollen. Sascha und Charly blieben unsichtbar, und so vergaßen wir sie über dem Rummel vollkommen. Oma Mummi mußte Hermine aus ihrem Zimmer holen und vorzeigen, und Oma Lene erzählte mehrmals die Geschichte, wie wir die alte Katze verletzt an der Autobahn gefunden hatten, obwohl sie ja eigentlich gar nicht dabeigewesen war.
Dann brachte Oma Mummi Hermine wieder rauf, und wir trugen gemeinsam die Kaffee- und Teekannen in den Garten hinaus. Die Gesellschaft nahm Platz und sparte nicht mit Lobeshymnen auf die schöngedeckte Tafel und die köstlichen Kuchen, die Oma Mummi ge-

backen hatte. Oma Lene und Oma Mummi strahlten um die Wette und ich auch, aber vor allem wegen des Kuchens. Ich stopfte ein Stück Zitronenroulade in mich hinein und überlegte fieberhaft, in welcher Reihenfolge ich die anderen durchprobieren sollte, um nicht zu schnell satt zu werden. Den Zwetschgenkuchen würde ich mir bis zuletzt aufheben, davon war noch ein ganzes Blech im Keller, außerdem rutschte der auch noch, wenn man schon pappsatt war, er bestand fast nur aus Früchten.

Ich machte also erst mal mit der Schokoladentorte weiter. Um mich herum futterten und schwatzten sie wie die Weltmeister, es war eine ausgelassene Stimmung.

„Mummi, mit deinen Kuchen hast du dich mal wieder selbst übertroffen!“ rief Vati. „Und der Zwetschgenkuchen ist einfach das Höchste! Gib mir noch ein Stück, bitte.“

„Ja, es waren aber auch selten gute Früchte, die ich da bekommen habe, so groß und aromatisch“, wehrte Oma Mummi bescheiden ab. „Na komm, gib deinen Teller her.“

Niemand hörte im allgemeinen Jubel das Rauschen und die Kratzgeräusche im Baum über uns.

Vati schwang seinen Teller in die Luft und räusperte sich wie ein Operntenor, dann hob er an zu singen: „Aber bitte mit Sa . . . scha!“ wandelte sich sein Gesang in einen Entsetzensschrei, denn der kleine Tigerkater war mit der Wucht einer vom Baum fallenden Kokosnuß im Zwetschgenkuchen gelandet. „Sascha, machst du, daß du aus dem Kuchen kommst! Was hast du hier zu suchen!“

Völlig benommen stieg Sascha steifbeinig aus der Kuchenplatte und ergriff die Flucht, entsetzt über so viel klebriges Fruchtmus, das ihm am Bauch haftete.

„Immer dieser unmögliche kleine Tiger!“ schimpfte Vati. „Charly würde das nie . . .“

Dachte er! Da schoß ein weißer Blitz an ihm vorüber, mitten in die Sahneschüssel. Klatsch! machte es – und Vatis Augen blinzelten in höchstem Erstaunen, zwei dunkle Kugeln, aus einer gleichmäßig weißen Maske hervor.

„Ein paar selten gute und große Früchte“, bemerkte Mutti ironisch. „Vor allem selten.“

Das wahre Genie

Zum Glück hatte niemand von den Gästen unseren Katern den Streich übelgenommen, im Gegenteil: Das Gelächter war groß gewesen, zumal die Bescherung hauptsächlich Vati getroffen hatte. Oma Mummi hatte frischen Pflaumenkuchen und frische Sahne gebracht, und es wurde ein rauschendes Fest bis tief in die Nacht hinein. Sascha hatte sich beeilt, Charly bei der Fellreinigung zu helfen, er liebte Schlagsahne über alles, und Onkel Manfred hatte heimlich Piri ein Schälchen voll gebracht, damit sie auch etwas von Oma Lenes Geburtstag hatte.

Noch tagelang sprachen wir von der gelungenen Feier und dem verblüffenden Auftritt der Kater! Mutti bedauerte nur, daß sie nicht schnell genug die Kamera zur Hand gehabt hatte. Onkel Manfred schlug ihr vor, die Szene noch einmal nachzustellen, aber das fand Vati doch nicht so gut. Oma Mummi meinte, sie sei mehr dafür, Kuchen zu essen, als Kater darin baden zu lassen.

Die Schule hatte wieder begonnen, und im Hause kehrte der Alltag ein. Jetzt war ich wieder ständig mit Helga und Bernd zusammen. Wir verbrachten die Nachmittage umschichtig mal bei dem einen, mal bei dem anderen, halfen uns bei den Hausaufgaben und spielten mit unseren Katzen.

Am lustigsten war es, wenn Helga und Bernd zu mir kamen. Charly war begeistert von Flocke und Blümchen und himmelte sie aus gebührender Entfernung mit artig vor dem Bauch gefalteten Pfoten an. Denn wenn er ihnen zu nahe kam, gab's kräftige Ohrfeigen – die jungen Damen hatten noch nichts mit ihrem vor Liebe schmachtenden Anbeter im Sinn.

„Ich fürchte, es wird Zeit, daß Charly kastriert wird", sagte ich besorgt. „Sonst . . ."

„Sonst gibt's Nachwuchs, meinst du?" Helga lachte. „Noch nicht so bald, bis zur ersten Rolligkeit von Flocke und Blümchen dauert es noch."

„Ich sehe, du bist begierig auf Nachwuchs", neckte ich meine Freundin. „Ein schneeweißer Kater und eine schwarze Katze, das gibt lauter kleine Schachbretter!"

„Oder Negative von Flocke: weiße Katzen mit schwarzem Brustfleck", phantasierte Bernd. „Aber ehe Helga Großmutter wird, werde ich Großvater. Blümchen hat er auch viel lieber, weil sie so weiblich und schutzbedürftig ist. Das schmeichelt seiner Männlichkeit!"

So spannen wir tüchtig drauflos.

In eines dieser Gespräche platzte Oma Mummi mit einer Überraschung hinein.

„Kannst du mal raufkommen, Janni? Es ist Besuch da!"

„Besuch? Wer denn?"
„Schau selbst –"
Neugierde war schon immer meine hervorstechendste Schwäche. Ich flitzte aus dem Zimmer und stürmte die Treppe hinauf. Im Flur neben der Haustür stand ein recht beachtlich aussehender junger Mann von etwa achtzehn oder neunzehn Jahren und grinste mich an.
„Hallo, Christiane! Kennst du mich noch?"
Christiane sagte er! Ich starrte ihn an, mein Gesicht war ein einziges Fragezeichen.
„Sven", half mir Oma Mummi auf die Sprünge. „Dein Cousin aus Berlin!"
„Ich werd verrückt! Sven! Als ich dich das letzte Mal gesehen habe, da warst du . . ."
„Zehn glaube ich. Und du warst vier."
„Ich war total verknallt in dich damals! Du hattest so schöne blonde Locken und konntest auf zwei Fingern pfeifen!"
Das rutschte mir so raus, und ich wurde prompt rot.
„Ich kam auf der Rückreise von Italien hier vorbei, und da dachte ich, schau einfach mal rein. Oma hat mich eingeladen, bei euch zu übernachten."
„Was heißt übernachten – ich hoffe, du bleibst ein paar Tage, wenn du schon nur alle acht Jahre kommst!"
„Zeit hätte ich schon noch. Wenigstens bis zum Wochenende."
„Super!"
Ich hatte es plötzlich sehr eilig, Helga und Bernd loszuwerden. Helga verstand mich gut, nachdem sie einen Blick auf Sven geworfen hatte. Bernd begrüßte unseren Gast ziemlich reserviert.

Oma Mummi hatte unseren Besucher ins Wohnzimmer gesetzt, ihm sofort einen Kaffee gemacht und alles, was an Kuchen im Hause aufzutreiben war, vor ihm aufgebaut. Svens Appetit stand dem von Onkel Manfred in nichts nach.

„Was machst du eigentlich so?“ erkundigte ich mich.

„Im Moment Ferien.“

„Und sonst?“

„Studiere ich. Ich will Werbegrafiker werden. Hin und wieder habe ich sogar schon Aufträge. Oder ich beteilige mich an Wettbewerben. Im Moment zum Beispiel. Drück mir die Daumen, daß es klappt.“

Sven hatte Augen wie himmelblaue Seide. Einfach stark.

„Mach ich“, sagte ich. „Was ist es denn?“

„Ein Plakat für so ’nen superschicken Tierbedarfsladen. Ausstattung für den eleganten Wauwau und den Stubentiger, Papageien, Goldfische und so weiter.“

„Aha. Und was machst du da?“

„Keine Ahnung, das ist ja das Elend. Mir fehlt einfach die geniale, zündende, einmalige Idee, falls du verstehst, was ich meine.“

„Ich denke schon.“

„Ich dachte, mir würde in Italien was einfallen – Fehlanzeige!“

„Na, vielleicht können Piri und Sascha dich inspirieren.“

„Wer ist das?“

„Da kommt sie! Piri, sag dem Onkel Sven schön guten Tag!“

Piri näherte sich schnuppernd dem Tisch und strich wie beiläufig an Svens Hosenbein entlang.

„Oh, eine Katze", sagte Sven und rutschte ein bißchen zur Seite. „Beißt sie?"

„Piri? Warum sollte sie!"

„Na ja, sie kennt mich schließlich nicht."

Sven tippte Piri vorsichtig mit einem Finger auf den Kopf und kraulte sie unbeholfen, jeden Moment bereit, die Hand rasch wieder wegzuziehen.

„Du bist süß! Du kannst sie ruhig streicheln", machte ich ihm Mut. „Sie tut dir wirklich nichts. Nein, nicht so, nicht gegen den Strich, das mögen Katzen nicht so gern."

Sven ließ es lieber ganz, er traute der Sache nicht.

„Nett, deine Katze."

„Ja, sie ist unheimlich lieb. Nicht so ein Rabauke wie Sascha."

„Du hast noch mehr?" Es klang ein bißchen entsetzt.

„Insgesamt haben wir vier. Du hast noch nicht viel Erfahrung mit Katzen, wie?"

„Überhaupt keine. Auch nicht mit Hunden oder irgendwelchen anderen Viechern. Sie machen mir Angst, ehrlich gesagt. Man weiß nie, was sie denken. Oder was sie denken, das ich denke. Hunde zum Beispiel glauben immer, ich will ihnen was tun, und kläffen mich ganz fürchterlich an."

Ich mußte lachen.

„Ach was! Sie spüren ganz einfach, daß du Angst hast, das ist alles!"

„Vielleicht", gestand Sven ein. „Na, jedenfalls sind wir uns fremd."

„Soll ich dir jetzt das Haus zeigen, oder woll'n wir ein bißchen spazierengehen?"

„Geh'n wir lieber an die frische Luft."

Klar, er hatte Angst, den übrigen Stubentigern zu begegnen. Aber mir war Spazierengehen auch lieber. Immerhin ist Sven ein Junge, mit dem man gern von möglichst vielen Leuten gesehen wird.

Mit dem Gesehenwerden war das nicht so toll, denn es regnete. Dafür mußten wir dicht unter einem Regenschirm zusammenrücken, das war auch nicht übel. Wir kramten in unseren Kindheitserinnerungen, und dann erzählten wir uns von unseren Erlebnissen in Italien. Als wir wieder vor unserer Haustür landeten, sagte Sven: „Mit dir kann man schon unheimlich gut reden, alle Achtung!"

„Findest du?" Mein Herz schlug ein bißchen schneller, und mir wurde plötzlich irre heiß unter meinem Regenumhang.

„Hm. Außerdem fängst du an, ziemlich hübsch zu werden. Man wird dich im Auge behalten müssen."

Darauf fiel mir absolut nichts ein, und ich war froh, daß mir Sascha im Flur entgegensprang und mich fordernd anmaunzte. Ich beugte mich schnell zu ihm hinunter und nahm ihn auf den Arm.

„Mein Kleiner, habe ich euch warten lassen! Müssen die armen Miezen verhungern, weil das Fraule so lange spazierengeht!"

Ich schielte zu Sven hinüber, um mich an seiner Begeisterung für den hübschen kleinen Kater zu weiden, aber der schüttelte nur verständnislos den Kopf und zog sich eilig ins Wohnzimmer zurück. Und es beruhigte ihn keineswegs, daß Oma Mummi kam, um ihm das Gästezimmer zu zeigen. Es liegt gleich neben meinem Reich im Keller. Ich beeilte mich, ihm zu beteuern, daß die Tür die ganze Nacht geschlossen bliebe und er keinen Besuch eines Stubentigers befürchten müsse. Den Katzenausgang in den Garten und die Fenster erwähnte ich lieber nicht.

Während ich Piri, Sascha und Charly fütterte, kamen Vati und Mutti nach Hause. Das Erstaunen war groß, die Begeisterungsrufe schallten bis in mein Zimmer hinunter.

Oma Mummi hatte inzwischen ein großes Abendessen gezaubert, und wir versammelten uns um den großen runden Tisch und ließen uns die gefüllten Pastetchen, die Schinkenröllchen und Salate schmecken. Vati hatte eine Flasche italienischen Rotwein aus dem Keller

„Mein Kleiner, habe ich dich warten lassen!" sagte ich leise zu Sascha

geholt und Sven auch noch zwei aus seinem Auto, einem zwanzig Jahre alten VW-Käfer. Die Flaschen steuerte er als Gastgeschenk bei, obgleich er sie eigentlich seinen Eltern hatte mitbringen wollen.

Zunächst kam Sven kaum zum Essen, so viel mußte er erzählen. Aber wir saßen über zwei Stunden am Tisch, so konnte er dann doch noch zulangen. Es wurde spät, und als wir schließlich zu Bett gingen und uns vor meiner Tür gute Nacht sagten, hielt Sven mich an der Schulter fest.

„Komm, ich muß dir nur schnell was zeigen. Meinen Entwurf. Er ist natürlich erst halb fertig, der Text fehlt noch."

Ich folgte ihm in sein Zimmer, und er zog eine große Papierrolle aus seiner Reisetasche und entfaltete sie auf dem Boden. Wir beschwerten die Ecken mit dem Aschenbecher und ein paar Büchern und beugten uns darüber. An der oberen rechten Seite war die Front eines Ladens mit blitzenden Schaufenstern gezeichnet. Tierausstattungen Kobalski stand darüber. Es war hübsch, aber total langweilig. Sven schien meine Enttäuschung zu bemerken.

„Da muß nun natürlich ein ganz fetziger Text drunter", sagte er.

„Und was?"

„Weiß ich noch nicht, das ist es ja gerade. Mir fällt einfach nichts ein! Deshalb dachte ich, vielleicht hast du eine Idee. Ich meine, weil du doch die vielen Katzen hast."

„Hm. Muß ich mal drüber nachdenken. Vielleicht kommt mir die Erleuchtung ja im Traum. Also dann – schlaf gut!"

„Du auch. Gute Nacht! Du, Janni – könntest du mich bitte wecken, wenn du aufstehst? Ich schlaf nämlich sonst bis Mittag durch, und dafür bin ich ja nicht hergekommen."

„Okay, mach ich", versprach ich lachend und ging in mein Zimmer hinüber.

Als ich das Licht löschte, fiel mir Svens Werbeplakat wieder ein, und ich grübelte über einem ganz außergewöhnlich witzigen Satz, bis ich eingeschlafen war.

Ich wachte davon auf, daß Oma Mummi oben auf der Terrasse Tisch und Stühle hin und her schob. Ich blinzelte. Tatsächlich, die Sonne kam heraus! In der Nacht hatte ich es noch heftig regnen hören, aber jetzt malten die ersten Sonnenstrahlen Kringel auf meinen Teppich. Blitzschnell schlüpfte ich unter die Dusche und war zwanzig Minuten später fertig angezogen. Piri und Sascha lagen immer noch eng aneinandergeschmiegt auf meinem Bett und schliefen.

Ich ließ sie schlafen und klopfte nebenan an Svens Zimmertür. Alles blieb still. Da brauchte es wohl etwas Gewalt, ahnte ich und drückte die Klinke hinunter. Der Vorhang wehte ins Zimmer, als ich die Tür öffnete, die Fensterflügel standen weit offen.

Mein Blick fiel auf Svens Entwurf, der immer noch so am Boden lag, wie ich ihn gestern verlassen hatte. Nein, nicht mehr ganz so, denn jetzt entdeckte ich ein gutes Dutzend häßlicher Schmutzflecken darauf. Um es ganz genau zu sagen, es waren die Abdrücke schmutziger Katzenpfoten, die sich wie eine Straße auf dem Plakat abzeichneten! Ich erstarrte vor Entsetzen. Dann sprang ich zum Bett hinüber und rüttelte Sven an der Schulter.

„Sven! Sven, wach auf! Es ist etwas Schreckliches

passiert ... oh, es tut mir so leid, aber wie konntest du das auch auf dem Boden liegenlassen und dann das Fenster öffnen!"

Sven hatte offensichtlich große Mühe, aus dem Schlaf in die Wirklichkeit zurückzufinden.

„Wie? Was is? Was ist denn los?" murmelte er und drehte sich zu mir um. Dann fiel sein Blick auf das Plakat.

Ich beobachtete ihn ängstlich. Er starrte eine Weile darauf, als könne er sich nicht erinnern, es jemals vorher gesehen zu haben. Plötzlich verklärte sich sein Gesicht.

„Janni! Janni, der Einfall ist absolut genial! Ja, schau nicht so zweifelnd, du bist ein Genie! Die Pfotenabdrücke, die zur Tür der Tierhandlung führen! Das ist der Gag, nach dem ich gesucht habe!"

„Aber das war ich nicht", stotterte ich, „das müssen Piri und Sascha gewesen sein ..."

„Dann sind sie die Genies. Wahre Künstler, das muß man ihnen lassen! Nur die Anordnung der Pfotenabdrücke muß ich ein wenig ändern, daß sie alle zur Ladentür zeigen – und natürlich auch die anderen Tiere dazu nehmen, kleine und große. Und darunter schreiben wir dann nur ... da schreiben wir ...

„Kenner kaufen bei Kobalski!" schlug ich vor.

„Großartig! Aus dir kann noch was werden!" Sven grinste mich von der Seite an. „Und was verlangen deine Katzen als Honorar?"

„Oh, für Geschenke sind sie immer zu haben!" erklärte ich vergnügt. „Laß dir was einfallen. Oder frag Herrn Kobalski!"

Heimliche Sorgen

Der Herbst kam leise. Wenn ich morgens ans Fenster trat, war der Garten von Nebelschleiern verhüllt. In den ersten Nachtfrösten zogen sich die Blätter knisternd zusammen. Später am Vormittag brach die Sonne wie mit einem Paukenschlag durch die weißen Schwaden, und augenblicklich leuchtete die Welt in wilden Farben, die Bäume hatten Harlekingewänder an. Gelb, Orange, alle Schattierungen von Rot und Reste von Grün wetteiferten mit dem Lila und Blau der Astern, mit dem Rosa der letzten Rosen. Mich packte eine ungeheure Sehnsucht zu wandern, zu reisen, um die ganze Welt zu fahren. All die Farben und Düfte, die von Äpfeln schweren Bäume, die feinmarmorierte, glatte Fläche der kupferroten Kastanien in ihren platzenden grünen Stachelpanzern, die Eicheln, die in ihren zierlichen Bechern steckten – früher hatte ich sie als Frühstückseier für meine Puppen genommen –, das alles war einfach zu schön, um stillsitzen zu können und sich auf Lateinvokabeln oder Mathematikaufgaben zu konzentrieren! Aber genau das wurde von mir erwartet.

Oma Mummi arbeitete jetzt täglich viele Stunden im Garten. Die Beete mußten für den Winter vorbereitet, Tulpenzwiebeln und Krokusse eingelegt werden. Und vor allem war es die Zeit der Apfelernte.

Hermine lag in ihrer Nähe in der Sonne und schlief. Manchmal hob sie den Kopf und sah zu Oma Mummi hinüber, dann sprach Oma Mummi leise zu ihr, erzählte ihr, was sie da machte und wie die Beete im Frühling aussehen würden, wenn Krokusse und Schneeglöckchen, Narzissen und Tulpen aus der Erde kamen.

Hin und wieder vergewisserte sich Oma Mummi davon, ob Hermine es bequem hatte, ob sie geschützt und warm lag, und sie schaute nach, ob die Katze Durst hatte. Hermine hatte angefangen, sehr viel Wasser zu trinken. Außerdem war mir aufgefallen, daß sie nicht mehr so dick war. Ihr Bauch wölbte sich zwar immer noch beachtlich, aber er hing wie ein Sack herunter, an den Flanken bildeten sich kleine Einbuchtungen, da schien die alte Katze fast mager zu sein.

„Hermine hat abgenommen, findest du nicht?" fragte ich Oma Mummi eines Abends, als ich das Futter für sie nach oben brachte.

Es fiel mir auf, daß Oma Mummi ein wenig zusammenzuckte, als hätte ich etwas gesagt, was ich nicht hätte aussprechen dürfen.

„Nun ja", antwortete sie zögernd. „Bei uns Alten ist es mit der Schönheit nicht mehr so weit her, alles schlabbert an einem runter. Bei einer Katze ist das nicht anders als bei Menschen. Aber darauf kommt es schließlich nicht an, oder?"

Ich legte Oma Mummi meinen Arm um die Schultern und drückte sie an mich: „Nein, darauf kommt es wirklich nicht an!"

Ich erinnerte mich an etwas, was ich vor kurzem gelesen hatte. „Wenn man jemanden mit den Augen der Liebe ansieht, dann wird er schön, egal, wie er eigentlich aussieht", erklärte ich weise und gab Oma Mummi einen Kuß. „Du bist schön . . . und Hermine ist auch schön!"

Oma Mummi drückte mich lächelnd an sich. Dann galt ihre Aufmerksamkeit wieder der Katze. Hermine hatte einmal flüchtig an dem Wildragout geschnuppert, dann drehte sie den Kopf weg.

„Sie scheint wenig Appetit zu haben zur Zeit. Gestern wollte sie auch nicht essen!" sagte ich besorgt. „Vielleicht mußt du mit ihr doch noch mal zum Tierarzt gehen."

„Laß nur, ich mache ihr ein bißchen Krankenkost zurecht. Sie hat gestern wieder einen Zahn verloren. Die Stelle war rundherum entzündet, der Zahn hatte sich wohl tagelang quer gestellt, ehe er sich löste. Das wird ihr noch weh tun."

Ich muß sagen, ich war ziemlich erleichtert, als Oma Mummi das sagte. Ich hatte mir mächtige Sorgen gemacht, als mir Hermines veränderter Zustand auffiel. Zahnschmerzen! Ja, das war eine einleuchtende Erklärung. Ich wußte aus eigener Erfahrung, wie einen das fertigmachen konnte.

In der nächsten Zeit wurde Oma Mummi auffallend still. Jeden Abend bereitete sie in der Küche für Hermine besondere Leckerbissen, fein pürierten Fisch, durchs Sieb gerührte Hühnerleber, eine dreifach starke Bouillon aus Kalbsknochen, Tatar mit einem Eigelb verrührt, ein Schälchen frische Sahne – winzige Portionen, die Hermine meist nicht mal zur Hälfte aufschleckte. Den Rest bekamen abwechselnd Piri, Sascha oder Charly am nächsten Morgen. Von den Katzen-Menü-Dosen hob Oma Mummi für Hermine den leckeren Fleischgelee ab, und kaufte sie tiefgefrorene Geflügelleber, dann ließ sie sie über einem Sieb abtauen und servierte Hermine das abgetropfte Blut als stärkenden Trank.

Trotz all der liebevollen Fürsorge wurde Hermine immer weniger. Es war, als ob sie langsam zusammenschrumpfte wie ein vertrockneter Apfel. Ihr Verhalten änderte sich nicht. Täglich machte sie ihren Spaziergang in den Garten, blieb bei sonnigem Wetter bis zum Abend an einer geschützten Stelle sitzen, machte, wenn die Sonne hinter den Bäumen verschwand, einen kleinen Rundgang und kehrte ins Haus zurück. Sehr langsam stieg sie die Treppe empor und verschwand in Oma Mummis Zimmer, wo sie es sich auf dem Bett gemütlich machte.

Regnete es oder wehte ein kühler Wind, blieb sie im Haus. Dann saß sie im Wohnzimmer oder in der Küche auf dem Fensterbrett, schlief, döste oder blickte auf die Straße hinaus. Wenn ich zu ihr trat und sie streichelte, schnurrte sie leise. Dann sprach ich mit ihr, erzählte ihr von Flocke und Blümchen oder von den Streichen, die Sascha und Charly verübten.

Die beiden Kater machten um Hermine einen großen Bogen. Die alte Katze langweilte sie vermutlich, sie hatten Besseres zu tun, als sich mit ihr abzugeben. Piri hingegen hatte sich angewöhnt, immer mal nach ihr zu sehen. Zuerst war sie in gebührender Entfernung an Hermine vorübergegangen, hatte, den Kopf weit vorgestreckt, ihre Witterung aufgenommen und genau beobachtet, ob sie reagierte. Aber Hermine drehte ihr höchstens den Kopf zu und blinzelte sie an.

Mit der Zeit kam Piri näher. Und schließlich ging sie dicht an Hermine heran, beschnupperte sie und setzte sich für eine Weile in ihrer Nähe nieder, als wolle sie ihr Gesellschaft leisten. Hatte sie genug, schlenderte sie davon, ohne die alte Katze weiter zu beachten.

Hermine blickte interessiert auf die Straße hinaus

Zu meiner Überraschung stellte ich fest, daß keine meiner drei Katzen Hermines Futter anrührte, solange es neben ihrem Platz stand. Erst wenn Oma Mummi es einem von ihnen anbot, verzehrten sie es gierig.

Obgleich Hermines Leben so friedlich zu verlaufen schien, bedrückte mich ihr Anblick. Oma Mummi beruhigte mich.

„Denk doch mal, wie das mit alten Leuten ist: Dir ist doch sicher schon aufgefallen, daß sie am Ende eines langen Lebens zusammenzuschrumpfen scheinen. Ihr Körper wird kleiner, sie trocknen allmählich aus. Du siehst's an den Falten. Denk an den Onkel Arthur mit seinen dreiundneunzig Jahren. Oder an Tante Phine. Ihre Kräfte lassen nach, sie werden schneller müde als früher, hören und sehen nicht mehr so gut, und die Zähne fallen aus – aber deshalb können sie sich doch noch am Leben freuen, an der Sonne, an der Natur, an der Geborgenheit in der Familie, der Liebe und Zärtlichkeit, die man ihnen entgegenbringt. Genauso ist es mit Hermine."

„Ja, schon ... aber glaubst du, daß sie Schmerzen hat?"

„Ich weiß nicht ..." Oma Mummi zögerte. „Nein, ich glaube nicht. Ich würde das spüren. Sie ist nur sehr, sehr müde." Oma Mummi lächelte. „Vielleicht hat sie ein bißchen Gliederreißen, wenn sich das Wetter ändert. Wie ich. Aber ich glaube nicht, daß sie wirklich leidet."

Als hätte Hermine jedes Wort verstanden, erhob sie sich in ihrem Winkel am Fußende des Bettes und kam zu uns herüber. Umständlich kletterte sie auf Oma Mummis Schoß und machte es sich bequem. Oma Mummi kraulte ihr den Kopf. Dann holte sie eine Bürste aus der Nachttischschublade und bürstete Hermine in sanften, gleichmäßigen Strichen das Fell. Hermine schloß die Augen und schnurrte.

Nein, sie sah nicht unglücklich aus.

Der Abschied

„Ich versteh dich nicht, Mummi, das hat doch keinen Sinn! Man sollte das arme Tier wirklich von seinem Leiden erlösen!“ sagte Vati verzweifelt. „Du bist doch sonst in diesen Dingen so vernünftig!“

„Eben. Dann solltest du mir auch jetzt vertrauen und dich da nicht einmischen“, sagte Oma Mummi fast trotzig.

Ich schwieg.

Ich konnte Vati verstehen. Es war schrecklich mit anzusehen, wie Hermine, nur noch ein Schatten ihrer selbst, im Zeitlupentempo durch die Wohnung ging, manchmal schwankend, dann setzte sie sich für ein paar Sekunden, um zu verschnaufen, um danach unbeirrt weiterzugehen. Wurden ihr die Treppen zuviel, dann wartete sie, bis sie jemand hinauftrug.

An manchen Tagen war es besonders schlimm. Ich glaubte, nun würde sie sicher bald sterben und wenn nicht, wäre es doch gnädiger, sie zu erlösen. Aber gerade dann war sie am nächsten Tag sichtbar munterer, fraß ein wenig mehr als sonst und blickte lebhafter um sich. Und immer noch verlangte sie bei gutem Wetter in den Garten gelassen zu werden. Sie saß auf der obersten Treppenstufe der Terrasse oder auf dem Rasen, unter der Kastanie im trockenen, raschelnden Laub oder unter den weitausladenden Zweigen der Blautanne, als wäre sie nur hier draußen wirklich sie selbst.

Ich glaube, wir alle gingen in diesen Wochen leiser

durchs Haus. Wir vergewisserten uns ständig, wo Hermine gerade war und atmeten erleichtert auf, wenn sie entspannt und zufrieden auf einem ihrer bevorzugten Plätze lag.

Piri schien die alte Katze neuerdings aufmerksam zu beobachten. Und eines Tages entdeckte ich, daß sie sich zu Hermine auf Oma Mummis Bett zurückgezogen hatte und eng an sie geschmiegt schlief.

„Piri! Hier bist du! Ich hab dich im ganzen Haus gesucht!"

Piri sah mich an, als wolle sie sagen: Pssst! Nicht so laut! Mußt du Hermine wecken? Dann fuhr sie mit ein paar raschen Strichen ihrer Zunge der alten Katze über den Kopf.

Am nächsten Tag fand ich sie wieder dort. Sie wusch Hermine, als wäre sie eines ihrer Kinder, dann rückte sie nahe an sie heran, als müsse sie den abgemagerten Körper wärmen. Ich sah ihr eine Weile zu, ohne sie anzusprechen, dann ging ich leise hinaus. In der Küche erzählte ich Oma Mummi davon. Oma Mummi lächelte.

„Ist es nicht wie ein Wunder? Du kannst stolz sein auf deine Piri. Ich habe viele Katzen gekannt und viele außerordentliche Dinge mit ihnen erlebt. Aber Piri ist schon was ganz Besonderes."

Ja, das dachte ich auch. Und sie kam mir plötzlich gar nicht mehr klein vor, ein lustiger, liebenswerter Spielkamerad, eine zärtliche kleine Freundin, sondern sehr, sehr alt und weise, ein göttliches Wesen aus einem geheimnisvollen fremden Reich. Ich hatte gelesen, daß die alten Ägypter Katzen als Götter verehrten, und es schien mir jetzt ganz natürlich, daß auch Piri eine solche Göttin war.

Es war an einem Donnerstagnachmittag, als es geschah. Schon beim Mittagessen hatte ich Oma Mummi angemerkt, daß etwas nicht in Ordnung war. Es hatte eine Fertigsuppe und Kompott aus dem Glas statt der angekündigten Zwetschgenknödel gegeben; das geschah sonst nur, wenn Oma Mummi in der Stadt gewesen war und sich verspätet hatte. Oma Mummi war auffallend still und mit ihren Gedanken weit weg.

„Ich werde den Termin beim Zahnarzt absagen!" erklärte sie plötzlich.

„Das wirst du nicht tun!" widersprach Oma Lene energisch. „Du weißt, wie dringend nötig die Behandlung ist und wie schwer es ist, bei Doktor Kirler einen neuen Termin zu bekommen, so überlaufen, wie seine Praxis ist!"

„Er ist eben der Beste in der Stadt."

„Eben. Und deshalb wirst du auch hingehen."

„Na ja..." Oma Mummi seufzte. Sie sah sehr unglücklich aus.

Nach dem Essen trugen wir das Geschirr in die Küche, und Oma Lene zog sich in ihr Zimmer zurück.

„Ist es wegen Hermine?" erkundigte ich mich, als wir allein waren.

„Ja. Es geht ihr nicht gut."

„Aber Oma Mummi, ich kann doch bei ihr bleiben! Piri und ich! So lange wirst du doch nicht fort sein! Eine, höchstens zwei Stunden. In der Zeit werden wir sie schon gut versorgen."

Oma Mummi sah mich nachdenklich an.

„Gut." Mit dem Zeigefinger stupste sie mir zärtlich gegen die Nasenspitze. „Bist schließlich eine erstklassige Katzenmutter. Du brauchst gar nichts zu tun, einfach bei ihr sein und ihr zwischendurch mal ein bißchen Wasser geben, wenn sie möchte."

„Mach ich."

Als ich wenig später – Piri auf dem Arm – in Oma Mummis Zimmer kam und zu Hermine ans Bett trat, erschrak ich. Wie hatte sie sich in den letzten Stunden verändert! Ihr Fell sah stumpf und strähnig aus, die Augen hatten allen Glanz verloren, der Atem ging rasselnd.

Ich setzte Piri auf dem Bett ab. Sie warf einen flüchtigen Blick auf die alte Katze und ergriff die Flucht. Hatte sie Hermine nicht mehr wiedererkannt?

„Laß sie", sagte Oma Mummi. „Das ist schon in Ordnung so. Sie weiß, daß Hermine jetzt allein sein muß. Und laß auch du sie ganz in Ruhe, faß sie nicht an, außer sie braucht wirklich deine Hilfe. Ich geh jetzt, ich bin bald wieder da."

„Ist gut."

Oma Mummi verließ das Zimmer, und ich setzte mich auf den Sessel am Fenster, zog die Beine hoch und schlang meine Arme herum. So hockte ich lange Zeit und hörte auf den rasselnden, schweren Atem der alten Katze. Spürte sie überhaupt, daß ich in ihrer Nähe war?

Nach einer Weile stieß sie ein klägliches Maunzen aus. Ich stand leise auf, holte das Schälchen mit Wasser und hielt es ihr unter die Schnauze. Sie schien es nicht zu sehen, mußte es aber spüren, denn sie senkte ein wenig den Kopf und steckte einmal die Zungenspitze hinein. Zum Trinken schien ihr die Kraft zu fehlen.

Ich fühlte mich hundeelend. Würgend stieg das Weinen in meinem Hals auf, ich konnte es einfach nicht hinunterschlucken, sosehr ich mich auch bemühte. Die Tränen rollten aus meinen Augen, an der Nase entlang und in die Mundwinkel, ich wischte sie ungeduldig mit dem Handrücken ab. Damit half ich Hermine auch nicht, wenn ich heulte.

Leise stellte ich das Wasserschälchen auf den Boden zurück und verkroch mich wieder in den Sessel. Draußen zogen dichte Regenwolken über den Himmel, es war so dunkel, als wolle es mitten am Tag schon Nacht werden. Es paßte alles zusammen –

Eine Ewigkeit schien mir vergangen zu sein, ich war ein wenig schläfrig geworden, da stand Hermine plötzlich auf. Schwankend ging sie ein paar Schritte auf den Bettrand zu, sie war so schwach, daß sie sich immer wieder setzen mußte. Dann stand sie am Bettrand und maunzte leise.

Ich stand längst neben ihr. Sie wollte hinunter und ich faßte sie vorsichtig mit beiden Händen und setzte sie auf den Boden. Sie knickte mit den Hinterbeinen ein, richtete sich aber wieder auf und tappte zur Katzentoilette hinüber. Ich war so beeindruckt von ihrem Willen, trotz ihres Zustands ihre Ordnung beizubehalten, daß ich sofort wieder anfing zu heulen. Ich half ihr, über den Rand zu steigen, und sie versuchte tatsächlich, die Streu ein wenig auseinanderzukratzen. Eine Weile saß sie schwankend dort, dann trat sie den Rückweg an. Ich hob sie aufs Bett, wo sie erschöpft zusammensank. Ein Zittern lief über ihren Rücken.

„Frierst du, meine Kleine? Komm, ich wärm dich."

Ich setzte mich vorsichtig auf die Bettkante, ließ die Hausschuhe auf den Boden fallen, zog die Beine hoch und legte mich langsam aufs Bett, Zentimeter für Zentimeter schob ich mich an Hermine heran, bis sie ganz von der Mulde meines Körpers umschlossen war. In meinem Kopf war nur ein einziger Gedanke – wie ein heißer, sehnsüchtiger Wunsch: Alle Kraft, die ich in mir hatte, alle Wärme, alle Liebe möge von meinem Körper in sie überfließen und sie gesund und stark machen! Sachte legte ich ihr meine Hand auf den Rücken, damit auch dort meine Wärme in sie eindringen könnte. Ein paarmal ging noch ein Zittern über ihren Rücken, dann sank ihr Kopf auf die Seite, der Körper schien sich an mich zu schmiegen und zu entspannen –

Ganz sanft legte ich Hermine meine Hand auf den Rücken

Es mochte eine Stunde vergangen sein, ich war eingeschlafen. Ich erwachte davon, daß Oma Mummi sich über mich beugte und auf uns hinuntersah. Unter meiner rechten Hand spürte ich warm den Katzenkörper. Oma Mummi ergriff meine Hand und legte sie zur Seite. Ich sah sie verständnislos an.

„Sie ist tot, Janni", sagte Oma Mummi.

„Aber sie fühlt sich noch ganz warm an! Und ich spüre ihren Herzschlag! Sie schläft!"

„Das scheint nur so. Du spürst deine eigene Wärme, deinen eigenen Pulsschlag in der Hand. Komm."

Sie nahm mich bei den Schultern und schob mich sacht vom Bett hinunter. Dann legte sie den toten Katzenkörper auf das Laken zurück. Sie lächelte.

„Das Sterben ist eine schwere Arbeit, aber nun hat sie es geschafft. Es geht ihr jetzt gut."

Ich sagte nichts. Eine Weile sahen wir auf Hermine hinunter, dann ging Oma Mummi zum Schrank und holte eine alte Spitzenstola hervor, in die wurde der tote Körper gewickelt. Oma Mummi legte Hermine hinein, als wenn sie zusammengerollt schliefe. Merkwürdig, jetzt sah sie gar nicht mehr krank aus, das Fell glänzte wieder, und sie wirkte ganz jung.

„Komm, suchen wir eine schöne Stelle im Garten für ihr Grab."

Oma Lene saß noch in ihrem Zimmer, wahrscheinlich war sie über ihrem Buch eingeschlafen. Wir gingen leise in den Garten hinaus und sahen uns um.

„Dort unter dem Flieder, da lag sie im Sommer am liebsten!" schlug ich vor.

„Daran habe ich auch schon gedacht."

Ich holte den Spaten aus dem Geräteschuppen, und

Oma Mummi grub ein tiefes Loch. Dahinein legten wir die tote Hermine. Mit den Händen schaufelten wir es zu und drückten die Erde fest, dann suchten wir ein paar große Steine und häuften einen kleinen Hügel an. Der wurde mit den letzten Blüten besteckt, die wir im Garten finden konnten: rosa und lila Astern und dazwischen Büschel von Erika und Ranken vom Efeu. Es sah wunderschön aus. Wir standen eine Weile davor und dachten an Hermine, an ihre Tapferkeit und Würde. Sie hatte nur so kurze Zeit bei uns gelebt, aber wir hatten sie sehr liebgewonnen. Sie war eine ganz besondere Katze gewesen.

Dann kehrten wir still ins Haus zurück.

Ein Brief aus England

Viel Zeit blieb mir nicht zum Trauern.

Am nächsten Abend, als Vati aus dem Büro kam, tauchte er unten in meinem Zimmer auf.

„Ist Charly bei dir?“

„Nein, ich glaube, er ist bei Oma Lene.“

„Da ist er nicht.“

„Dann wird er noch mal rausgegangen sein.“

„Hm.“

Ich hörte Vati im Garten rufen. Dann vorne an der Straße. Und dann am Ende der Straße. Charly dachte nicht daran zu kommen.

„Jetzt mach dir nicht gleich solche Sorgen“, sagte Mutti beim Abendessen, „er wird verliebt sein! Er ist auf Brautschau. Es wird wirklich Zeit, daß wir die beiden Kater kastrieren lassen!“

„Ja, unbedingt!“ sagte Vati. „Gleich morgen rufe ich an und laß mir einen Termin geben.“

Ich sah seinem Gesicht an, daß er dachte: Wenn Charly nur wieder da wäre!

Kurz darauf klingelte das Telefon. Ich lief hin.

„Christiane Becker –“

„Janni, gut, daß du dran bist! Ist Blümchen bei euch?“ Bernds Stimme klang ganz aufgelöst, er war ebenso beunruhigt wie Vati.

„Nein. Oder ... warte mal, ich sehe zur Sicherheit mal nach. Blümchen ist auch verschwunden“, informierte ich die Erwachsenen und rannte in mein Zimmer hinunter.

Piri und Sascha lagen auf meinem Bett und schliefen, von Blümchen keine Spur. Sicherheitshalber durchkämmte ich einmal das ganze Haus, dann kehrte ich ans Telefon zurück.

„Tut mir leid, Bernd – hier ist sie nicht.“

„Verdammt. Ich war heute nachmittag mit meiner Mutter in der Stadt, einen Wintermantel kaufen. Erst habe ich mir nichts dabei gedacht, als sie nicht im Zimmer war, sie macht oft vor dem Essen einen kleinen Spaziergang. Aber daß sie so lange wegbleibt, ist noch nie vorgekommen! Bei dem Wetter ... sie haßt doch sonst Nässe und Kälte!“

„Ich eß schnell auf, dann suchen wir draußen gemeinsam, okay? Charly treibt sich nämlich auch noch rum.“

„O Gott, Janni! Glaubst du, daß ein Katzenfänger unterwegs war?“

„Man muß nicht immer gleich das Schlimmste befürchten.“

„Also dann . . . bis gleich."

Bernd hörte sich wirklich ziemlich am Boden zerstört an.

Ich stopfte schnell die Reste meines Käsebrotes in den Mund, ohne mich noch einmal hinzusetzen, und erklärte den anderen, was passiert war. Mutti und Vati versprachen, uns suchen zu helfen, sobald sie aufgegessen hatten. Nach dem langen, anstrengenden Arbeitstag waren sie nicht gerade glücklich darüber, stundenlang draußen rumlaufen zu müssen.

Aber das war immerhin besser, als hier drinnen zu hocken und sich Sorgen zu machen.

Als ich bei Färbers klingelte, kam mir Bernds Mutter entgegen, sie hatte sich gerade den Mantel übergeworfen, um ihrerseits auf die Suche zu gehen. Bald tappten wir, jeder in einer anderen Richtung, durch die Dunkelheit und riefen abwechselnd „Charly!" „Blümchen!" Wir wanderten die Straßen auf und ab, stolperten durch die Gärten und leuchteten mit Taschenlampen unter jeden Busch.

Ich muß sagen, ich war ziemlich fertig. Gestern der Tod Hermines und nun das Verschwinden gleich zweier Katzen – ich fühlte mich hilflos einem grausamen Schicksal ausgeliefert, das nur das eine Ziel hatte, mich unglücklich zu machen!

„Hast du eigentlich schon beim Tierschutzverein nachgefragt?" erkundigte ich mich bei Bernd, als wir im Garten aufeinandertrafen.

„Klar. Und bei der Polizei. Totale Fehlanzeige", seufzte Bernd.

„Psst! Hör mal!"

„Ich hör nichts."

„Aber da war was!"

„Was denn?“
„So ein Grollen und Fauchen . . .“
Angestrengt lauschten wir ins Dunkel. Da ein schriller, empörter Katzenschrei!
„Charly!!“ schrie ich.
„Blümchen!!“ schrie Bernd.
Alles blieb still. Wir riefen noch mehrmals und warteten eine gute Viertelstunde – keine unserer Katzen ließ sich blicken.
„Vielleicht waren es Fremde“, seufzte ich.
„Wahrscheinlich.“
Wir suchten noch eine Weile, dann gaben wir auf. Ich ging noch mit zu Färbers, denn Bernds Mutter hatte einen heißen Kakao für uns gemacht. Wir setzten uns in Bernds Zimmer und starrten auf die Katzenklappe im Fenster, ohne uns noch die geringsten Hoffnungen zu machen.
Und da – plötzlich rührte sich etwas! Unter dem Lederlappen, der die Klappe verschließt, erschien ein weißes Näschen, ein struppiger Kopf schob sich ins Zimmer, und – als ob nichts geschehen sei, sprang Blümchen, naß, schmutzig und völlig zerzaust, auf den Boden und schlenderte wie beiläufig zu ihrem Freßnapf hinüber.
„Blümchen! Wo bist du gewesen!“
Bernds Stimme überschlug sich fast. Blümchen tat, als wäre er gar nicht da.
Ich stürzte zum Fenster, denn hinter der Klappe glaubte ich eine Bewegung gesehen zu haben. Tatsächlich! Da flitzte etwas wie ein weißer, kleiner Blitz ins Dunkel davon.
Ich nahm mir kaum die Zeit, mich von Bernd zu verabschieden, und raste nach Hause.

Charly lag auf meinem Bett und ließ sich von Piri putzen. Und er schaute mich an mit einem Blick, als wolle er sagen: Wo kommst du denn her? Ich warte schon seit Stunden auf dich!

Als ich die Treppe hinaufstieg, kehrten Mutti und Vati gerade von ihrer vergeblichen Suchaktion zurück.

„Charly ist wieder da", sagte ich lauernd.

„Tatsächlich? Gott sei Dank, wir haben wirklich das Schlimmste befürchtet! Wo ist er? Wo war er? Wo habt ihr ihn gefunden?"

Sie redeten beide durcheinander.

„Oh, er kam von ganz allein. Und vorher hat er ... na ja, ich weiß nicht so recht, aber ich glaube, er hat seine Braut nach Hause gebracht."

„Charly? Der ist doch noch viel zu jung für so was!" sagte Vati entrüstet.

„Und wer ist sie?" erkundigte sich Mutti neugierig.

„Blümchen."

„Na, die ist doch erst recht noch viel zu jung für so was!" empörte sich nun auch Mutti.

„Ich weiß nicht. Ob's stimmt – das werden wir spätestens in sechzig Tagen wissen."

Am nächsten Morgen rief Vati den Tierarzt an. Drei Tage später fuhr er mit den beiden Katern zum Kastrieren. Den kleinen Eingriff hatten die beiden bereits am nächsten Tag vergessen.

„Bei Sascha hätten wir noch ein bißchen warten können. Der Tierarzt meinte, er wäre eigentlich noch zu jung", berichtete Vati.

„Hoffentlich hat es ihm nicht geschadet?" fragte Mutti besorgt. „Kann es gefährliche Nebenwirkungen haben?"

„Eigentlich nur eine. Der Tierarzt hat mir erklärt, zu früh kastrierte Kater werden oft riesig groß.“

„Ach, du lieber Himmel!“ rief Oma Lene in komischem Entsetzen. „Die Leute werden denken, wir hätten einen echten Tiger im Haus!“

„Macht nichts“, meinte Oma Mummi. „Damit sparen wir uns den Wachhund.“

Über all der Aufregung hatten wir unseren Kummer um Hermine fast vergessen. Doch wenige Tage später sollten wir ganz unverhofft an sie erinnert werden.

Ich kam aus der Schule, und meine Laune war nicht besonders rosig, denn ich hatte im Ausfragen der Lateinvokabeln nur eine Zwei minus geschafft, obwohl ich sie gestern abend vorwärts und rückwärts im Schlaf hätte aufsagen können, ich hatte gepaukt wie verrückt. Und dann beim Ausfragen plötzlich – totale Mattscheibe!

Deshalb hörte ich zuerst auch gar nicht richtig hin, als Oma Lene sagte: „Du, da ist ein Brief aus England gekommen, von einer Familie ... Fisher. Kennst du die?“

„Nie gehört. Wir kennen überhaupt niemanden in England.“

Erst als wir beim Essen saßen, fiel mir der Brief wieder ein. Er lag ungeöffnet auf der Anrichte neben dem Tisch.

„Zeig doch mal her ... aus England? Er ist an Familie Becker gerichtet, da könnten wir ihn doch eigentlich öffnen, oder?“

„Das überlassen wir lieber deinen Eltern heute abend. So lange mußt du dich schon noch gedulden.“

Ich seufzte. Meine Neugierde war geweckt. Aber Oma Lene blieb eisern.

Ich ging nach dem Essen in mein Zimmer hinunter

und spielte mit Piri, während Sascha und Charly auf meinem Bett lagen und schliefen. Eigentlich hätte ich mich dringend um meinen Hausaufsatz kümmern müssen, aber mir fiel ein, daß ich Piri seit drei Tagen nicht mehr gebürstet hatte. Und da Piri das Fang-Spiel mit der Bürste überaus liebte, kugelten wir uns bald beide auf dem Teppich.

Piri ist zum Spielen aufgelegt

Schließlich machte ich mich schweren Herzens doch an die Hausaufgaben. Aber immer wieder schweiften meine Gedanken zu dem geheimnisvollen Brief dort oben.

Schon in der Haustür empfing ich Mutti mit der Nachricht; ich ließ ihr nicht einmal Zeit, die Stiefel auszuziehen und hielt ihr den Brief vor die Nase.

„Damit warten wir, bis Vati da ist. Vielleicht sind es Geschäftsfreunde von ihm“, sagte Mutti.

„Aber es steht *Familie* Becker drauf!“ beharrte ich.

„Trotzdem.“

Endlich tauchte auch Vati auf. Er drehte und wendete den Brief ein paarmal in der Hand, brummte etwas von „Nie gehört“, dann öffnete er ihn. Es war ein langer Brief, wie mir schien, in einer altmodisch verschnörkelten Handschrift geschrieben.

„Ach!“ rief Vati aus, und seine Augen wurden riesengroß. „Na, so was! Also das hätte ich ja nie . . .“

Ich wurde ganz zappelig vor Ungeduld.

„Nun sag schon! Was steht drin?“

„Er ist von Hermines Frauchen. Sie schreibt, sie habe monatelang alle Tierschutzvereine an der Autobahnstrecke Salzburg–Köln angeschrieben, um eine Spur ihrer Katze Betty zu finden. In Köln nämlich haben ihr Mann und sie erst gemerkt, daß Betty nicht mehr in ihrem Korb schlief. Der Deckel war nicht verriegelt – ein Versehen – und ist wieder zugefallen, nachdem Betty hinausgeklettert war. Dann ist sie wohl aus dem halbgeöffneten Fenster gesprungen. Genau können sie sich bis heute nicht erklären, wie so etwas passieren konnte. Betty ist angeblich schon sehr oft mit auf Reisen gewesen, und nie ist etwas Derartiges vorgefallen, schreibt sie.“

„Wahrscheinlich war es ihr zu stickig im Auto“, meinte Oma Mummi. „Es war ja brütend heiß an dem Tag!“

„Hört mal zu! Sie schreibt, sie wären vor allem deshalb so erstaunt gewesen, weil Betty schon so alt ist. Nämlich siebzehn Jahre!“

„Siebzehn Jahre! Donnerwetter. Eine reife Leistung“, sagte ich. „Und weiter?“

„Nun, sie waren natürlich riesig froh, als sie von unserem Tierschutzverein hörten, wo ihre Betty geblieben ist. Die Beschreibung stimmte genau, und sie erinnerten sich dann auch wieder an den Parkplatz. Nun möchten sie kommen, um sich bei uns zu bedanken und Betty abzuholen . . ."

„Ach du lieber Himmel!"

Wir sahen uns betroffen an.

„Und sie schreiben, sie möchten sich irgendwie erkenntlich zeigen und ob wir nicht Lust hätten, sie in England zu besuchen. Sie wohnen in Tunbridge Wells, das ist nicht weit von London."

„Nach England? Au ja, super!" Ich machte einen Hüpfer vor Freude. „Aber ob sie uns noch einladen wollen, wenn sie hören, daß Hermine . . . daß Betty tot ist?"

„Ich rufe an", sagte Mutti entschlossen. „Ich werde ihnen alles erzählen. Sie sollen sich nicht sinnlos Hoffnungen machen."

Mutti ist die einzige von uns, die wirklich perfekt Englisch kann, sie hat mal ein Jahr in London gelebt. Sie scheuchte uns aus dem Zimmer, damit sie sich besser konzentrieren konnte, und wählte die auf dem Brief angegebene Nummer.

Es wurde ein langes Gespräch. Vati und ich wurden ganz kribbelig. Aber schließlich rief sie uns herein. Sie strahlte.

„Ich habe das Gefühl, wir sind die besten Freunde geworden", sagte Mutti. „Sie waren reizend. Und sie haben vorgeschlagen, wir sollen sie unbedingt besuchen kommen!"

„Das machen wir!" erklärte Vati. „Und gleich morgen schicke ich ihnen die Fotos, die ich von Hermine aufgenommen habe. Und du, Janni, kannst einen kleinen Bericht über die Zeit mit Hermine schreiben!"

„Für eine Reise nach England schreibe ich sogar englisch", erklärte ich vergnügt.

Piri und die kleinen Wilden

Und das am Montagmorgen

Ich hatte einfach keine Lust, die Augen zu öffnen. Auch so wußte ich, daß es ein grauer Tag war, mit grauem Wetter, grauen Schulstunden und einem grauenvollen Arbeitspensum bis in den späten Abend hinein. Denn morgen war die Mathearbeit fällig, und außerdem würde der Holzbach mich in Bio ausfragen und mein Heft kassieren. Vier Einträge hatte ich noch nachzuholen und absolut null Ahnung von dem, was drinstand. Abgesehen von den heute anfallenden Hausaufgaben mußte ich noch den Geburtstagsbrief an Tante Ulla schreiben, wenn ich es nicht auf einen ernsthaften Krach mit Mutti anlegen wollte. Kurz: Ich sah einem durch und durch freudlosen Tag entgegen.

Diese trüben Aussichten gingen mir in allen Einzelheiten durch den Kopf, als Piri an meiner Seite mit einem

Knurr- und Jaulkonzert einsetzte, das ich zunächst für die verständnisvolle Untermalung meiner Gedanken hielt. Doch sehr schnell wurde mir klar, daß solch raubtierhafte Drohgesänge unmöglich mir gelten konnten.

Draußen war es noch dunkel. Nur der Schnee gab einen schwachen Schimmer ab, der das Zimmer so weit erhellte, daß ich schattenhaft die Umrisse einer Katze an der Futterschüssel erkennen konnte. Ich hatte den Napf gestern abend neben den Durchschlupf in der Tür gestellt, damit Charly, unser eingeschmuggelter italienischer Kater, bei der Heimkehr von seinem nächtlichen Streifzug durch die Nachbargärten etwas Kräftigendes vorfand. Schließlich war der Ärmste unser rauhes, nördliches Klima noch nicht gewöhnt.

Ich richtete mich auf und blinzelte zur Tür hinüber. Eines war klar: Dies hier war nicht Charly, denn erstens hätte ich sein schneeweißes Fell auch im Dunkeln erkannt, und zweitens hätte Piri niemals einen derartigen Terror gemacht, wie sie es eben jetzt mit Fauchen, Knurren und einem zu Größe und Aussehen eines Leguans aufgestellten Fell tat. Meine kleine schwarzgold getupfte Katze ist die Friedfertigkeit in Person; so empört hatte ich sie selten erlebt.

Auch ihr Sohn Sascha konnte es nicht sein. Der Tigerkater lag zusammengerollt neben meinen Füßen und hob bei der Aufregung nur schläfrig den Kopf. Er gähnte herzhaft, blickte nicht sonderlich interessiert zur Tür hinüber und rollte sich wieder zusammen, als ginge ihn das Ganze nichts an.

Um so neugieriger wurde ich. Vorsichtig tastete ich nach dem Lichtschalter, in der Hoffnung, den Eindringling nicht zu erschrecken und vorzeitig zu vertreiben.

Das besorgte leider Piri, die sich in diesem Augenblick mit schrillem Wutgekreisch auf den Feind stürzte. Wie der Blitz war die fremde Katze durch den Katzenausgang verschwunden. Piri folgte ihr in den Garten. Gleich darauf ertönte wildes Kriegsgeschrei vom Rasen, entfernte sich in Richtung Schuppen und kam schließlich aus dem Nachbargarten herüber. Piri gab die Verfolgung offensichtlich nicht so schnell auf.

Ich hatte inzwischen Licht gemacht und war aus dem Bett gesprungen. Alles, was ich sehen konnte, war ein leeres, bis auf den letzten Rest blankgelecktes Schüsselchen. Und gleich darauf Charlys weißen Kopf, der sich durch den Katzendurchschlupf schob und mich aus großen dunklen Augen anstarrte, als erwarte er eine Erklärung für das, was eben hier passiert war. Die hätte ich gern von ihm bekommen.

„He, Junge, hast du hier eine Freundin eingeschmuggelt, oder was war das?" fragte ich ihn kopfschüttelnd.

Nachdem Charly sich vergewissert hatte, daß hier drinnen die Luft rein war, auch wenn die Witterung der Fremden noch in der Luft lag, schob er sich ins Zimmer und warf einen Blick in sein leeres Schüsselchen. Dann sah er mich auffordernd an.

„Okay, du kriegst gleich was, warte."

Ich kam nicht dazu, das Schälchen mit dem Rest Leberragout aufzufüllen, der von gestern abend noch in meiner Schreibtischschublade stand. Von zwei Seiten zugleich nahte das Unheil. Auf der einen Seite bumperte Oma Mummi an die Tür und rief ärgerlich, wie lange ich denn noch brauche und ob ich unbedingt ohne Frühstück in die Schule gehen wolle. Und auf der anderen Seite wankte mit empörtem Klagegeheul Piri herein. Im rechten Ohr hatte sie einen Riß und über dem Auge eine blutige Schramme. An der kläglich erhobenen Pfote verklebte ein dunkelrotes Rinnsal das schwarze Fell, offensichtlich war sie aus dem Kampf nicht gerade als Siegerin hervorgegangen.

„Janni, was ist los, warum antwortest du nicht?" Omi Mummi stürmte ins Zimmer, entschlossen, mich mit höchst unsanften Methoden aus dem Bett zu treiben. Mitten in ihrem Lauf hielt sie inne. „Ach, da bist du! Was in Dreiteufelsnamen machst du da im Nachthemd bei dieser Eiseskälte?"

Piris jämmerlicher Anblick hatte mir die Sprache verschlagen, stumm zeigte ich auf das Häufchen Elend, das da vor mir hockte.

„Sie hatte einen Kampf", brachte ich schließlich heraus, „mit einer fremden Katze. Sie ist verletzt! Mein armer Liebling, komm, laß mich deine Pfote ansehen..."

„Halt!" Oma Mummi trat energisch dazwischen. „Du gehst ins Bad und machst dich fertig, ich kümmere mich um Piris Wunden. Du wirst noch zu spät kommen!"

Es hätte keinen Sinn gehabt, Oma Mummi zu erklären, wie gleichgültig mir die Schule in diesem Augenblick war. Und wenn ich ganz ehrlich bin, war ich ziemlich froh, daß sie Piri vorsichtig hochhob und mit nach oben nahm, um ihre Verletzung zu untersuchen, denn wenn es darum geht, blutende Wunden zu versorgen, bin ich keine große Heldin, trotz meiner dreizehn Jahre. Oma Mummi dagegen ist die beste Tierpflegerin der Welt, und wenn sie sich auch in diesen Tagen besonders streng gebärdete, weil Mutti und Vati ihr das für die Zeit ihrer Abwesenheit ans Herz gelegt hatten, so ist sie doch die liebste Oma, die man sich vorstellen kann, und ganz sicher die, die am besten kocht. Im Gegensatz zu Oma Lene, deren Vorzüge mehr geistiger Art sind. Bücher und Bildung und so. Oma Lene ist Vatis Mutter und war früher Lehrerin, während Oma Mummi Muttis Mutter ist; und das hat ihr gereicht, sagt sie.

Ich wartete, bis Oma Mummi das Zimmer verlassen hatte, dann gab ich dem brav wartenden Charly schnell noch sein Frühstück. Für einen aus Italien eingeschmuggelten Streuner hat Charly fabelhafte Manieren. Vati meint, er sei sicher aus einem verarmten Adelsgeschlecht. Daran könnte Sascha sich ein Beispiel nehmen, der sprang nämlich mitten aus dem Tiefschlaf vom Bett und versuchte Charly vom Futter wegzudrängen. Charly dachte nicht daran nachzugeben, und eine Weile steckten die beiden dicken Katerköpfe eingezwängt in der Schüssel.

„Was seid ihr bloß für eine unmögliche Bande!" schimpfte ich. „Wenn ich zu spät in die Schule komme, seid ihr schuld! Hau ab, Sascha, du kriegst gleich dein Fressen!"

Aber um das zu holen, mußte ich erst in die Küche hinauf, und dann würde Oma Mummi sehen, daß ich noch nicht angezogen war, und es würde Ärger geben. Ich vertröstete Sascha also auf später, und als das nichts half, versetzte ich ihm einen sanften Klaps mit meinem Matheheft.

Vielleicht war der Klaps nicht ganz so sanft ausgefallen, wie er gemeint war, jedenfalls raste Sascha beleidigt davon – genau in die Richtung, in die ich mich auch in höchster Eile in Bewegung setzte. Offensichtlich fühlte mein kleiner Tigerkater sich von mir verfolgt, denn auf halbem Wege machte er mit einem gewaltigen Satz in die Luft eine Kehrtwendung, verschätzte sich bei der Landung in der Entfernung und geriet mit den Hinterpfoten auf den Rand der Katzentoilette. Die Plastikschale bäumte sich unter dem Gewicht auf, stellte sich senkrecht, und ein prasselnder Regen von mehrfach benutzter Katzenstreu ergoß sich auf den Teppichboden. Warum in aller Welt war ich gestern abend zu faul gewesen, die Kiste zu reinigen!

Ich verzichtete auf Duschen und Zähneputzen, zog mich in Windeseile an und holte Schaufel, Besen und einen Putzlumpen aus der Besenkammer. Das Frühstück konnte ich vergessen.

Das vergaß auch Oma Mummi.

„Kümmere dich heute mal selbst um dein Frühstück, Janni!“ rief sie hinunter. „Und vergiß nicht, Türen und Fenster zu schließen, wenn du gehst. Ich will vorsichtshalber doch mit Piri in die Tierklinik. Vielleicht muß die Wunde genäht werden.“

„Ist gut“, antwortete ich schwach und starrte auf den von Schmutzhäufchen übersäten Boden zu meinen Füßen.

Wenn wenigstens Oma Lene dagewesen wäre, aber die hatte die Eltern in den Skiurlaub begleiten dürfen, zum Ausgleich dafür, daß Oma Mummi mit uns in Italien gewesen war. Natürlich läuft Oma Lene nicht mehr Ski, sie macht Spaziergänge und sitzt auf der Sonnenterrasse des Hotels. Das war genau der Ort, an den ich mich jetzt wünschte. Aber nein, unsereins mußte sich mit Katzendreck und Lateinvokabeln schinden. Und das mit leerem Magen.

Reiß dich zusammen, Christiane! rief ich mich zur Ordnung. So schlimm ist es auch wieder nicht. Ich putzte energisch den Fußboden, bis nichts mehr an Saschas Mißgeschick erinnerte, schloß das Fenster, warf Hefte, Bücher und Federmappe in meine Schultasche, stopfte im Vorübergehen zwei Semmeln aus dem Brotkorb dazu, aß drei Löffel Marmelade direkt aus dem Glas – es sah ja niemand – und verließ in gestrecktem Galopp das Haus. Eine Woge Schneeregen klatschte mir ins Gesicht. Na bitte, nun wußte ich doch, warum ich mir die Dusche heute gespart hatte.

Der Bus fuhr mir vor der Nase davon. Ich war echt gespannt, was mir als nächstes passieren würde. Fünf Minuten zu spät drückte ich mich mit eingezogenem Kopf auf meinen Platz neben Helga, meiner besten Freundin, die mich besorgt ansah. Zum Glück schien es Herr Kessler nicht bemerkt zu haben, er war dabei, einen Stapel Blätter zu studieren, schüttelte den Kopf, murmelte: „Wo gibt's denn so was, falsch abgezogen" und starrte noch eine Weile ungläubig auf den Text.

„Na ja, da kann man nichts machen", sagte er schließlich schuldbewußt grinsend. „Eigentlich wollte ich euch eine Ex schreiben lassen."

Ich atmete auf. Zu früh, wie sich herausstellte.

„Dann begnügen wir uns halt mit Ausfragen. Wie wär's mit dir, Christiane..."

Das war zuviel. Ich erhob mich, als trüge ich eine Zentnerlast auf den Schultern.

„Gib uns einen kurzen Überblick über den Stoff, den wir in den letzten drei Stunden durchgenommen haben."

„Ich..." Mein Mund klappte zu, öffnete sich auf der

Suche nach den richtigen Worten, schloß sich wieder. „Und das am Montagmorgen!“ war alles, was ich schließlich herausbrachte.

Herr Kessler wollte etwas bemerken, da fiel sein Blick auf die falsch abgezogenen Zettel mit der Ex. Das stimmte ihn milde.

„Es kann nur noch besser werden“, sagte er tröstend.

Die Fremde

Im Prinzip hatte er nicht so unrecht. Den Rest des Schultags brachte ich locker hinter mich, und als ich nach Hause kam, überraschte mich Oma Mummi mit der Nachricht, daß Piris Verletzung doch nicht so schlimm war, wie sie befürchtet hatte. Außerdem hatte sie ein super Mittagessen vorbereitet: Wiener Schnitzel mit Pommes frites und Salat und hinterher Karamelcreme. Meine Welt war wieder in Ordnung.

Das änderte sich zwei Stunden später schlagartig. Nach dem Essen hatte ich eine Weile mit Sascha und Charly gespielt, Piri hatten wir oben in Oma Mummis Zimmer gelassen, damit sie ihre Ruhe hatte. Draußen wehte immer noch ein scharfer Westwind und klatschte den Schneeregen in Böen an das große Terrassenfenster. Kein Wunder, daß meine beiden Kater nicht viel Lust verspürten, ins Freie zu gehen, und sich lieber in meinem Zimmer austobten.

Schließlich erhob ich mich vom Teppich und machte mich seufzend an meine Hausaufgaben. Ich kam gut voran und konnte mir bald die verbummelten Bio-Einträge vornehmen. Eine Weile schon quälte ich mich mit einer komplizierten Zeichnung ab, als sich das Gefühl verstärkte, von jemandem beobachtet zu werden. Charly und Sascha hatten sich längst auf meinem Bett zusammengekuschelt und schliefen fest, wie ich mit einem Blick feststellte. Piri konnte es nicht sein – oder doch? Ich reckte mich, um den von der Schreibtischkante verdeckten Katzenausgang sehen zu können. Nichts. Eine schwache Bewegung des dicken Filzvorhangs, aber die konnte auch vom Wind verursacht sein.

Trotzdem blieb ich wie unter Zwang eine Weile hoch aufgereckt sitzen und fixierte den Durchschlupf, ohne mich zu bewegen. Da! Etwas drückte von außen gegen den Vorhang. Ich hielt den Atem an. Eine grauschwarze Pfote schob sich seitlich durch den schmalen Spalt und zog mit spitzen Krallen den dicken Stoff zu sich heran. Wer immer es war, er hatte noch nicht viel Erfahrung mit so einer Katzentür, sonst hätte er den Filz mit dem Kopf nach innen geschoben.

Es dauerte eine Weile, bis es meinem unbekannten Gast gelang, den Vorhang anzuheben und zugleich den Kopf darunterzuschieben. Mir wurde bereits der Rücken steif, da ich nicht wagte, mich zu rühren. Zentimeterweise kroch die fremde Katze näher. Eine grauschwarze Tigerkatze mit struppigem, dichtem Fell und einem breiten, buschigen, nicht sehr langen Schwanz. Sie glich ein wenig den Wildkatzen, die ich auf Fotos gesehen hatte, doch der kleine weiße Fleck unterhalb der Kehle und der zierlich gebaute Körper wiesen sie als Hauskatze aus. Sie war entsetzlich mager und offensichtlich vollkommen verwildert, denn als ich sie jetzt leise ansprach und ein paar zärtlich-maunzende Töne von mir gab, floh sie in panischem Schrecken.

An Hausaufgaben war nicht mehr zu denken. Ich setzte mich möglichst bequem so, daß ich den Katzeneingang beobachten konnte, ohne mich bewegen zu müssen. Dann fiel mir etwas ein. Sicher war die fremde Katze gekommen, weil sie Hunger und Durst hatte. Zum Glück hatte ich noch eine Schachtel Trockenfutter im Schreibtisch, so daß ich nicht in die Küche hinauflaufen mußte. Ich füllte ein Schälchen mit den kräftig nach Fleisch duftenden Bröckchen und stellte es zusammen mit einem Napf voll Wasser dicht neben die Tür. Dann zog ich mich auf meinen Beobachtungsposten zurück.

Ich mußte eine ganze Weile warten, fast wäre ich eingeschlafen dabei, doch schließlich schob sich das Katzennäschen schnuppernd durch die Luke. Aufmerksam witterte mein Gast nach allen Seiten, dann schob sich das magere kleine Geschöpf ins Zimmer und machte sich hastig, als rechne sie damit, jeden Augenblick vertrieben zu werden, über die Mahlzeit her. Ich rührte mich nicht. Hoffentlich trinkt sie auch genug, schoß es mir durch den Kopf, doch meine Sorge war unbegründet, der fremde Stubentiger schien zu wissen, daß man zum Trockenfutter ausreichend Flüssigkeit aufnehmen muß.

Das aufdringlich schnurpsende, knackende Geräusch, mit dem die Bröckchen in unglaublicher Geschwindigkeit zwischen den winzigen Raubtierzähnen verschwanden, erregte nun doch die Neugier der beiden Kater. Als erster richtete sich Charly auf und äugte erstaunt zu der Fremden hinüber. Auch Sascha erwachte, schaute erst auf Charly, dann auf den Eindringling.

Die fremde Katze hielt mitten im Kauen inne und

starrte nun ihrerseits die beiden Artgenossen an. Es drängte mich, etwas zu sagen, doch ich verhielt mich weiterhin mucksmäuschenstill.

Charly sprang ohne Hast vom Bett und schritt langsam auf den Gast zu. Die Fremde, aufs höchste alarmiert, wich einen Schritt zurück, und ihr Rückenfell stellte sich zu einem beachtlichen Kamm auf, doch sie lief nicht davon. Den Hals weit vorgereckt, die Nase bebend vor Erregung, kam Charly schnuppernd näher. Die kleine Tigerkatze sah ihm in angespannter Aufmerksamkeit und jeden Augenblick zur Flucht bereit entgegen, auch sie reckte jetzt den Kopf in seine Richtung, und die beiden begrüßten sich mit einem zarten Kuß.

„Aha“, sagte ich so schmeichelnd und leise wie möglich, „du bist also eine Katzendame, sonst würdest du Charly nicht so freundlich begegnen.“

Nun hielt es Sascha nicht mehr auf dem Bett, auch er mußte mit dem Gast Bekanntschaft schließen. Die kleine Tigerkatze fauchte warnend, als er sich ihr stürmisch näherte, ließ sich dann aber doch dazu herab, ihre Nase der seinen zu nähern.

Das Eis schien gebrochen, und ich fand es an der Zeit, nun meinerseits den Besuch willkommen zu heißen und mich ihm vorzustellen. Im Zeitlupentempo glitt ich von meinem Stuhl und ließ mich auf den Boden nieder. Wieder erstarrte die Katze, ein leises, aber unmißverständliches Knurren kam aus der kleinen Kehle. Es klang eher wie das Gurren einer Taube, doch ich verstand die Drohung und ließ von meinem Vorhaben ab. Kaum hatte ich mich zurückgezogen, als mein neuer Schützling es für geraten hielt, sich aus dem Staub zu machen. Blitzschnell drehte sie sich um und stob nach draußen, überquerte fluchtartig den Rasen und war unter den Büschen verschwunden, ehe ich richtig auf die Füße gekommen war.

Seufzend machte ich mich wieder an meine Arbeit, doch es wollte mir nicht mehr gelingen, mich auf die Bio-Zeichnungen und -Tabellen zu konzentrieren. Mit Mathe klappte es schon gar nicht! Wo mochte die magere kleine Katze herkommen? Ob sie sich verlaufen hatte? Ob sie schon monatelang durch die Gegend streunte oder erst vor kurzem ausgesetzt worden war? Aber dann wäre sie nicht so scheu gewesen. Hatte sie von Menschen Schlimmes erleiden müssen, oder war sie einfach als Katzenbaby ausgesetzt worden? Was schlimm genug gewesen wäre. Oder war sie überhaupt noch nie mit Menschen in Berührung gekommen, war in einem Schuppen oder einer Scheune zur Welt gekommen und hatte sich völlig verwildert durchs Leben geschlagen?

Wer würde mir jemals darauf Antwort geben können? Denn daß mein Schützling nicht hier aus der Gegend stammte, glaubte ich zu wissen. Ich kannte die Katzen in den umliegenden Straßen, es waren fast ausnahmslos verhätschelte Familienmitglieder, die sich um ihr Futter und ihren trockenen Schlafplatz keine Sorgen zu machen brauchten.

Und dann: Wenn sie blieb, was sollte mit ihr geschehen? Würde ich sie zähmen können? Wie sollte ich Piri an einen solchen Hausgenossen gewöhnen? Abgesehen davon, daß Mutti und Vati gegen eine weitere Katze im Haus energisch Einspruch erheben würden. Fragen über Fragen. Ich tat das Vernünftigste, was ich in dieser Situation tun konnte: Ich ging zu Oma Mummi hinauf.

Piri lag zusammengerollt auf Oma Mummis Bett und schlief, während Oma Mummi sich auf den Sessel am

Fenster zurückgezogen hatte und dort ihr Nickerchen hielt. Sie schreckte hoch, als ich das Zimmer betrat, und tat, als hätte sie in der Zeitschrift gelesen, die auf ihrem Schoß lag.

„Sie war wieder da“, berichtete ich ohne Umschweife. „Sie hat gefressen und getrunken, aber sie läßt sich nicht anfassen. Schon wenn man auf sie zugeht, läuft sie davon.“

Oma Mummi seufzte. Ich setzte mich zu Piri aufs Bett und begann sie zart mit der Fingerspitze zwischen den Schulterblättern zu kraulen, wie sie es liebt. Ohne ihre Stellung zu verändern oder auch nur die Augen zu öffnen, antwortete mir meine kleine Katze mit einem tiefen Schnurren. Während ich sie streichelte, erzählte ich Oma Mummi haargenau, wie sich meine erste Begegnung mit der Fremden abgespielt hatte und daß Sascha und Charly ihr gegenüber offensichtlich keine feindlichen Gefühle hegten.

„Was sollen wir nur tun, Oma Mummi“, schloß ich meinen Bericht. „Wir können sie doch nicht draußen verkommen lassen! Andererseits wird Piri niemals dulden, daß sie ins Haus kommt.“

Oma Mummi sah nachdenklich aus dem Fenster. Einen Augenblick meinte ich, sie hätte mir vielleicht gar nicht zugehört. Doch dann sprang sie plötzlich auf und marschierte entschlossen zur Tür.

„Komm mit“, sagte sie.

Paulines Burg

Daß Oma Mummi ein fabelhafter Handwerker ist, hatte ich schon oft festgestellt, aber heute lehrte sie mich das Staunen.

„Wir werden Pauline ihre eigene Burg herrichten, dann wird sie gar keine Lust mehr haben, ins Haus zu kommen", sagte sie.

„Pauline?"

„Nun ja, so habe ich sie genannt, wenn ich sie im Garten traf", brummte Oma Mummi.

„Also kennst du sie schon länger?"

„Na ja", gestand Oma Mummi ein, „seit ein paar Tagen. Sie rannte hin und wieder vor mir davon, wenn ich zum Komposthaufen ging."

Ich verzichtete darauf, sie zu fragen, ob sie sie gefüttert hatte. Oma Mummi läßt kein Tier in Not hungern, das wußte ich.

Wir waren zum Geräteschuppen hinübergegangen, und Oma Mummi betrachtete prüfend den an der Rückseite aufgeschichteten Holzstapel. Dann wies sie auf eine Stelle unterhalb des breit überstehenden Daches.

„Hier müssen wir durch. Dein Vater wird es uns hoffentlich verzeihen. Vielleicht merkt er es ja auch gar nicht. Hol mal den Handwerkskasten."

Ich flitzte los. Als ich mit dem Gewünschten zurückkam, hatte Oma Mummi den Schuppen bereits halb ausgeräumt und stand auf einem Stuhl, um das oberste Regal zu leeren, auf dem die Kartons mit Sämereien und den für den Winter gut verpackten Dahlienknollen ihren Platz gehabt hatten.

„Hier werden wir ihr einen Schlafplatz einrichten", verkündete sie, „und die vordere Hälfte wird ihr Wohn- und Speisezimmer. Jetzt gib mir den Hammer, den Meißel und die Stichsäge."

Man kann wirklich nicht behaupten, daß Oma Mummi schlank ist, im Gegenteil. Um so mehr verblüffte mich jetzt ihre Geschicklichkeit, mit der sie es fertigbrachte, ein Loch in die Wand des Geräteschuppens zu sägen, das gerade groß genug war, um Pauline einen bequemen Durchschlupf zu bieten. Nachdem das geschafft war, gingen wir im Haus auf die Suche nach der Ausstattung für Paulines Kemenate, wie Oma Mummi es ausdrückte. Ein altes Kissen, ein ausrangiertes Badelaken und ein dickes Stück Filz für den Ausgang, außerdem zwei Näpfe für Futter und Wasser waren bald gefunden, und wir richteten die Behausung behaglich ein. Zum Schluß schob Oma Mummi die Gartengeräte so hin, daß Paulines Wohnung möglichst verdeckt war, während ich die Schüsselchen mit Wasser und Futter füllte.

„Und wenn Charly und Sascha ihr nun alles wegfressen?" fragte ich besorgt.

„Die beiden kriegen heute mal Ausgangssperre", ordnete Oma Mummi an. „Bei dem Wetter haben sie ohnehin kaum Lust, hinauszugehen. Nun komm! Um so eher kann Pauline den Schlupfwinkel entdecken. Von Oma Lenes Zimmer aus kann man den Schuppen sehen, ich werde mich ans Fenster setzen und ihn im Auge behalten, damit du an deine Arbeit gehen kannst."

Damit hatte sie mal wieder den Nagel auf den Kopf getroffen, denn natürlich hatte ich schon eine Weile darüber nachgedacht, wie ich am besten beobachten könnte, ob die ausgehungerte Streunerin unser Angebot annehmen und in den Schuppen einziehen würde.

Schweren Herzens machte ich mich also wieder an die Hausaufgaben, nicht ohne bei Oma Mummi alle halbe Stunde nach dem Stand der Dinge zu fragen. Vergeblich. Bis zum Einbruch der Dunkelheit hatte sich unser Gast nicht wieder blicken lassen. Oma Mummi gab ihren Beobachtungsposten auf und bereitete uns ein leckeres Abendbrot. Ich fütterte unsere Katzen und rief danach erst Helga an und dann Bernd, den Jungen vom Ende unserer Straße, der eines von Piris Kindern – die bunte Kätzin Blümchen – bekommen hat. Beiden erzählte ich ausführlich unser neuestes Katzenerlebnis.

„Die wilde graue Tigerkatze?“ sagte Bernd überrascht. „Die kenne ich! Ich bin ziemlich sauer auf sie, sie hat Blümchen verprügelt. Meine arme Kleine, wo sie noch so geschwächt ist von der Operation.“

Das war nun wirklich übertrieben. Denn erstens war Blümchen alles andere als geschwächt, im Gegenteil, sie ist dabei, eine majestätische und sehr selbstbewußte Katze zu werden. Und zweitens lag die Operation schon Wochen zurück, Blümchen selbst hatte sie sicher längst vergessen. Nur Bernd hatte es seinen Eltern nicht verzeihen können, daß sie auf der Sterilisation seiner Katze bestanden hatten, nachdem Charly sie verführt hatte.

„Na, vielleicht verprügelt Pauline jetzt niemanden mehr, wenn sie ihr eigenes Zuhause hat und regelmäßig gefüttert wird“, tröstete ich ihn. „Bisher mußte sie schließlich um ihr Überleben kämpfen.“

Den ganzen Abend kreisten meine Gedanken um die fremde Katze dort draußen. Allzugern hätte ich nachgesehen, ob das Futter noch unberührt war, aber dann hätte ich sie vielleicht gerade bei dem Versuch vertrieben, sich ihre neue Behausung zu erobern. Also verzichtete ich schweren Herzens darauf.

Erst am nächsten Morgen, kurz bevor ich in die Schule mußte, schlich ich durch den Garten zum Schuppen. Ich ärgerte mich, daß uns gestern nicht aufgefallen war, wie stark die Schuppentür quietschte, und beschloß, sie heute mittag sofort zu ölen. Doch das Nest war ohnehin leer. Immerhin, das Futter war bis auf den letzten Rest vertilgt worden. Fragte sich nur, von wem…

Zwei Tage mußte ich noch warten, bis ich sicher wußte, daß Pauline unser Angebot angenommen hatte. Als ich am dritten Tag vor dem Frühstück mit einem Schüsselchen verdünnter lauwarmer Dosenmilch den Schuppen betrat, sah ich zwei spitze Öhrchen über dem Rand der Kiste, die offensichtlich aufmerksam aufgerichtet waren. Ich setzte die Milch vorsichtig am anderen Ende des Regals ab und zog mich bis zur Tür zurück. Dort blieb ich regungslos stehen.

Und wirklich erhob sich Pauline nach einer Weile, reckte sich ausgiebig, gähnte herzhaft und schritt schließlich ohne Eile zu dem Schüsselchen hinüber. Mit flinkem Schlag tauchte die kleine Zunge in die Flüssigkeit, ich sah weiße Tropfen hoch aufspritzen. Pauline trank gierig und begeistert. Leise ging ich hinaus.

Wieder in meinem Zimmer, verkündete ich meinen Katzen, daß die Ausgangssperre nunmehr beendet sei, und entfernte die Holzklappe von der Katzentür. Piri, die langgestreckt auf meinem Bett lag, blinzelte mich verächtlich an, als wollte sie sagen: bei dem Wetter? Spinnst du? Wer geht denn da freiwillig aus dem Haus!

Pauline schritt ohne Eile zum Futternapf hinüber

Charly und Sascha reagierten überhaupt nicht. Um so besser, sagte ich mir.

In den nächsten Tagen beobachtete ich das Verhalten meiner drei Katzen genau. Wie schon bei der ersten Begegnung, zeigten Charly und Sascha Pauline gegenüber keinerlei Feindseligkeit. Wenn sie sie trafen – was selten geschah –, nahmen sie kaum Notiz von ihr. Pauline ihrerseits schien ihnen eher auszuweichen. Zu meinem Erstaunen verteidigte sie ihre neue Behausung nicht, sie fühlte sich wohl weiterhin als unser Gast und rechnete immer noch damit, eines Tages den Durchschlupf versperrt oder die Schüsselchen leer und Kissen und Decke entfernt zu finden. Solange ihr diese Annehmlichkeiten zur Verfügung standen, genoß sie sie, ohne daraus ein Recht auf Eigentum abzuleiten.

Tauchte Piri im Garten auf, war Pauline unsichtbar. Als die beiden sich eines Morgens doch einmal unvermutet gegenüberstanden, mußte ich zu meiner Überraschung feststellen, daß Pauline keineswegs so kämpferisch eingestellt war, wie wir zunächst vermutet hatten, im Gegenteil. Sie wurde nur aggressiv, wenn sie sich angegriffen oder in die Enge getrieben sah. Und da Piri von ihrer ersten Niederlage genug hatte, hütete sie sich, die zähe und kräftige kleine Tigerkatze ein zweites Mal zu jagen. Sie tat einfach, als sei die andere Luft. Es genügte ihr, daß Pauline keinen weiteren Versuch gemacht hatte, ins Haus einzudringen und daß sie sich im Garten kaum blicken ließ. Das war ihr Beweis genug, daß der Eindringling sich ihrer Herrschaft unterworfen hatte. Ich konnte mit der Entwicklung der Dinge zufrieden sein.

Sorgen allerdings machte ich mir, wenn ich an die Rückkehr meiner Eltern dachte. Was würden sie zu der neuen Mitbewohnerin auf dem Grundstück sagen?

„Sicher merken sie es gar nicht“, beruhigte Oma Mummi mich – und sich selbst. „Die Woche über sind sie von morgens bis abends im Büro, und das Wochenende ist so schnell vorüber! Außerdem – wann betritt dein Vater denn schon mal den Schuppen? So gut wie nie! Und deine Mutter überhaupt nicht.“

Damit hatte sie zweifellos recht. Die Gartenarbeit war Oma Mummis Domäne, Mutti kam nur in den Garten, um sich auf einem Liegestuhl in die Sonne zu legen – und der Sommer war noch weit. Vati suchte sich zwar hin und wieder eine Tätigkeit wie Holz hacken, Laub harken oder Rasen mähen, um sich einen körperlichen Ausgleich für die Bürohockerei zu verschaffen, wie er es nannte, war aber dankbar, wenn jemand ihm diese Arbeiten abnahm. Nun, das würde sich machen lassen, da verließ ich mich ganz auf Bernd.

Der Sonntagnachmittag kam und mit ihnen unsere Urlaubsheimkehrer. Ich hatte Piri, Sascha und Charly mit ins Wohnzimmer genommen, und Oma Mummi hatte umwerfend guten, mit zarter Vanillecreme gefüllten Streuselkuchen gebacken, also war die Stimmung von Anfang an auf dem Höhepunkt. Oma Lene war genauso braungebrannt und strahlend wie die Eltern, und alle drei erzählten um die Wette, wie toll es in den Bergen gewesen war. Vati war noch so in Schwung, daß es ihm unmöglich war, stillzusitzen und er, während er sprach, im Zimmer hin und her lief, als stünde er noch auf den Skiern und wedelte die Hänge hinunter. Daß er dabei immer wieder mal in den Garten hinaussah, beunruhigte mich ein wenig.

„Oh, haben wir eine neue Katze in der Nachbarschaft?“ unterbrach er sich plötzlich. „Du hast Besuch, Piri!“

„Schon möglich“, brummte Oma Mummi. „Katzen laufen weit, da verirrt sich auch mal eine in unseren Garten.“

Damit war das Thema fürs erste erledigt.

Zu meinem Erstaunen schienen auch in den folgenden Wochen weder Vati noch Mutti unseren Schützling zu bemerken. Bei Oma Lene war das kein Wunder. Sie verließ das Haus in dieser Jahreszeit höchstens einmal, um einkaufen oder zum Friseur zu gehen, von gelegentlichen Theater- und Konzertbesuchen mal abgesehen; aber dann war es ohnehin dunkel. Den Garten betrat sie nie.

Um so häufiger hatte Vati neuerdings etwas im Schuppen zu tun. Entweder er suchte ein verlegtes Werkzeug, oder ihm fiel ein, zu überprüfen, ob das Dach dicht war, der Fußboden keine Feuchtigkeit zog, eine stärkere Lampe in die Fassung geschraubt werden müsse oder ob der Lichtschalter den Sicherheitsvorschriften entsprach. Immer neue Gründe fand er, vor dem Essen schnell noch mal in den Geräteschuppen schauen zu müssen. Zwar hatte Oma Mummi Paulines Versteck inzwischen so gut vor Blicken geschützt, daß man erst einmal etliche Kartons, Plastikbehälter und eine Sammlung von Schürzen und Sacktüchern zur Seite räumen mußte, um die Katzenwohnung zu entdecken, aber wohl war mir bei Vatis Erkundungsgängen trotzdem nicht.

Ähnlich war es mit Mutti. Wenige Tage nach ihrer Rückkehr hatte sie damit begonnen, regelmäßige Rundgänge durch den Garten zu veranstalten, die ebenso regelmäßig im Geräteschuppen endeten. Es schien wie eine Krankheit zu sein, von der die beiden urplötzlich befallen worden waren. Das Erstaunliche daran war, daß sie für Paulines Daueranwesenheit auf unserem Grundstück offensichtlich blind waren. Versuchte man ihr Interesse für den Schuppen zu ergründen, so stritten sie entweder ab, überhaupt dort gewesen zu sein, oder sie tischten die unglaublichsten Ausreden auf. Das hätte mich mißtrauisch machen sollen.

Ein Zufall bescherte mir eines Tages des Rätsels Lösung. Ich war, wie immer, wenn ich Pauline abends ihre Mahlzeit brachte, von meiner Terrasse aus zum Schuppen hinübergeschlichen, als ich sicher sein konnte, daß die Erwachsenen im Wohnzimmer versammelt waren, um die Tagesschau im Fernsehen anzusehen. Die Taschenlampe knipste ich wie gewohnt erst an, als ich die Schuppentür hinter mir zugezogen hatte. Für einen Augenblick fiel der Lichtkegel auf eine Stelle der Schuppenwand hinter dem Schrank, in dem Vati alle möglichen Ersatzteile, Farbreste, Pinsel und sonstiges Malerzubehör aufbewahrte. Da stand ein Kanister, der eigentlich in die Garage gehörte. Vor allem, wie er da stand, machte mich stutzig, und mir wurde klar, daß er mir schon in den letzten Tagen aufgefallen war, ohne daß ich mir die Zeit genommen hatte, ihn näher zu untersuchen. Ich hob ihn hoch – und stieß vor Überraschung einen Schrei aus, bei dem Pauline, die in ihrer Kiste auf mich gewartet hatte, erschrocken nach draußen floh. Hinter dem Kanister befand sich ein Loch in der Wand, säuberlich ausgesägt. Und neben dem Loch standen zwei Schälchen, eines mit Wasser und eines mit Katzenfutter! Kein Wunder, daß Pauline in der letzten Zeit so erstaunlich schnell zugenommen hatte.

Doch damit nicht genug.

Ich stellte den Kanister wieder an seinen Platz und wollte mich gerade aufrichten, als ich schräg über mir jemanden genüßlich schmatzen hörte. Pauline konnte es nicht sein, die war eben nach draußen geflohen, außerdem hielt ich den Napf mit ihrem Futter noch in der Hand. Und ihre Behausung im obersten Fach des Regals war leer, wie ich gleich darauf feststellte.

Doch dann fiel mein Blick in das Fach darunter. Erstaunlich viele Tüten und Schachteln waren da aufgestapelt und wie eine Mauer aneinandergefügt, das war doch früher nicht so gewesen? Warum war mir das bisher nie aufgefallen? Vorsichtig nahm ich die zwei mittleren Schachteln heraus. Dahinter klaffte ein Loch in der Rückwand des Schuppens, das mit einem alten Lederschurz notdürftig verhängt war. Seitlich lag ein Fellteppich zu einem Nest zusammengerollt, der stammte noch aus meinem früheren Kinderzimmer. Und auf der anderen Seite stand ein Teller mit Trockenfutter und daneben ein Schüsselchen mit Wasser.

Nicht zu fassen! Unser Geräteschuppen war zerlöchert wie ein Schweizer Käse, nur weil jeder von uns Sorge hatte, die anderen könnten gegen die Anwesenheit einer weiteren Katze protestieren. Ich mußte lachen. Und zugleich war ich ein bißchen gerührt, daß weder Vati noch Mutti den Gedanken hatten ertragen können, die streunende Katze streife hungrig und ohne Obdach durch die kalten Winternächte. Aber dann erinnerte ich mich an das Schälchen mit Seefischragout in meiner Hand. Seufzend stellte ich es an den gewohnten Platz. Pauline war längst nach draußen geflüchtet und wartete hinter dem Eingang darauf, daß ich den Schuppen verließ.

„Also gut", sagte ich. „Weil du dich so darauf gefreut hast, bekommst du's. Aber nur noch heute! Ab morgen wird der Speiseplan gekürzt. Du willst doch nicht fett und krank werden, oder? Und jetzt werde ich ein Wörtchen mit Vati und Mutti reden!"

Im Wohnzimmer diskutierten sie gerade, ob sie sich den alten Spielfilm mit Romy Schneider oder die Quizsendung ansehen sollten. Ich gab von der Tür aus meine Stimme für die Quizsendung ab.

„Und damit ihr gleich in Rate-Stimmung kommt, habe ich ein super Rätsel für euch!" verkündete ich grinsend. „Was ist der Unterschied zwischen unserem Schuppen und einem Tunnel?"

Vati und Mutti schauten ein bißchen kariert drein, ich glaube, sie ahnten, worauf ich hinauswollte. Oma Lene schüttelte nur verständnislos den Kopf, und Oma Mummi machte große Augen.

„Na? Keiner weiß es? Dann werde ich es euch sagen: Ein Tunnel hat zwei Ausgänge, und unser Schuppen drei. Wenn man die Tür dazurechnet, sogar vier."

„Vier?" fragte Vati fassungslos. „Haben wir Ratten?"

„Also, wenn das eine Ratte ist, dann ist es eine ganz außergewöhnliche. Sie hat das Fell einer Katze, den Kopf, den Schwanz, die Krallen einer Katze, und schnurren kann sie auch. Außerdem bewohnt sie eine hochherrschaftliche Burg mit drei Schlafzimmern und drei Speisesälen. Zwei Zimmer im Erdgeschoß, zwei im zweiten und zwei im dritten Stock, jedes Appartement mit einem eigenen Eingang."

Mutti bekam einen roten Kopf, Vati einen Hustenanfall. Oma Mummi schnappte nach Luft. Nur Oma Lene sah immer noch ratlos von einem zum anderen.

„Was mich interessieren würde", fuhr ich ungerührt fort, „ist die Frage, wer ihr nun welche Wohnung eingerichtet hat. Die oberste ist klar, das waren Oma Mummi und ich."

„Die mittlere ist meine", gestand Mutti. „Das arme Tier tat mir einfach zu leid bei diesem gräßlichen Wetter!"

„Man ist schließlich kein Unmensch", beteuerte Vati, „und das Brett da unten war sowieso morsch."

„Soso. Und daß unser Schützling bald so breit wie hoch ist, ist euch nicht aufgefallen?"

„Ich habe gestaunt, wie schnell sie zugenommen hat", bestätigte Mutti, „aber ich dachte, nach dem ersten Heißhunger legt sich das."

„Ich dachte, sie hat Würmer, am Wochenende wollte ich eine Wurmkur mit ihr machen", erklärte Vati. „Die arme Kleine, sie hat immer solchen Hunger."

„Ich hoffe, du hast ihr nur Dosenfutter gegeben!" sagte ich streng.

„Selbstverständlich. Ich weiß doch, daß das die einzig richtige Ernährung ist!" Vati legte übertrieben die Hand aufs Herz und erhob die Schwurfinger der anderen.

Da sprang Oma Lene auf. Einen Augenblick glaubten wir, daß nun ein Donnerwetter über uns niedergehen würde, und zogen die Köpfe ein.

„Eine neue Katze?" rief sie. „Mit drei Wohnungen? Das muß ich sehen!"

Schöner als im Kino

Es war ein Segen, daß die Sache nun geklärt war, denn lange hätten Oma Mummi und ich unser Geheimnis nicht mehr für uns behalten können. Pauline selbst hätte uns einen Strich durch die Rechnung gemacht: Sie wurde rollig und vergaß in ihrer Liebesglut jede Vorsichtsmaßnahme.

Eines Nachts ging es los. Vielleicht hätte ich das Ereignis sogar verschlafen, wenn meine drei Katzen nicht alle zugleich aufs höchste alarmiert vom Bett gesprungen wären und sich wie die Spatzen auf der Dachrinne vor dem großen Terrassenfenster nebeneinander postiert hätten. Da saßen sie nun, mit gereckten Hälsen und gespitzten Ohren und ließen hin und wieder ein drohendes Knurren hören. Ich war mit einem Schlag hellwach. Im Dunkeln angelte ich nach meinen Pantoffeln, wickelte mich in meine Decke und begab mich neben Piri ebenfalls auf Lauschposten.

Der Vollmond tauchte den Garten in ein gespenstisch bläuliches Licht. Auf dem Rasen lagen immer noch Reste von Schnee. Das begünstigte unsere Sicht, denn Pauline und ihre Verehrer hatte sich genau diese Fläche als Bühne für ihr Schauspiel erkoren.

Die zierliche Tigerkatze, die inzwischen dank unserer Pflege alles andere als mager war und ein wundervoll glattes, seidiges Fell bekommen hatte, saß hoch aufgerichtet und offensichtlich sehr selbstbewußt in der Mitte und putzte sich verträumt die Pfoten. Ich konnte es zwar nicht erkennen, aber ich ahnte, daß sie dabei ihre Anbeter nicht eine Sekunde aus den Augen ließ.

Es waren drei. So viele konnte ich zumindest erkennen. Vielleicht warteten weitere Verehrer im sicheren Versteck darauf, wie Pauline die Huldigungen der anderen aufnehmen würde. Im Mondlicht konnte man die Farbe der Kater nicht erkennen, aber ich glaubte, wenigstens zwei alte Bekannte unter den vierbeinigen Besuchern ausmachen zu können: Saschas Vater und den schönen roten Perserkater, der fünf Häuser weiter in einem Reihenhaus wohnte. Der dritte schien mir sehr jung zu sein, wenigstens war er schmal und zierlich und hielt sich deutlich zurück.

Die beiden anderen fixierten sich offen, und aus ihren Kehlen erhob sich ein so schaurig volltönender Gesang, daß sie es ohne weiteres mit einer Polizeisirene hätten aufnehmen können. Das Duett begann mit einem gedämpften tiefen Orgelton, der in Wellen auf und ab schwang und sich schließlich bis zu einem schrillen Kreischen steigerte, wobei die beiden Kater aufeinander zusprangen und sich blitzschnell umkreisten, jeder den Tatzenhieben des anderen ausweichend. Dann ließen sie voneinander ab, setzten sich, und die nächste Strophe des Liedes begann.

Pauline war kein besonders gutes Publikum. Sie lag, geheimnisvoll wie die Sphinx, immer noch an der gleichen Stelle und schenkte dem Schauspiel nur mäßige Aufmerksamkeit. Mir schien, sie gähnte sogar.

Der Kampf der Kater wurde heftiger. Vermutlich glaubten sie, durch eine Steigerung des Programms die Dame ihres Herzens doch noch für sich interessieren zu können. Doch nun geschah etwas Unglaubliches. Der schlanke junge Kater schlenderte wie beiläufig um die Kämpfenden herum, trat zu Pauline heran und stupste sie mit der Nase an, als wollte er sagen: Gehen wir, Liebste? Pauline erhob sich ohne Eile und ging Seite an Seite mit ihm davon, während die beiden ausgewachsenen Kater ineinander verkrallt über den Rasen rollten.

„Großartig!“ hörte ich Vati oben aus dem Schlafzimmerfenster rufen. „Die Letzten werden die Ersten sein. Sieg den Friedfertigen!“

Sie standen also da oben genau wie ich am Fenster, um Paulines Hochzeit zu verfolgen, und ich hätte wetten können, daß auch Oma Mummi und Oma Lene sich dieses Schauspiel nicht entgehen ließen. Für heute allerdings war die Vorstellung beendet. Die Kater ließen grollend voneinander ab und verschwanden jeder in eine andere Richtung. Von Pauline und ihrem Anbeter war nichts mehr zu sehen. Vielleicht hatte sie ihn in eines ihrer drei Appartements eingeladen. Enttäuscht ging ich wieder ins Bett zurück, während Piri, Sascha und Charly noch eine Weile Wache hielten.

Wenn wir geglaubt hatten, Pauline hätte damit ihre endgültige Wahl getroffen, so sahen wir uns getäuscht. Am nächsten Tag begann sie, die übrigen Herren – inzwischen hatte sich ein weiterer Kandidat eingefunden – einer genaueren Prüfung zu unterziehen. Der neue war schwarzweiß gefleckt und wirkte mit seinem weißen Brustlatz und den gleichmäßig weißen Pfoten, als trüge er einen Frack.

„Nimm bloß nicht den Kellner!“ sagte Vati, der neben mir am Fenster stand und fast vergaß, daß er längst ins Büro mußte. Ich hatte es da besser, ich hatte die ersten beiden Stunden frei.

„Wieso Kellner?“ widersprach Mutti. „Konzertsänger! Ganz was Vornehmes!“

Pauline hielt ihn wohl auch eher für einen Kellner, jedenfalls fühlte sie sich heute mehr von dem rassereinen Perserkater angezogen. Ihm machte sie jetzt schöne Augen, scharwenzelte um ihn herum und rollte sich aufreizend vor ihm auf dem Rücken hin und her. Der Rote traute seinem Glück offensichtlich noch nicht so recht, er gab sich desinteressiert und beschäftigte sich demonstrativ mit seiner Morgentoilette. Endlos lange putzte er sich den Bauch und die Hinterpartie und schließlich den buschigen Schwanz.

„Mein Gott, ist der eitel!“ bemerkte Oma Lene. „Wenn er noch lange so weitermacht, sucht sie sich einen anderen.“

„Das ist alles Strategie“, belehrte Vati sie. „Es macht ihn erst richtig interessant für sie.“

„Wie wär's mit Frühstücken?“ brummte Oma Mummi im Hintergrund. „Übrigens – hattest du nicht um halb neun einen wichtigen Termin?“

Vati erschrak.

„Du lieber Himmel, schon so spät! Die Herren warten sicher schon. Was sage ich denen bloß?“

„Du mußtest bei einem Verkehrsdelikt als Zeuge auftreten“, schlug Mutti vor und grinste hinterhältig. „Das ist jedenfalls nicht ganz gelogen.“

„Ich bitte dich!“ rügte Oma Lene Mutti. „Solche lockeren Reden sind wirklich nichts für Jannis Ohren!“

„Keine Sorge“, beruhigte ich meine um mein Seelenheil besorgte Großmutter lachend. „Um solche Sachen zu verstehen, bin ich grundsätzlich noch viel zu jung. Ich stehe hier auch nur, weil ich darauf warte, daß der

Klapperstorch kommt und Pauline ins Bein beißt."

Oma Lene versuchte ein wenig verlegen, vom Thema abzulenken.

„Wo ist eigentlich Piri die ganze Zeit?"

„Piri?" Ich lachte. „Die sitzt wie festgeleimt unten am Fenster und läßt sich keinen Augenblick dieses aufregenden Schauspiels entgehen!"

„Und sie ist nicht wütend oder traurig?" fragte Mutti nach.

„Im Gegenteil", beruhigte ich meine besorgte Familie. „Sie findet das schöner als Kino."

Pauline geht ihre eigenen Wege

Noch zwei Tage lang ließ sich Pauline von den Katern der Umgebung den Hof machen und erhörte mal den einen, mal den anderen. Dann erklärte sie die Hochzeitsfeierlichkeiten für beendet, indem sie sich auf ihre Burg zurückzog und erst einmal vierundzwanzig Stunden durchschlief. Wir atmeten auf, denn die nächtelangen Liebesgesänge hatten uns ganz schön strapaziert, nicht zuletzt wegen der ständigen Furcht, die Nachbarn könnten sich beschweren. Jetzt kehrte Ruhe ein. Pauline ließ sich kaum noch blicken, und Piri, Sascha und Charly nahmen ihr gewohntes Leben wieder auf.

Für Sascha und Charly bedeutete dies, daß wir nun wieder ihren Streichen volle Aufmerksamkeit schenkten, während wir in den vergangenen Tagen über manches hinweggesehen hatten. Da das Wetter immer noch winterlich naßkalt war, mieden es die beiden Schlingel, sich wie sonst in Hecken und Bäumen auszutoben oder Streifzüge durch die Nachbargärten zu veranstalten. Jetzt war das Haus ihr Jagdrevier, und es war unglaublich, was ihnen täglich an neuen Streichen einfiel, gerade so, als müßten sie sich ständig gegenseitig übertreffen.

Allmählich wurde es wärmer, die Erde trocknete, und meine Katzen genossen nun wieder das Leben im Garten. Aber etwas machte uns Sorge. Pauline ließ sich kaum noch blicken.

Am Anfang fiel es uns nicht besonders auf, sie schlief viel und fraß mit gutem Appetit. Wir hatten ihre Wohnungen nun wieder auf eine – die oberste – reduziert und die anderen Eingänge in den Schuppen geschlossen. Dafür mußte das Versteck nun nicht mehr vor Blicken geschützt werden, es hatte lediglich eine Einfassung bekommen, ein handbreites Brett, das Vati an die vordere Seite des Regals genagelt hatte. Außerdem hatte er vorsorglich für die Zeit, in der Paulines Nachwuchs dort oben herumturnen würde, einen Holzrahmen in der Größe des Regalfachs mit Maschendraht bespannt und rundherum Haken angebracht, an denen man die Schutzvorrichtung einhängen konnte, damit keiner von den kleinen Kerlen einem Sturz in die Tiefe zum Opfer fiel.

Pauline schien diese Vorkehrungen akzeptiert zu haben. Jedenfalls ließ sie keinerlei Anzeichen sehen, die darauf hätten schließen lassen, daß sie sich im Schuppen nicht mehr wohl fühlte. Sie schlief in ihrer behaglichen Ecke und fraß mit Heißhunger, was wir ihr hinstellten – und doch wurden die Abstände zwischen ihren Besuchen immer größer.

Wie immer war es Oma Mummi, die uns beruhigte.

„Was wollt ihr, es ist Frühling! Ihr hockt ja auch nicht mehr den ganzen Tag im Haus, sondern bummelt draußen herum. Noch hat sie ja keine Kinder zu versorgen. Wenn es erst soweit ist, wird sie sich in ihrer Behausung schon wieder auf Dauer einnisten. Vergeßt nicht, sie ist so etwas wie ein Landstreicher!"

Damit gaben wir uns zufrieden. Oma Mummi besaß die größte Erfahrung, vermutlich hatte sie recht.

Inzwischen war Paulines Bauch beträchtlich gewachsen. Wie ein vollbeladener Frachtkahn schaukelte sie über den Rasen, wenn sie sich – was selten geschah – einmal blicken ließ. Unsere Unruhe erwachte von neuem. In diesen Tagen mußte es soweit sein, warum mied sie ihr Nest und kam nur noch zum Fressen in ihre Wohnung?

Und dann blieb sie ganz fort. Ein Tag, zwei Tage, drei Tage vergingen, das Futter stand unberührt in der Katzenwohnung. Pauline blieb verschwunden. Natürlich erneuerte ich das Futter täglich – doch ich war verzweifelt. Wo konnte sie sein?

Ein ungewöhnliches Pfingstgeschenk

Wochen vergingen. Von Pauline war nirgends eine Spur zu entdecken. Zwar waren die Futternäpfe meistens geleert, doch es gab genug Katzen im Viertel, die als Abnehmer in Frage kamen – angefangen bei unseren beiden Katern, die über einen unstillbaren Appetit verfügten.

Wir sprachen nicht darüber, aber wir waren alle bedrückt und traurig. Auch wenn Pauline sich nicht hatte anfassen lassen und bis zuletzt ihre Scheu vor uns nicht aufgegeben hatte – waren da nicht doch Spuren von Anhänglichkeit und Zuneigung gewesen? Ein zufriedenes Schnurren, wenn man das gefüllte Schüsselchen abgestellt hatte, ein Nachlassen der panischen Furcht, wenn man den Schuppen betrat? Wir hatten Pauline ins Herz geschlossen, und wer weiß, vielleicht hatte sie auf ihre Weise auch uns gern gehabt.

Helga und Bernd teilten meinen Kummer und halfen mir unermüdlich bei der vollkommen vergeblichen Suche.

„Vielleicht ist ihr doch etwas zugestoßen", meinte Helga verzagt, als wir wieder einmal von solch einer Suchaktion zurückgekehrt waren.

„Vielleicht", antwortete ich leise. Ich fühlte mich leer und traurig. „Natürlich kann man das nicht ausschließen, obwohl... nein, ich will es einfach nicht glauben! Eine hochträchtige Katze! Wer sollte der was tun? Es wäre so gemein!"

„Es könnte ja auch bei der Geburt der Kleinen etwas schiefgegangen sein..."

Bei dem Gedanken wurde mir ganz schlecht. Pauline elend eingegangen, und die Kätzchen hilflos neben dem toten Körper der Mutter... Mir schossen die Tränen in die Augen, als ich das Bild vor mir sah.

Aber da protestierte Bernd energisch.

„Unsinn! Das glaube ich nie im Leben. Schließlich ist sie keine überzüchtete Rassekatze, sondern ein richtiger Wildling. Die haben eine unglaubliche Überlebenskraft, und das Werfen erledigen sie so nebenbei!"

„Und wo ist sie dann jetzt, deiner Meinung nach?“

Darauf wußte Bernd natürlich keine Antwort, und wir trennten uns ziemlich kleinlaut, um an unsere Hausaufgaben zu gehen.

Abends konnte ich lange nicht einschlafen. Immer wieder sah ich das Bild vor mir: Pauline tot zwischen ihren verhungernden Katzenkindern! Piri lag dicht an mich geschmiegt in meiner Armbeuge, ihr Fell wurde naß von meinen Tränen, und plötzlich spürte ich ihre rauhe Zunge auf meinem Gesicht, als wolle sie mich streicheln und trösten.

„Wo ist sie nur, Piri“, flüsterte ich verzweifelt. „Wo ist unsere Pauline nur geblieben?“

Unter Piris beruhigendem Schnurren schlief ich schließlich doch ein.

Mitten in der Nacht weckte mich ein schnurpsendes, knacksendes Geräusch, das mir wohlvertraut war. Das Trockenfutter neben dem Katzeneingang. War Charly schon wieder draußen herumgestreunt? Beim Einschlafen hatten er und Sascha doch noch neben meinen Füßen gelegen? Der Druck auf meiner Decke verriet, daß dort immer noch wenigstens ein Kater mit seinem ganzen Gewicht auf meinen Zehenspitzen lag. Ich richtete mich ein wenig auf und tastete im Dunkeln zum Fußende hinunter. Nein, da lagen sie alle beide eng aneinandergeschmiegt. Und Piri saß starr aufgerichtet auf ihrem Platz hinter meinem Kopfkissen, wie ich mich vergewisserte.

Das Geräusch hatte sich verändert, war leiser, zögernder geworden, von Pausen unterbrochen. Mein Herz klopfte heftig, als ich jetzt meine Hand zentimeterweise zur Lampe hinüberschob und nach dem Schalter suchte. Da – ich drückte behutsam den Knopf. Aus der Ecke neben dem Katzeneingang starrten mich wie elektrisiert zwei Augen an, in denen sich das Licht der Nachttischlampe so stark spiegelte, daß ich zunächst nichts anderes erkennen konnte. Aber dann sah ich sie – den schmalen Körper, das getigerte Fell, den buschigen Schwanz. Und unter dem Bauch fast bis zum Boden hängend die von Milch schweren Zitzen.

Am liebsten hätte ich laut aufgejubelt, doch ich zwang mich zur Ruhe. Ich verharrte regungslos, bis Pauline begriffen hatte, daß ich sie nicht stören würde, und sich wieder dem Futter zuwandte. Sie fraß ruhig, bis sie gesättigt war, trank den halben Wassernapf leer und verschwand, als dürfe sie nun keine Sekunde länger zögern, ohne von den anderen angegriffen zu werden, blitzartig in den Garten. Piri sah ihr mit einem Blick nach, als fragte sie sich, ob das da eben ein Traum oder Wirklichkeit gewesen war.

Die Nachricht von Paulines nächtlichem Besuch wurde am Frühstückstisch wie eine Sensation aufgenommen. Freude und Erleichterung strahlte aus den Gesichtern, und Oma Mummi erklärte sofort, eine solche Nachricht müsse gefeiert werden. Sie würde eine Erdbeertorte zum Kaffee backen. Doch dann wurden wir nachdenklich. Mutti sprach es als erste aus.

„Wo sie ihre Kinder nur versteckt hat? Wie sollen wir das herausfinden?"

Oma Mummi, die vor Begeisterung aufgesprungen war, ließ sich ächzend zurück auf ihren Stuhl fallen.

„Eine gute Frage. Wenn es uns nicht gelingt, die Katzenkinderstube unter unsere Kontrolle zu bringen, werden Paulines Kinder ebensolche unzähmbare kleine Wilde, wie sie selbst eine ist."

„Das muß doch irgendwie zu schaffen sein“, meinte Vati zuversichtlich. „Wer sie von euch zuerst sieht, muß ihr unauffällig folgen.“

„Wie stellst du dir das vor, mit dem Hubschrauber? Über Zäune, Garagen und Schuppendächer?“ wandte Mutti zweifelnd ein.

Ich dachte seufzend an unsere vergeblichen Versuche, Pauline vor der Geburt ihrer Kinder ausfindig zu machen. Das würde ein schönes Stück Arbeit werden. Wir mußten die gesamte Bevölkerung des Viertels mobilisieren, und da gab es, wie ich wußte, etliche, die kein Verständnis für unser Problem aufbringen würden. Doch Vatis Zuversicht war ungebrochen.

„Irgendwann wird sie ihren Nachwuchs doch mal ins Freie führen. Wenn eine einzelne Katze niemandem auffällt, eine Gruppe spielender Katzenkinder tut es sicher.“

„Wenn sie erst so groß sind, daß sie im Freien spielen dürfen, ist es zu spät. Dann hast du lediglich einen Haufen kratzender und beißender kleiner Raubtiere“, antwortete Oma Mummi düster.

„Schöne Aussichten!“ stöhnte Oma Lene und sprach damit aus, was wir alle dachten.

Trotzdem konnten wir die Angelegenheit natürlich nicht auf sich beruhen lassen, und so begannen wir noch am selben Tag mit der systematischen Suche. Helga und Bernd machten begeistert mit, und ich bewunderte ihre Geduld, wenn wir wieder und wieder an Haustüren unfreundlich abgewiesen wurden oder unsere Suche in Kellern, Schuppen und Bergen von Sperrmüll vergeblich blieb. Ich war oft nahe daran, zu verzweifeln, zumal Pauline ihre Spuren mit voller Absicht vor uns zu verwischen schien. Denn zum Fressen kam sie nur nachts, und wenn einer von uns – wir wechselten uns darin mit Vati und Mutti ab – versuchte, ihren Weg zu verfolgen, blieb sie stundenlang gemächlich auf dem Garagendach sitzen und putzte sich oder suchte sich einen Baum als Ruheplatz, auf dem sie so lange verharrte, bis der Verfolger müde geworden war und aufgab.

Ich war verzweifelt. Helga tröstete mich damit, daß ja am Wochenende die Pfingstferien begannen und wir dann mehr Zeit für unsere Suche hatten. Aber das stimmte mich auch nicht heiterer. Ich hatte von der ganzen Nachforscherei gründlich die Nase voll.

„Wißt ihr was?“ verkündete ich eines Morgens am Frühstückstisch. „Ich glaube, sie hat gar keine Jungen. Vielleicht sind sie alle bei der Geburt gestorben? Könnte doch sein, daß ihre Zitzen deshalb so prall gefüllt waren?“

„Daran habe ich auch schon gedacht“, bemerkte Oma Mummi. „Vielleicht ist sie einfach in ihr früheres Heim zurückgekehrt und läßt sich deshalb kaum noch sehen.“

„Ein Heim, in dem sie nicht gefüttert wird“, stellte Oma Lene fest. „Sonst würde sie kaum derartige Mengen bei uns fressen.“

„Schon möglich.“

Nach dieser Erkenntnis beschlossen wir, die Suche aufzugeben. Helga, Bernd und ich genossen unsere Ferien und widmeten uns nun wieder ganz unseren Katzen. Piri war selten zum Spielen aufgelegt, sie thronte wie eine Königin auf meinem Bett, der Terrassenmauer oder dem Garagendach, verfolgte von dort, was in Haus und Garten geschah oder schlief stundenlang. Das enttäuschte mich manchmal ein bißchen, aber ich wußte, daß ausgewachsene Katzen bis zu zwanzig Stunden am Tag im Land ihrer geheimnisvollen Träume verbringen und amüsierte mich, wenn Piri im Schlaf offensichtlich aufregende Abenteuer bestand, denn dann zitterten Näschen und Schnurrbarthaare, die Beine zuckten wie in heftigem Lauf, und aus ihrer Kehle kamen die seltsamsten Laute, ärgerliches Knurren oder aufgeregtes Fiepen.

Sascha und Charly waren schon eher zum Spielen zu bewegen, vor allem, wenn wir Bälle über den Rasen hüpfen oder Papierfalter durch die Luft segeln ließen. Man konnte auch herrlich mit ihnen raufen und sich im Gras rollen, ohne daß sie jemals grob wurden und ihre Krallen gebrauchten. Die Sonne strahlte, Büsche und Bäume verströmten einen süßen Duft, Pfingstrosen, Iris und Margeriten blühten, und ein Tag war so schön wie der andere. Pauline hatten wir fast vergessen.

Es war früh am Pfingstsonntagmorgen. Ich hatte die Jalousie vor meiner Terrassentür nicht ganz hinuntergelassen, damit die Katzen in den Garten schlüpfen konnten. Durch die Öffnungen drang die würzige Morgenluft bis zu mir, Vogelgezwitscher lockte mich aufzustehen und in den Garten hinauszulaufen. Ich blinzelte, sah blauen Himmel und das vielfältige Grün der Bäume und Büsche draußen und auf meinem Teppich Sonnenkringel, die spielerisch hin und her huschten.

Aber da waren nicht nur die Sonnenkringel, die ich jeden Morgen beim Aufwachen beobachtete. Da huschte noch etwas anderes. Eins – zwei – drei – vier kleine graue Gestalten hüpften durchs Zimmer, jagten sich gegenseitig, haschten nach ihren Schwänzen, kugelten sich und rollten begeistert über den Teppich. Vier kleine geti-

Vier kleine Gestalten huschten durchs Zimmer

gerte Katzenkinder! Und neben der Tür saß hochaufgerichtet Pauline und sah mich durchdringend an.

„He! Ich glaub, ich spinne! Pauline – du willst mir deine Kinder vorstellen? Du Süße, ich kann's gar nicht fassen! Was bist du bloß für eine tolle Katze!“ Ich war so hingerissen, daß mir echt die Tränen kamen.

Pauline sah mich immer noch unverwandt an. Dann schritt sie der Reihe nach ihre Sprößlinge ab, fuhr ihnen energisch mit der Zunge über den Kopf, als wolle sie sagen: Benimm dich ja anständig!, warf mir einen letzten eindringlichen Blick zu und verschwand.

Piri flippt aus

Ich konnte nicht ahnen, was das zu bedeuten hatte. Zunächst einmal dachte ich fieberhaft darüber nach, wie ich die Kleinen daran hindern konnte, vor mir davonzulaufen. Vor allem mußte ich den Katzendurchschlupf versperren, um sie in meinem Zimmer zu halten, bis sie sich an uns gewöhnt hatten und handzahm geworden waren. Wenn sie geimpft und entwurmt waren und ihre Furcht vor den Menschenwesen verloren hatten, konnte ich sie wieder ins Freie lassen. In ein paar Wochen würden wir dann gute Plätze für sie suchen können.

Den Katzenkindern schien es in meinem Zimmer ausgezeichnet zu gefallen. Da ihre Mutter sie hierhergebracht hatte, bewegten sie sich ohne jeden Argwohn durch den Raum und eroberten sich alle Winkel. Jetzt wagte sich das erste bis zu meinem Bett vor und hob schnuppernd das Näschen in meine Richtung. Langsam schob ich ihm meine ausgestreckte Hand entgegen. Der kleine Kerl machte einen entsetzten Satz rückwärts, wobei er ein kurzes spuckendes Fauchen von sich gab, doch da wurde er schon von einem seiner Geschwister überholt, das offensichtlich weniger ängstlich war und in aller Ruhe an meinen Fingern schnupperte. Ich fuhr ihm zart über das Köpfchen und kraulte es mit den Fingerspitzen im Nacken. Noch war es ein wenig verspannt, stemmte sich steif mit allen vieren in den Teppichboden und starrte mich fragend an. Doch dann wurde der kleine Körper weich unter meiner Hand, schmiegte sich der Bewegung entgegen, mit der sein stumpfes Fell geglättet wurde. Ich schob die Finger vorsichtig unter das Kätzchen und hob es hoch. Kaum hatte ich das Katzenbaby in der warmen Mulde zwischen Bauch und Knien abgesetzt, begann es begeistert zu schnurren. Ohne sich zu wehren, ließ es sich auf den Rücken drehen und das aufgetriebene Bäuchlein kraulen. Ein Katzenmädchen! stellte ich fest. Blaugrau und schwarz getigert, ohne ein einziges weißes Abzeichen, mit kleinen Fellbüscheln auf den schwarzen Öhrchen und einem buschigen Schwanz.

„Kleines Mädchen, wie mager du bist!“ flüsterte ich. „Jetzt begreife ich, warum Pauline euch hergebracht hat. Sie bekommt euch nicht mehr satt, ihre Milch reicht nicht aus für vier so muntere Kinder!“

Meine Stimme erschreckte die kleine Dame ein bißchen, sie fuhr erschrocken zusammen und fauchte. Doch da ich nicht aufhörte, sie zärtlich zu streicheln, beruhigte sie sich wieder.

Ein eifriges Kratzen lenkte meine Aufmerksamkeit zur Katzentoilette. Da hockten doch tatsächlich zwei der

Kätzchen mit ernstem, nach innen gerichtetem Blick und verrichteten ihr Geschäftchen, als hätten sie das nie in ihrem Leben anders getan! Katzen sind schon wundervolle Geschöpfe.

In diesem Augenblick näherten sich von der Treppe her Schritte. Oma Mummi mußte das sein, niemand sonst stand an einem Sonntagmorgen so früh auf. Sie trat leise an meine Tür und lauschte, ob ich schon wach war.

„Oma Mummi, bleib, wo du bist", rief ich leise. „Und tu bitte genau, was ich sage. Geh von außen an meine Terrassentür und versperr den Katzenausgang, schnell! Dann kannst du zu mir reinkommen."

Oma Mummi ist wirklich Spitzenklasse. Jede andere hätte vermutlich erst mal gefragt, was der Unsinn solle. Nicht so Oma Mummi. Fast unhörbar entfernte sie sich und tauchte gleich darauf ebenso leise außen auf der Terrasse auf. Sie bückte sich blitzschnell und stopfte eine alte Decke in den Spalt unterhalb der Jalousie, die sie zuvor zu einer länglichen Rolle geformt hatte. Dann zog sie sich behutsam zurück und klopfte wenig später an meine Tür.

„Komm vorsichtig rein!"

Ich hätte meine Stimme kaum zu senken brauchen, denn meine kleinen Gäste hatten sich meine Jeans vom Schreibtischstuhl gezogen und fochten einen wilden Kampf aus, der sie für alles andere blind und taub sein ließ. Oma Mummi betrat auf Zehenspitzen das Zimmer.

„Ist Paul…", das Wort blieb ihr buchstäblich im Halse stecken. „Das ist doch nicht möglich!" wisperte sie.

„Sie hat ihre Kinder bei mir abgestellt", berichtete ich vergnügt. „Stell dir vor, sie hat gespürt, daß die Kleinen nicht mehr satt werden und hat sie dorthin gebracht, wo sie sie gut versorgt weiß! Vermutlich ist sie jetzt erst mal auf Mäusejagd gegangen."

„Sie müssen sofort was zu fressen bekommen", entschied Oma Mummi, die auch in der größten Verwirrung sofort praktisch denkt.

„Darum wollte ich dich gerade bitten. Ich möchte sie nicht aus den Augen lassen. Wenn du mir nur ein bißchen Futter runterbringst, alles andere mache ich schon. Zarte Geflügelhäppchen wären gut."

Oma Mummi war schon auf dem Weg. Ich hörte, daß sie nicht direkt in die Küche ging, sondern erst einmal an der Schlafzimmertür meiner Eltern klopfte, um ihnen die große Neuigkeit mitzuteilen. Den Überraschungsschrei, den die beiden ausstießen, konnte ich bis hier unten hören, und nicht lange, da klappte die Tür, und ich hörte ihre Schritte auf der Treppe.

„Bitte nicht alle auf einmal!" rief ich warnend. „Ihr erschreckt sie sonst nur!"

Flüsternd einigten sie sich darüber, wer mein Zimmer zuerst betreten durfte. Oma Mummi drückte Mutti das Futter und einen großen flachen Teller in die Hand, und sie betrat das Zimmer.

„Oh, Janni, sind die zauberhaft! So winzig klein und dabei so lebendig!"

Die Kätzchen waren gerade damit beschäftigt, mein T-Shirt zu einem Puzzle zu verarbeiten.

„Hinreißend! Und alle sehen wie Pauline aus!"

Nun hielt es Vati nicht mehr hinter der Tür. Er schlich herein, und bald folgte ihm auf Zehenspitzen auch Oma Lene. Wie die Wachsoldaten standen sie an der Tür und wagten kaum zu atmen.

Die waren nun doch mißtrauisch geworden und saßen eng aneinandergedrückt mit weit aufgerissenen Augen auf dem zerfetzten T-Shirt. Ich hatte den Inhalt der Katzenfutterdose auf dem Teller verteilt, ließ mich auf die Knie hinunter und stellte ihn dicht neben die verängstigte Gesellschaft.

Kaum hatte ich meine Hand zurückgezogen, stürzte das erste Kätzchen sich knurrend auf den Teller und bedeckte den Inhalt so weit wie möglich mit seinem Körper, um zu sagen: Das alles gehört mir! Die anderen rückten je nach Temperament und Mut nach und machten sich mit Heißhunger über die Mahlzeit her. Nicht einmal unser Lachen störte sie bei ihrer Beschäftigung, und Oma Mummi, die gerade hereingeschlichen war, verkündete, sie hole am besten gleich Nachschub.

Eigentlich hatten wir an diesem Pfingstsonntag ja alle zusammen in die Kirche gehen wollen. Davon war jetzt keine Rede mehr. „Lobe den Herren" könnten wir auch hier singen, meinte Vati, und mit wesentlich mehr Überzeugung angesichts dieses Wunders.

Als die Kleinen gesättigt waren und – schon schlaftrunken von der Anstrengung ihrer ersten richtigen Mahlzeit – vom Teller abließen, um sich einen Ruheplatz zu suchen, untersuchten wir eines nach dem anderen genauer. Zwei Kater und zwei Kätzinnen waren es, in den Farben kaum voneinander zu unterscheiden, jedenfalls nicht auf den ersten Blick. Sah man genauer hin, hatte eines einen weißen Stern auf der Brust, ein anderes braune Flecken zwischen dem Grau, das dritte ein helleres Schnäuzchen, und meine kleine Freundin war an den kohlschwarzen Ohren zu erkennen.

„Wie wollen wir sie nennen?" fragte Mutti.

„Darüber denken wir beim Frühstück nach. Jetzt müssen sie erst mal schlafen“, ordnete ich an, und als ob sie zugehört hätten, krochen die vier Katzenkinder zu einem Haufen übereinander und schlossen müde die Augen.

Wir schauten ihnen noch eine Weile zu, entzückten uns an den winzigen Ohren und Näschen, den runden, kleinen Pfoten und der feinen Tigerzeichnung, bewunderten die zarte Haut, den leichten Flaum, der die zierlichen Hälse und die prallen Bäuche bedeckte, lachten über die im Traum zuckenden Schnauzen und Schwänzchen und konnten uns kaum von ihnen trennen. Schließlich ließen wir unsere Babys schweren Herzens allein und gingen nach oben.

Beim Frühstück gab es heftige Diskussionen über die passendsten Namen für unsere neuen Schützlinge. Wie immer hatte jeder von uns seine eigenen Vorstellungen. Mutti dachte an Kosenamen wie *Schneckchen, Flämmchen, Minchen* und ähnliches, während ich unter den Vornamen meiner liebsten Popstars nach den geeigneten suchte. Vati hatte so ausgefallene Ideen wie *Campari, Whisky* und *Brandy*, und als uns das nicht gefiel, zählte er eine Reihe großer Staatsmänner und berühmter Frauen auf.

„Viel zu kompliziert!“ Oma Mummi rümpfte die Nase. „Ich finde es viel niedlicher, wenn sie Wolli, Trolli, Schnurri und Burri heißen.“

Woraufhin wir anderen wiederum in ein Protestgeheul ausbrachen. Nein, so ein Kleinkindergeplapper sei doch lächerlich, widersprach Oma Lene und machte ihr Studienrätinnengesicht.

„Dabei gibt es in der Antike so wunderschöne, klangvolle Namen! Antigone, Odysseus, Kassandra und Orest zum Beispiel. Oder Namen aus der Götterwelt…"

„Du hast Helena vergessen, die schönste der Frauen!" warf Vati ein.

„Helena… Helene, die fromme Helene! Kinder, ich habe eine Idee", meldete sich Mutti zu Wort. „Warum nehmen wir nicht den guten alten Wilhelm Busch zu Hilfe? Max und Moritz, Julchen und Lenchen."

Da wir alle von der Namensucherei schon ziemlich angestrengt waren, wurde der Vorschlag einstimmig angenommen, und Oma Lene erklärte sofort, sie müsse ja dann die Patenschaft für das Lenchen übernehmen.

„Einverstanden. Und Julchen ist mein Patenkind, sie ist als erste auf mein Bett gekommen", sagte ich schnell. „Oma Mummi ist sowieso Patin von Pauline, Vati kriegt Max und Mutti Moritz. Und jeder darf sich ab sofort um den möglichst besten Platz für seinen Schützling bemühen, auch wenn sie jetzt noch zu klein sind."

„Richtig", stimmte mir Mutti zu und sah mich dankbar an. Sie hatte vermutlich befürchtet, ich wolle eines von den Kleinen behalten.

„Und wie stellt sich Piri dazu?" erkundigte sich Vati.

Ich wurde blaß. Über all der Aufregung hatte ich Piri völlig vergessen! Das war mir noch nie passiert, und ich schämte mich sehr. Daß sie längst vor mir aufgestanden und in den Garten gegangen war, das war nichts Ungewöhnliches. Sie verbrachte in diesen Frühsommerwochen die meiste Zeit im Freien und fraß erst abends, wenn es kühler wurde. Trotzdem war es unverzeihlich, daß ich mich noch nicht um sie gekümmert hatte.

„Entschuldigt mich bitte, ich muß sofort nach ihr sehen", stammelte ich. „Außerdem will Pauline vielleicht zu ihren Kindern. Wie machen wir es nur, daß sie hinein, die Kleinen aber nicht hinaus können?"

„Das haben wir gleich." Auch Vati sprang auf. In diesem besonderen Fall verzichtete Oma Lene auf ihr übliches Stirnrunzeln, wenn jemand während einer Mahlzeit den Tisch verließ.

„Ich werde den Katzendurchschlupf in die Höhe verlegen", erklärte Vati uns, „den Großen macht das nichts aus, und bis die Kleinen so hoch klettern können, dauert es ein paar Wochen. Ich wußte doch, daß ich die Wände des alten Kleiderschranks noch mal brauchen würde", fügte er mit einem triumphierenden Blick auf Mutti hinzu.

Zwei Stunden später war die Arbeit getan. In die Öffnung meiner Terrassentür war eine halbhohe Wand eingezogen, die Charly und Sascha sofort als neues Turngerät betrachteten. Für die in einer Ecke meines Zimmers in einem weich ausgelegten Korb zusammengekauerten Katzenbabys hatten sie nur einen verächtlichen Blick.

Hoffentlich reagiert Piri genauso, dachte ich besorgt. Noch hatte sie das Zimmer nicht wieder betreten, und tief im Innern ahnte ich, daß das Zusammentreffen mit der neuen Katzenfamilie nicht so glimpflich abgehen würde. Andererseits gab es so viele Orte, vor allem, wenn ich an Italien dachte, an denen Dutzende von Katzen friedlich nebeneinanderlebten. Warum sollte das nicht auch bei uns möglich sein?

Ich hatte nicht mit Piris Eifersucht gerechnet.

Den größten Teil des Tages hatte meine Prinzessin in einer weichen Mulde aus Moos unter dem Ahorn im hinteren Teil des Gartens verbracht. Gegen Abend schritt sie majestätisch über den Rasen, stutzte kurz vor dem unbekannten Hindernis, nahm es aber gelassen hin und sprang in mein Zimmer. Sie bemerkte die Kleinen nicht sofort, denn die schliefen bereits wieder tief und selig, nachdem sie ausgiebig getobt hatten. Ich lag auf dem Bett und las, und Piri kam wie gewohnt zu mir herüber und erkundigte sich maunzend nach ihrem Abendessen.

„Sofort, mein Schatz, ist alles schon bereit."

Ich sprang vom Bett, holte das Futterschälchen aus dem Badezimmer und servierte ihr ihre Mahlzeit an dem gewohnten Platz. Gleich darauf stürmten Sascha und Charly herein und bekamen ebenfalls ihre mit Krabbenragout gefüllten Schüsselchen kredenzt. Eine Weile erfüllte das Geräusch gierigen Schmatzens den Raum. Ich holte frisches Wasser aus dem Bad, stellte es neben Piri ab und sah meinen drei Großen beim Fressen zu.

Aus dem Babykorb reckten sich auf langgezogenen Hälsen vier Katzenköpfchen mit großen runden Augen. Eine Weile beobachteten sie das Geschehen aus sicherer Entfernung, dann wagte sich der erste heran. Piri entdeckte ihn erst, als er ihren Teller erreicht hatte und neugierig schnuppernd den Inhalt prüfen wollte. Piri erstarrte, dann holte sie mit einem empörten Schrei aus und versetzte ihm einen heftigen Tatzenhieb. Ich nahm das entsetzt klagende Katzenkind auf den Arm und trug es zum Korb zurück. Piri beachtete die kleine Gesellschaft nicht weiter, und ich tröstete mich mit dem Gedanken, daß sie nur ihr Futter hatte verteidigen wollen. Aber da täuschte ich mich.

Als Piri ihre Mahlzeit beendet hatte und sich zu putzen begann, versuchte ich, ihr die Situation zu erklären.

„Schau, Piri, die armen kleinen Babys! Pauline ist den ganzen Tag nicht gekommen, um nach ihnen zu sehen! Jetzt müssen wir für sie sorgen. Wir müssen ganz lieb zu ihnen sein."

Es schien mir, als hätte Piri aufmerksam zugehört. Sie unterbrach ihre abendliche Reinigungszeremonie und sah mit gespitzten Ohren zum Katzenkorb hinüber.

„Schau her, mein Schatz, sie fürchten sich vor dir! Sag ihnen, daß sie keine Angst zu haben brauchen!"

Bei diesen Worten nahm ich Piri sanft auf den Arm, streichelte und lobte sie und trug sie zu den kleinen Kätzchen hinüber, damit sie sich miteinander bekannt machen konnten. Vorsichtig hob ich sie den Kleinen, die sich ängstlich duckten, entgegen.

Was jetzt geschah, ging so schnell, daß ich es kaum begriff. Meine hübsche, anschmiegsame Schmusekatze verwandelte sich in einen feuerspeienden Drachen. Sie fauchte, spuckte, biß und kratzte und wand sich in rasender Geschwindigkeit wie eine Schlange auf meinem Arm, so daß mir gar nichts anderes übrigblieb, als sie loszulassen. Ehe ich mich aufrappeln konnte, war sie in den Garten geflüchtet. Ich lief hinter ihr her und rief sie zurück, doch sie sah sich nicht einmal um und war Sekunden später im Nachbargarten verschwunden.

Wie vom Donner gerührt, stand ich in der Tür, starrte abwechselnd in die Richtung, in die sie geflohen war, und auf meine blutenden, mit Biß- und Kratzwunden übersäten Hände. Tränen stürzten mir aus den Augen, nicht so sehr wegen der brennenden Schmerzen, sondern aus Kummer darüber, daß sie mir so etwas hatte antun können. Schluchzend lief ich zu Oma Mummi und erzählte ihr, was vorgefallen war.

Zu meiner Verblüffung war sie gar nicht überrascht.

„Du begreifst nicht, wie sie dir das hat antun können, und sie begreift nicht, warum du ihr das antust: sie aus ihrer Herrschaft zu vertreiben und vier kleine Kätzchen an ihre Stelle zu setzen.“

„Aber das tue ich doch gar nicht!“ protestierte ich.

„Sie versteht es so. Das mußt du akzeptieren. Für sie sieht es aus, als hättest du sie entthront und von ihrem Platz verjagt. Wir müssen sehr liebevoll mit ihr umgehen, damit sie den Schock überwindet.“

„Und wenn sie nun gar nicht zurückkommt?“ Von neuem begannen meine Tränen zu fließen. „Oh, ich wünschte, Pauline wäre uns nie begegnet! Sie ist eine Rabenmutter, sie hat sich den ganzen Tag noch nicht um ihre Kinder gekümmert! Sie ist es gar nicht wert, daß man sich so um sie sorgt!“ Meine Trauer verwandelte sich in maßlose Wut.

„Sag so etwas nicht“, mahnte Oma Mummi ernst. „Schieb nicht die Schuld auf sie. Sie wird keine Milch mehr haben, und das Saugen der Kleinen wird ihr große Schmerzen bereitet haben. Vielleicht ist sie auch krank und hat uns deshalb um Hilfe gebeten. Wenn einer Schuld hat, dann wir. Wir hätten die Kleinen nicht in deinem Zimmer lassen dürfen – in Piris Reich.“

Paulines Geheimnis

Piri kam wieder, noch am selben Abend. Allerdings nicht zu mir. Sie schritt über die obere Terrasse ins Wohnzimmer und machte es sich in Vatis Fernsehsessel gemütlich. Nachdem sie sich ausgiebig geputzt hatte, setzte sie sich bequem zurecht und verfolgte das Fußballspiel auf der Mattscheibe, während Vati, die beiden Kater auf dem Bauch, das Spiel vom Fußboden aus ansah. Später schlenderte sie in die Küche, ließ sich von Oma Mummi einen Leckerbissen zustecken und begleitete sie dann in ihr Zimmer hinauf, wo sie die Nacht verbrachte. Charly schlief in Vatis Bett, und Sascha entschied sich für die Wohnzimmercouch.

In der folgenden Zeit betrat Piri mein Zimmer nicht mehr. Ihre Mahlzeiten ließ sie sich in der Küche servieren. Tagsüber hielt sie sich im Garten auf, nachts zog sie sich in Oma Mummis Zimmer zurück. Mich behandelte sie mit der unverbindlichen Höflichkeit, mit der man einem fremden Gast begegnet. Ich war todunglücklich.

Viel Zeit, meinen traurigen Gedanken nachzuhängen, blieb mir allerdings nicht, denn meine Babys beanspruchten mich ständig. Pauline hatte sich nicht ein einziges Mal mehr bei ihren Kindern blicken lassen, wenn sie auch täglich zum Fressen kam. So war ich nun Pflegerin, Mutter, Erzieherin und Spielkameradin in einem.

Gleich am nächsten Tag wurde Wurmkur gemacht. Eine Woche später fuhren Vati und ich mit den Kätzchen zum Tierarzt und ließen sie impfen. Sie bekamen Vitamine und Kalktabletten und schlangen alles gierig hinunter, was man ihnen servierte. Ihre Kondition nahm in unglaublicher Geschwindigkeit zu, und Vatis Brett in meiner Tür war bald kein Hindernis mehr für die kleinen Kletterkünstler.

Ich muß gestehen, daß die Kleinen so putzig, intelligent und zärtlich waren, daß ich meinen Kummer über Piri zeitweise vergaß. Wenn sie sich von anderen Katzen unterschieden, dann höchstens in ihrem Temperament; denn kleine Wilde blieben sie, trotz aller Anhänglichkeit.

Inzwischen waren wir intensiv auf die Suche nach guten Plätzen für unsere Katzenkinder gegangen. Vati hatte in mehreren Zeitungen annonciert, und täglich kamen Anfragen. Viele Interessenten schieden aus, denn wir wollten die Kleinen weder in eine Etagenwohnung geben noch zu einem Menschen, der nicht hundertprozentig vertrauenswürdig war. Doch nach und nach verließen uns Moritz und Lenchen, dann Max und zuletzt Julchen, an der ich am meisten hing. Sie zog in die Nähe, und ich erhielt das Versprechen, sie in ihrem neuen Heim jederzeit besuchen zu dürfen.

Als Julchen uns verlassen hatte, überfiel mich mein Elend mit ganzer Wucht. Ich hatte Paulines Kinder großgezogen, und sie waren gut versorgt, aber Piris Liebe hatte ich verloren. War der Preis für meine gute Tat nicht zu hoch gewesen? Auch wenn Sascha und Charly es sich in meinem Zimmer wieder gemütlich machten, indem sie als erstes den leeren Babykorb eroberten – der Schmerz über Piris Verhalten war quälend.

Mechanisch versorgte ich meine Kater, mechanisch brachte ich Paulines Futter in den Schuppen. Sie erwartete mich bereits, das hatte sie lange nicht mehr getan. Ich schob ihr das Schälchen mit Kaninchenragout hin und trat wie gewohnt einen Schritt zurück. Und da geschah etwas so Unerwartetes, daß ich mir erstaunt die Augen rieb!

Nicht Pauline stürzte sich auf das Futter, sondern ein feuerroter, aufgeplusterter Fellball mit spitzen Öhrchen und einem buschigen Schwanz – das Ebenbild des roten Perserkaters im Miniformat! Pauline hatte sich ein Kind zurückbehalten, ihr Lieblingskind vermutlich. Es war gut genährt und fast doppelt so groß wie die anderen! Ein Katerchen!

Ich raste ins Haus hinüber.

„Oma Mummi, Vati, Mutti schnell, wir haben ein Reservebaby im Schuppen!"

Sie sahen mich an, als hätte ich den Verstand verloren, und es dauerte eine Weile, bis ich alles richtig erklärt hatte. Aber dann stürmten sie los.

„Halt!" donnerte Oma Mummi im letzten Moment. „Wenn wir ihn jetzt verscheuchen, kommt er vielleicht nie wieder. Wenn sie ihn heute mitgebracht hat, bringt sie ihn auch morgen und übermorgen. Wir sollten lieber darüber nachdenken, wie wir ihn einfangen und zähmen können, denn er wird so wild sein wie seine Mutter."

Wir gingen also ins Haus zurück und berieten. Wiederum war es Oma Mummi, die den entscheidenden Vorschlag machte.

„Hört zu, dies ist eine einmalige Gelegenheit, Pauline einzufangen und sterilisieren zu lassen. Während sie in der Tierklinik ist, kann Janni sich des kleinen Roten annehmen. Wir werden den Ausgang versperren und morgen früh durch ein Netz ersetzen, in dem wir die beiden fangen können. Das ist zwar ein Schock, aber unsere einzige Chance, wenn wir nicht in Zukunft zwei- bis dreimal im Jahr einen Wurf wilder Katzen aufziehen wollen. Ich telefoniere gleich einmal mit dem Tierarzt."

So wurde es gemacht. Nachdem Oma Mummi sich vergewissert hatte, daß Pauline mit ihrem Sohn friedlich im Schuppen schlief, entfernte sie die Reste des Futters und das Wasserschälchen, denn Pauline mußte für ihre Operation ja nüchtern sein. Zugleich verschloß Vati von außen den Durchschlupf mit einem Kissen, vor das er eine schwere Steinplatte schob. Auf dem Fußboden stellten wir eine Katzentoilette auf, dann ließen wir die beiden allein.

Leider verboten sie mir, am nächsten Morgen bei der Fangaktion zu helfen. Wahrscheinlich hätte ich durch meine Nervosität auch alles verdorben. So mußte ich mit Mutti und Oma Lene vom Haus aus beobachten, wie Vati das große Netz vor den Katzenausgang im Schuppen schob, während Oma Mummi zentimeterweise das Kissen wegzog. Um ein Haar wäre Pauline ihnen entkommen, aber Oma Mummi stubste sie mit dem Kissen zurück, und sie plumpste ins Netz wie eine reife Frucht.

„Das ging schnell, Gott sei Dank! Bis später, ihr Lieben, wir fahren sofort los, damit sie es bald hinter sich hat", sagte Mutti.

Pauline fauchte und zappelte wie wild, und Vati hatte alle Mühe, ihren Krallen auszuweichen. Er redete beruhigend auf sie ein, legte sie auf die Rückbank des Autos, und Mutti brauste los. Ich hatte einen dicken Kloß im Hals, so leid tat mir die arme, gefesselte Pauline. Aber spätestens in einer Viertelstunde würde sie ihre Narkosespritze bekommen und einschlafen, und wenn sie aufwachte, war der Spuk vorüber.

Ich hatte keine Gelegenheit mehr, darüber nachzudenken, denn Oma Mummi kam über den Rasen, den kleinen roten Kater, der sich empört wehrte, am Nackenfell. Wir hatten mein Zimmer schon vorbereitet, Fenster, Türen und Katzeneingang waren geschlossen, und das zappelnde Fellbündel wurde im Babykorb abgesetzt.

„Na, dann viel Spaß!“ brummte Oma Mummi. „Laß ihn am besten erst mal ganz in Ruhe. Und paß auf, daß er dich nicht beißt!“

Diesmal war ich klug genug, nicht einzugreifen. Ich legte mich auf mein Bett, sprach leise zu ihm und ließ ihn in aller Ruhe mein Zimmer erforschen. Zunächst lief er kläglich maunzend von einer Ecke zur andern, doch dann siegte die Neugier, er schnupperte, entdeckte den vertrauten Duft der Geschwister, die Katzentoilette, die er sofort benutzte, und schließlich das bereitgestellte Futter. Er fraß tüchtig und zog sich bald müde unter den Schreibtisch zurück und schlief ein.

Am Abend hatte ich ihn bereits so weit, daß er einem Papierbällchen nachlief, das ich vor ihm herrollte. Bernd war bei mir, er hatte den Kleinen unbedingt sofort sehen wollen, und schließlich ließ sich das Katerchen sogar von ihm auf den Arm nehmen und streicheln.

„Er ist gar nicht wild, nur ein bißchen scheu“, sagte Bernd. „Paß nur auf, er wird noch ein richtiger Schmusekater werden. Wie soll er eigentlich heißen?“

„Ich hatte an Winnetou gedacht.“

„Das gefällt mir. Und... habt ihr schon einen Platz für ihn?“

„Nein! Wir ahnten ja nichts von seiner Existenz.“

„Glaubst du..., meinst du, ich könnte ihn bekommen? Als Spielkamerad für Blümchen, damit sie nicht so allein ist?“

„Ehrlich, Bernd? Das wär super! Und deine Eltern?“

„Mit denen habe ich schon gesprochen. Sie sind einverstanden, nachdem sie doch nicht erlaubt hatten, daß Blümchen Nachwuchs bekommt. Ich glaube, sie wollen was gutmachen.“

„Meinst du, ich könnte ihn bekommen?" fragte Bernd

Ich hätte ihm um den Hals fallen können. Winnetou, Paulines Lieblingskind, würde bei uns bleiben – wenn auch drei Häuser weiter! Eine tolle Nachricht!

Pauline blieb bis zum nächsten Abend zur Beobachtung in der kleinen privaten Klinik unseres Tierarztes, dann hatte sie sich so weit erholt, daß wir sie abholen durften. Wir quartierten sie vorübergehend in meinem Zimmer ein, aber sie nutzte die erste Gelegenheit, um ins Freie zu fliehen. Ihren Schlaf- und Futterplatz im Schuppen behielt sie bei, und Winnetou besuchte sie regelmäßig. Sie putzte ihn, spielte mit ihm und brachte ihm das Mäusefangen bei. Doch allmählich fand sie, daß er nun alt genug sei, auf eigenen Füßen zu stehen, und zog sich zurück. Wochenlang sahen wir sie nicht mehr, und Bernd konnte das rote Katerchen zu sich holen.

Sascha und Charly hatten sich längst an den kleinen Roten gewöhnt, wenn sie es auch ablehnten, mit ihm in einem Bett zu schlafen – Ordnung muß sein. Winnetou war Gast im Hause. Daß er zu Bernd gezogen war und der Babykorb aus dem Zimmer verschwand, vermerkten sie mit Genugtuung, indem sie auf dem nun wieder freien Platz demonstrativ eine Maus zerlegten.

„Piri", sagte ich am Abend zu meiner kleinen Freundin in der Küche, „ich möchte dir etwas zeigen. Komm!" Ich hob sie hoch und trug sie in mein Zimmer. „Siehst du, sie sind alle fort. Ausgezogen. Und sie werden nie mehr zurückkommen, verstehst du?"

Piri sah mich durchdringend an und schritt hoch erhobenen Hauptes hinaus. Doch als ich am nächsten Morgen erwachte, fühlte ich in meiner Armbeuge die vertraute Wärme ihres Felles, hörte ihr leises, zufriedenes Schnurren.

Ich hatte keine Lust aufzustehen. Egal, wie schön der Tag werden würde, ich wollte hier liegenbleiben, über das schwarzgoldene Fell streichen und diesem zärtlichen Schnurren zuhören, das mir sagte: Ich bin dir nicht mehr böse, wir zwei gehören doch zusammen!

Die Deutsche Bibliothek – CIP-Einheitsaufnahme

Caspari, Tina:
Die klügste Katze der Welt / Tina Caspari. – München : Egmont
Schneider, 2000
ISBN 3-505-11433-2

Dieses Buch wurde auf chlorfreies,
umweltfreundlich hergestelltes
Papier gedruckt.

Der Schneider Verlag im Internet:
http://www.schneiderbuch.de

Schleißheimer Straße 267, 80809 München

Titelfoto: Artemis View, Irmgard Elsner, Köln
Umschlaggestaltung: ART-DESIGN Wolfrath, München
Herstellung: Gabi Lamprecht
Satz/Druck: Presse-Druck, Augsburg
Bindung: Conzella Urban Meister, München-Dornach
ISBN 3-505-11433-2

00 01 / 8 7 6 5 4 3 2 1

COCO & LAILA

SERIE VON GHAZI ABDEL-QADIR

Coco & Laila
(Band 1)
Rätsel um Laila

Coco & Laila
(Band 2)
Immer diese Väter!

Coco & Laila
(Band 3)
Janka hält dicht

Coco & Laila
(Band 4)
Abenteuer in Kairo

Coco & Laila
(Band 5)
Doppeltes Glück

Coco & Laila
(Band 6)
Überraschung aus dem Orient